民生建设国际比较研究

International Comparative Study of People's Livelihood Construction

李逢春等　著

南京大学出版社

图书在版编目(CIP)数据

民生建设国际比较研究 / 李逢春等著.—南京 ：
南京大学出版社，2016.6
 ISBN 978-7-305-17162-8

 Ⅰ.①民… Ⅱ.①李… Ⅲ.①社会保障-对比研究-
世界 Ⅳ.①D57

 中国版本图书馆 CIP 数据核字(2016)第 144990 号

出版发行　南京大学出版社
社　　址　南京市汉口路 22 号　　邮　编　210093
出 版 人　金鑫荣

书　　名　**民生建设国际比较研究**
著　　者　李逢春等
责任编辑　秦　露　王日俊　　　　编辑热线　025-83596997
照　　排　南京紫藤制版印务中心
印　　刷　常州市武进第三印刷有限公司
开　　本　787×960　1/16　印张14.75　字数254千
版　　次　2016 年 6 月第 1 版　2016 年 6 月第 1 次印刷
ISBN　978-7-305-17162-8
定　　价　48.00 元

网址：http://www.njupco.com
官方微博：http://weibo.com/njupco
官方微信号：njupress
销售咨询热线：(025)83594756

本书是江苏省应用研究重大课题和江苏省社会科学基金重点项目"推动江苏民生建设迈上新台阶"（15WTA009）的最终研究成果。

本书出版得到江苏省社会科学基金重点项目、江苏高校优势学科建设工程资助项目（PAPD)、江苏高校人文社会科学校外研究基地"江苏现代服务业研究院"、江苏高校现代服务业协同创新中心的资助。

书　　名：民生建设国际比较研究

作　　者：李逢春等

出版社：南京大学出版社

目　录

第一章

导　言

第一节　研究背景

　　瑞士信贷集团公布的 2015 年度全球财富报告显示，全球财富总额自 2000 年以来已经翻了一番，其中，中国的财富总额增长了五倍。但是，全球财富的迅速积累并没有解决贫困、就业、疾病、环境等问题，民生问题依然是全球面对的紧迫而巨大的挑战。无论是发达国家，还是发展中国家，世界各国政府都在为改善人们的生活水平、提高社会的幸福度而努力。民生问题得到了全球的普遍关注，《联合国千年发展目标》等行动计划事实上已经表达了关于民生价值的全球共识。民生是国家战略中的最关键要素之一，民生建设关乎一个民族和国家的人力资本发展，是经济社会稳定和全面发展繁荣的最基本前提。

　　改革开放以来，我国创下了世界大国经济持续高速增长的历史记录。但与经济的持续快速增长相比，我国民生领域的改善却相对缓慢，民生问题越来越突出。自党的十七大将以民生为重点的社会建设摆在更加突出的位置，尤其是党的十八大阐明了保障和改善民生的重要意义以来，民生建设在解决社会矛盾、完善政府基本职能、提高政府公共服务方面日益得到重视。但由于路径依赖、时代变化、政治体制改革滞后等原因，我国在民生方面仍存在诸多的问题，不仅某些民生问题出现了固化的倾向陷入解题困局，而且市场经济促进利益分化，还催生出了一系列复杂的新的民生问题。例如，在收入分配方面贫富差距过大的趋势没有得到根本扭转，城乡居民人均收入差距仍处在 2.83 的高位水平；在解决贫困问题方面脱贫攻坚任务依然艰巨，截至 2014 年底，全国仍有 7000 多万农村贫困人口；在医疗卫生方面存在着普遍的看病难、看病贵；在教育方面区域、城乡、校级三大差距巨大，教育教学过程中所有学生得到公平学习和发展机会的问题尚未受到应有的重视。由此可见，保障和改善民生成为我国亟待解决的核心问题。

我国的民生建设置于开放的全球系统之中，全球化对民生建设产生了深远的影响，成为推动经济社会变革最重要的外生性因素。通过国际比较，找出我国民生发展的优势和短板，对民生发展系统及其在经济社会发展中所发挥的作用进行更准确的定位，推动民生建设迈上新台阶，使民生成为促进经济社会进步的核心动力，成为推动新常态发展的核心引擎。

一、民生建设的国际态势

（一）以中等收入国家为主要驱动力，民生建设覆盖面整体扩大

国际劳工组织的最新研究报告显示，全球只有27%的人口可以享有较为全面的社会保障，其余73%，约52亿人口只获得部分保障或者没有任何保障[①]。尽管全球大部分人口尚未享有全面的社会保障，但是社会保障的覆盖面正呈现整体扩大之势。经济和贸易的全球拓展将市场经济以及社会福利思想传播到世界各地，推动社会保障意识在全球范围内萌芽并付诸实施。1944年《费城宣言》呼吁在世界各国"扩大社会保障措施的计划，向所有需要保护的人提供基本收入和全面医疗卫生服务。"对人人享有社会保障权利的承认随后被纳入1948年《世界人权宣言》，1966年《国际经济、社会与文化公约》等许多区域及国际人权条约。

在过去的百余年时间里，各种社会保障制度均有了显著增长。其中，工伤、养老、残疾保障增长幅度最大，其次为医疗健康、生育保险，而儿童和家庭保障、失业救济的保障率增幅相对较小（见图1-1）。以养老保障为例：2000年，养老保障覆盖率达到90%以上的国家是34个，50%～90%的国家30个，20%～50%国家22个，覆盖

① International Labour Office. World Social Protection Report 2014/15 [R]. Geneva, 2014.

率不足20％国家73个；到2010至2012年间，养老保障覆盖率在90％以上、50％~90％、20％~50％三个区间的国家数分别升至45个、45个和28个，覆盖率不足20％国家降至57个。

　　在全球福利扩张的背景下，不同类型国家表现出不同的特点。发达国家为应对财政失衡，削减赤字，普遍采取了紧缩福利的做法。与之相反，中等收入国家重新认识经济增长和社会保障之间的关系。社会保障对经济发展的积极的促进作重新认识经济增长和社会保障之间的关系，在前期实现了较高的经济增长率的基础上，借助积累的财政空间和收入基础。从2000年起，阿根廷、巴西、印度、中国、印尼、墨西哥、南非等国均对各自的社会保障制度进行了大力拓展。特别是以中国、巴西等为代表的新兴经济体，在社会保障领域的观念转变和持续投入成为世界民生发展的主要拉动力。

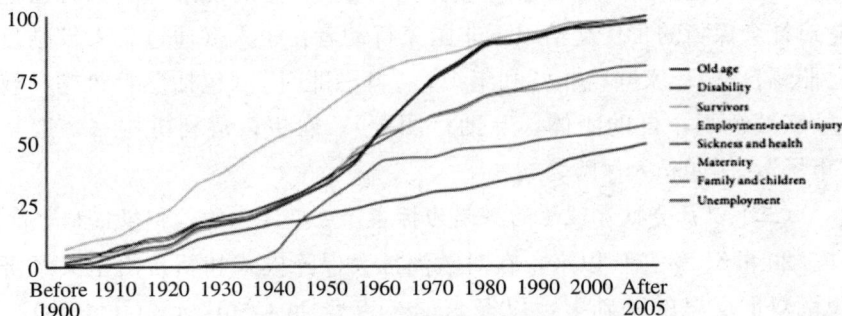

图1-1　1990年前~2005年后国内立法包含社会保障计划的国家和地区比例
（占世界国家数量的百分比）
数据来源：World Social Protection Report 2014/15。

　　（二）以公共服务民营化改革为手段，民生建设效率不断提高

　　自20世纪70年代末80年代初以来，面对经济增长缓慢和财政困境的现实约束，针对"福利国家"的弊端，以英国、美国为代表的西方国家普遍采取了许多改革措施。对于福利制度和社会保障的关注不再限于支出总量和支出类型，而是进一步深入到如何提高支出使用的效率中来。在沉重的财政压力下提供高品质的公共服务，民生建设效率成为各国福利制度改革的重要导向目标之一。在新自由主义经济思想的指导下，西方国家在新公共管理运动中提高效率，实施变革的

重点是将国家的社会福利职能进行重新析解，不断理清和调整政府与市场、个人与社会之间的保障责任。其中，公共服务的民营化成为一个新的改革趋势。

在经济全球化背景下，市场力量日益支配着经济和社会生活的方方面面，传统的福利国家迫于加强国际竞争力等目的而紧缩福利，弱化国家的公共保障职能。为此，出售公共资产、放松管制、合同外包的大量推行，社会保障民营化作为一种潮流席卷整个西方世界，并且向其他国家不断蔓延。社会保障的民营化主要在三个方面展开：第一，社会保障服务机构的民营化；第二，社会保障管理的民营化；第三，社会保障费用支付的民营化。[①] 社会保障民营化绝非是在国家与市场二分法对立当中的"市场化"，这一概念强调了社会保障提供主体的多元化，即将国家这一福利国家扩张时代"唯一行动者"的部分社会责任转交给市场和社会等非公共力量。[②] 总的说来，国家可以把它对社会保障的责任交给以下非国家行动者：个人（通过个人鼓励自己照顾自己）；家庭；非营利组织，"自愿部门"（包括慈善机构，教堂/宗教组织，自助团体，互助社团等）；雇主；营利机构（一般指"市场"，例如私人保险公司）。[③]

（三）以社会投资理论的兴起为标志，追求民生的"积极福利"价值

20世纪90年代以来，在对欧洲社会保障模式和新自由主义经济思潮双重反思的基础上，以安东尼·吉登斯（Anthony Giddens）[④]、戈斯塔·埃斯平-安德森[⑤]等为代表的欧洲学者超越了传统的"左"与"右"的分歧，提出了构建"社会投资国家（Social Investment）"的思想。社会投资理论悄然兴起，并逐渐在全球范围席卷整个福利国家。

[①] 谢尼亚·舍尔-阿德龙，建立社会保障：私有化的挑战，北京，中国劳动社会保障出版社，2004年.

[②] 邓念国. 西方国家社会保障的民营化：新制度主义的视角 [D]. 上海交通大学，2008.

[③] 谢尼亚·舍尔-阿德龙，建立社会保障：私有化的挑战，北京，中国劳动社会保障出版社，2004年.

[④] 〔英〕安东尼·吉登斯. 第三条道路：社会民主主义的复兴 [M]. 郑戈译. 北京：北京大学出版社，2000.

[⑤] 〔丹〕戈斯塔·埃斯平-安德森. 转型中的福利国家——全球经济中的国家调整 [M]. 杨刚译. 北京：商务印书馆，2010.

"无论是国家层面上英国新工党政府所推行的新政，北欧国家所普遍实施的家庭友好政策，还是欧盟层面上推出的'社会投资包计划'。这些政策的逻辑都可以贴上社会投资的标签。"①

社会投资理论以"能力建设"、"机会平等"、"积极福利"为核心价值，主张将被动地"防范社会风险"变为积极地"进行社会投资"，在尊重市场机制和实现机会平等的前提下，重铸了国家的职能，认为福利国家应该最大化地投资于能力建设和社会服务来提高人们的就业水平和生产力，而不是直接提供经济援助，使福利国家走上了一条较为"中间"和良性发展的轨道。

与传统福利思想相比，社会投资理论在以下几点有所发展：① 风险管理从"横向分类"到"全生命周期"的转变，提出应当从人的整个"生命周期"而不仅是工业社会风险的视角，重新进行社会福利制度的设计；福利政策目标不应只针对老年贫困等眼前的问题，而是应从早期教育、家庭环境、职业技能、劳动力市场等整个生命周期的角度，统筹社会投入。② 劳动力管理从"宏观数量"到"微观能力"的转变，主张通过在经济、教育、培训等领域的政府投资，帮助公民进行智力（涵盖知识和技能两方面）投资，以提高就业能力，应对全球化市场竞争的挑战。③ 风险应对机制从"消极福利"到"积极福利"的转变，提出从消极的后期保障转为积极的前期介入，将政府投入从社会分配矫正转变为人力资源投资，对未来的社会风险予以"早确认"、"早行动"，从而更积极主动地预防、缓解因技术过时、家庭看护责任过重等问题而引发的结构性失业、长期失业、家庭不稳定、不参与劳动力市场等下行风险，实现终身的可持续发展。④ 社会公正观从"股权人"到"利权人"的转变，强调福利既是每个人的权利，也是每个人的义务，"不承担责任便没有权利"，寻求"权利与义务"、"权利与职责"的平衡并建立一种使福利可以维护，但享受者具有相应责任与风险的"积极福利"政策。②

---

① 梁誉，王磊. 现代西方社会福利思潮的思辨与最新进展［J］. 理论月刊，2015，01：139－142.

② 周弘，彭姝祎. 国际金融危机后世界社会保障发展趋势. 2015－10－29，中华人民共和国改革和发展委员会就业和收入分配司子站。

二、我国民生建设的背景

(一) 发展经济是关注民生的经济基础

经济发展是民生条件改善的物质基础，民生发展与一定的经济发展水平及特定经济时代相联系。经过几十年的发展，我国积累了丰富的社会物质财富，已逐步形成有利的民生建设基础性经济条件。自改革开放以来，我国经济保持了较高的增长水平。1978—2014 年，实际国内生产总值年均增长速度接近 10％ (见图 1 - 2)，远远高于世界经济 3％ 左右的年均增长速度。特别是东部沿海发达地区及国内一些大城市，经济发展已达到较高的水平。

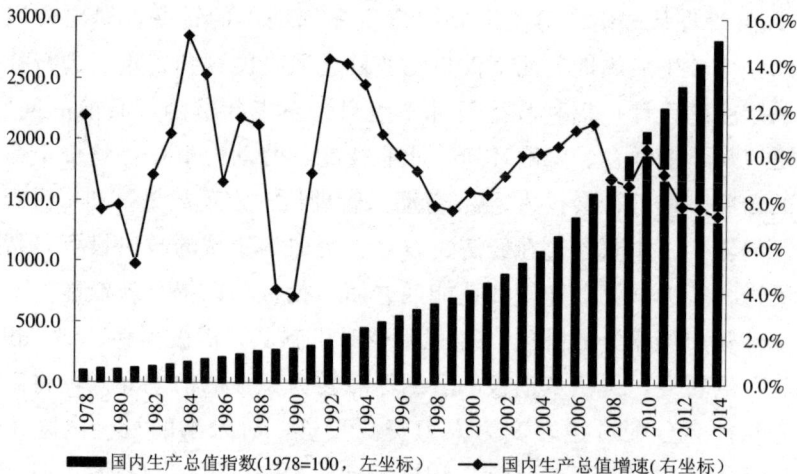

图 1 - 2　1978—2014 年中国国内生产总值指数及增长率
数据来源：国家统计局数据中心。

在国民经济持续增长等有利因素推动下，中国城乡居民收入水平和消费水平持续提高。2014 年，全国城镇居民人均可支配收入和农村居民人均纯收入分别为 28844 元和 9892 元。全国城镇居民人均消费支出和农村居民人均消费支出分别为 19968 元和 8383 元，扣除价格因素，分别实际增长 5.8％ 和 10.0％。根据城乡一体化住户调查，2015 年上半年全国居民人均可支配收入 10931 元，同比实际增长 7.6％。全国居民人均可支配收入中位数为 9700 元，同比名义增长 10.5％。全国居民人均消费支出 7546 元，同比实际增长 7.7％ (见

表 1－1）。

表 1－1 2015 年 1～6 月中国城乡居民收入和支出

指　　　标	1～6 月	
	绝对量	同比增长（％）
全国居民人均可支配收入	10931	7.6
♯按常住地分		
城镇居民	15699	6.7
农村居民	5554	8.3
♯按收入来源分		
工资性收入	6308	9.0
经营净收入	1848	6.4
财产净收入	882	9.7
转移净收入	1892	11.4
全国居民人均消费支出	7546	7.7
城镇居民	10401	6.2
农村居民	4326	10.3

数据来源：国家统计局

　　随着居民消费水平的不断提高，需求层次不断提升，消费结构升级特征显著。商贸、交通通讯支出持续增长，人们用于改善居住环境方面的支出大幅度增长，以教育、居住、通信、文化、卫生保健为主的发展型、享受型的新消费结构逐步形成。近年来，我国城乡居民恩格尔系数总体呈下降趋势。2014 年，全国城乡居民恩格尔系数分别为35.6％和37.9％。根据联合国粮农组织的标准划分，恩格尔系数在60％以上为贫困，50％～59％为温饱，40％～49％为小康，30％～39％为相对富裕，20％～30％为富裕；20％以下为最富裕。按此标准，我国总体上已经进入相对富裕的居民消费阶段。虽然恩格尔系数理论并不绝对严谨，但也从侧面反映了我国国民生活水平的提高。

　　（二）民生幸福是民生建设的奋斗目标
　　民生连着民心，民生问题历来是民众最为关心的问题，因为民生

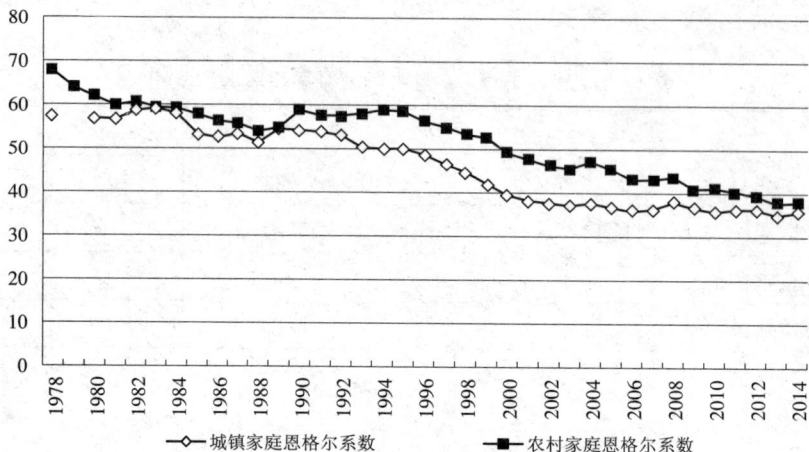

图 1-3　1978～2014 年我国城乡居民家庭恩格尔系数变动趋势
数据来源：国家统计局。

问题关系到民众的基本生存状态，是民众最直接、最现实的利益问题。中国社会主义制度自建立以来，经过 60 余年的发展和完善，从根本上改善了人民生活，赢得了人民拥护，主导着人心向背，人民对生活的满意度、幸福感成为衡量民生建设的最重要指标。目前，我国已经跨越温饱阶段，而随着人民生活水平的不断提高，人们对生活质量提出了更高的要求，因社会发展而产生的新的民生问题已经成为党和国家不得不面对的问题。人民"期盼有更好的教育、更稳定的工作、更满意的收入、更可靠的社会保障、更高水平的医疗卫生服务、更舒适的居住条件、更优美的环境"。[①] 教育、就业、住房、社保、健康、环境等的重要性日益凸显，成为民众关注的民生问题。值得注意的是，近年来有些民生问题不仅没有缓解，而且矛盾日益尖锐。例如，教育、医疗、社会保障等的市场化改革，由于市场以追逐利益为目标，忽视社会公平，导致了公共服务民生问题充满矛盾和问题。如城市房价快速大幅上涨，住房等负担让百姓不堪重负。又如，2015 年我国受雾霾天气影响的面积约占国土面积 1/4，受影响约 6 亿人，造成的经济损失和对健康的影响难以估计，雾霾问题已成为大城市居民的心头

---

① 习近平：《在十八届中共中央政治局常委同中外记者见面时的讲话》，《人民日报》2012 年 11 月 16 日。

之患。

随着社会主义物质文明和精神文明水平的提高，民众作为社会主体不断成长并日益成熟，民众的价值观念发生了重大变化，在权利意识、责任意识和参与意识的觉醒中，价值主体性、自主性、自觉性不断加强，追求公平、公正、和谐、幸福，要求分享改革开放的成果的信念日益强烈。尽管我国社会上仍然有一部分人面临着温饱问题，但绝大多数人的民生问题已经提高到了平等的权利和公平的社会分配的层面上。民众表现出对实现权利的一种强烈的渴望，希望通过政治、法律、社会平台、新闻媒体等相应的利益诉求机制来实现自己的愿望。例如在互联网社会空间中，越来越多的网民通过网络向党和政府以及社会公众表达自己的主观诉求。近年来，大量发生的网络舆情危机事件正在对政府的民生建设与管理产生一系列的深远影响。民众不仅表达自己的利益诉求，而且通过积极主动地政治参与、通过影响政府决策等方面的努力，来亲自参与民生问题的解决。"网络参政议政"、"网上评议"、"网络监督"日益成为一种新的公民参与方式。

准确把握新时代产生的新的民生问题，尊重民众的价值主体地位，就要求国家以更好地姿态回应人民的关切和需求，就必须要强调民生这一价值主题，高度重视普惠型社会的构建。围绕人民整体利益的实现突出强调经济社会发展的系统性、整体性和协调性，积极化解与人民价值主体性不相匹配的体制机制问题，让最广大人民群众成为改革发展成果的最大受益者。

（三）党的领导是民生建设的政治保障

中国共产党以马克思主义唯物史观为指导思想，把人民群众视为社会历史的主体和发展的根本动力，作为执政党秉承立党为公、执政为民的理念，高度关注民生问题，把解决民生问题作为自己工作的出发点和归宿。新中国成立以来，中国共产党致力于社会主义建设，改善民生，取得了长足的进步。特别是30多年改革开放的进程，就是党不断重视民生、改善民生的过程。

2002年，党的十六大报告提出"全面建设小康社会的奋斗目标"，是关注民生的最大体现；"就业是民生之本"，要千方百计扩大就业，不断改善人民生活水平；"深化分配制度改革，健全社会保障体系"。

2007 年，在党的十七大报告中第一次将以民生为重点的社会建设摆在了更加突出的位置，关注民生、重视民生、保障民生、改善民生，成为贯彻落实科学发展观的核心内容。党的十七大报告指出：要"让公众分享改革成果"，"必须在经济发展的基础上，更加注重社会建设，着力保障和改善民生，努力使全体人民学有所教、劳有所得、病有所医、老有所养、住有所居，推动建设和谐社会"。报告中明确提出了加快推进以改善民生为重点的社会建设的六大任务，即：优先发展教育，建设人力资源强国；实施扩大就业的发展战略，促进以创业带动就业；深化收入分配制度改革，增加城乡居民收入；加快建立覆盖城乡居民的社会保障体系，保障人民基本生活；建立基本医疗卫生制度，提高全民健康水平；完善社会管理，维护社会安定团结。

2012 年，按照民生优先、富民惠民的政策取向，党的十八大继续对保障和改善民生做出全面部署，阐述了一系列关乎国计民生的新思想、新观点、新论断，体现了党中央对民生问题的高度重视。党的十八大报告强调："提高人民物质文化生活水平，是改革开放和社会主义现代化建设的根本目的。""加强社会建设，必须以保障和改善民生为重点。""要把保障和改善民生放在更加突出的位置。"十八大报告具体论述了教育、就业、收入、社保、医疗这五个与人民群众关系最直接、最密切的现实问题，强调要"努力办好人民满意的教育""推动实现更高质量的就业""千方百计增加居民收入""统筹推进城乡社会保障体系建设""提高人民健康水平"。

党的十八届三中全会指出，"实现发展成果更多、更公平惠及全体人民，必须加快社会事业改革，解决好人民最关心、最直接、最现实的利益问题。"十八届五中全会提出了全面建成小康社会的新目标，提出创新、协调、绿色、开放、共享五大发展理念，共享发展，就是要让全体人民共享发展成果、共享公平正义。发展为了人民，发展依靠人民，发展成果由人民共享。美丽中国、健康中国、精准扶贫等一系列政策将成为"十三五"期间民生建设的亮点。

第二节　民生范畴诠释

一、民生概念的源起和发展

"民生"一词最早出现在《左传·宣公十二年》："民生在勤，勤则不匮"，指出百姓生活的根基在于勤劳，只要勤劳就不会缺衣少食。在中国传统社会，"民"，乃"百姓"之意，故民生一般指百姓的基本生计。"安民之本，在于足用"（汉·刘安《淮南子·诠言训》）；"安民之术，在于丰财"（晋·陈寿《三国志·魏书·杜畿传》），强调安定百姓的关键在于使他们衣食无忧，在于增加社会财富。

不同时代对于民生内涵的认识是不同的。20世纪早期，孙中山给"民生"注入新的内涵。"民生就是人民的生活——社会的生存、国民的生计、群众的生命便是。""吃饭是民生的第一个重要问题，穿衣是民生的第二个重要问题""希望全国人民都丰衣足食"。孙中山提出"以民生为重心"思想，把解决民生问题看作是实现人类幸福的必由之路，"社会的文明发达、经济组织的改良和道德进步，都是以什么为重心呢？就是以民生为重心。""民生就是政治的中心，就是经济的中心和种种历史活动的中心。""民生是社会一切活动的原动力。""民生能够实行，社会问题才可以解决；社会问题能够解决，人类才可以享受很大的幸福。"如此，民生被上升到"主义"、国家大政方针以及历史观等前所未有的高度。

新中国成立后，毛泽东高度重视保障和改善民生，形成了保障人民群众基本生活、发展文化教育事业、保障人民公共安全等解决民生问题的基本思想并付诸实践。邓小平的民生思想把发展生产力和提高人民生活水平直接体现于社会主义的本质、经济体制改革的目的、经济社会发展战略、社会保障、判断各项工作是非得失的标准等内容之中。"三个代表思想"指出我们党要始终代表中国最广大人民的根本利益，必须坚持把人民的根本利益作为出发点和归宿，充分发挥人民群众的积极性主动性创造性，使人民群众不断获得切实的经济、政治、文化利益。科学发展观提出了坚持以人为本，树立全面、协调、可持续的发展观，促进经济社会和人的全面发展的民生思想。中国梦的基本内涵和本质是国家富强、民族振兴和人民幸福。保障和改善民生是实现中华民族伟大复兴的中国梦的实践途径。

国外与"民生"相关的概念很多，如"livelihood" "wellbeing" "welfare""happiness"等。西方国家研究民生，指向也各有不同。18世纪的启蒙思想家的民生理论偏重于民权，对民生的观察视域侧重于政治和社会层面。马克思从人本角度出发，认为民生是人的生产和发展的问题，民生发展和实现过程其实就是人不断满足自身需求的过程，争取解放、实现自由与全面发展的过程。现代西方民生思想的发展基本上是倾向于从社会保障的角度去把握民生的内涵，对民生的观察视域侧重于经济和社会层面。20世纪60年代美国兴起的社会指标运动对民生的关注涉及营养、住房、教育、健康和预期寿命、环境质量、就业以及收入分配等多方面的复合内容，基本属于现代的"民生"内涵。"可持续民生"（sustainable livelihood）引申个体发展的"可持续性"至民生，扩展了民生的内涵和外延。Chamber 和 Conway（1992）[①] 把可持续民生定义为防止变贫困而提供生命与社会健康和安全所需的财富和食物与现金存量与流量水平。Swaminathan（1991）[②] 提出"可持续民生保障（sustainable livelihood security，SLS）"的概念，把 SLS 定义为生态保护、经济效率和社会公平底线的生存选择。

二、民生的内涵

现代意义上民生的内涵有广义和狭义之分。狭义上的民生主要是指"人民的生计"，即民众的基本生存和生活状态。其中，民生的主体是人民；民生的客体是一定社会所能提供的满足民生需求的社会资源；联系主客体的中介因素是一定的社会资源满足民众生计的手段和

---

① Chambers, R. and G. R. Conway. 1992. Sustainable Rural Livelihoods: Practical Concepts for the 21st Century. Discussion Paper 296, Institute of Development Studies, Landon, U. K.

② Swaminathan, M. S. 1991b. From Stochlm to Rio de Janeiro: The Road to Sustainable Agriculture. Monograph No. 4. Madras, India: M. S. Swaminathan Research Foundation.

途径，其中最主要和最关键的因素是分配。狭义的民生更强调物质层面需要的满足，指向较为准确，容易把握，易于同社会实践操作层面上的民生政策对应①。目前理论和实践上虽然对民生概念的认识存在着一定的分歧，对狭义层面民生的内涵基本都是认同的。但是，随着时代的发展与进步，如果只从狭义上理解民生，概念界定过窄，就会导致在认识和操作上的片面性。例如，目前在中国就出现了一些政府官员片面认为民生就是老百姓吃饱穿暖，生活无忧，忽视了民众的精神需求、人格尊严等方面的发展变化，从而导致社会摩擦、群体性事件不断发生。②

广义上的民生不再主要是人的生存，而是人的全面发展，延伸到经济、政治、文化等领域，由物质生活、政治生活、文化生活、社会生活组成，共同满足人类生存、发展、享受的需要。民生上升为以物质层面为基础、以精神层面为支撑、以制度层面为保障的系统工程。"在现代社会中，民生和民主、民权相互倚重，而民生之本，也由原来的生产、生活资料，上升为生活形态、文化模式、市民精神等既有物质需求也有精神特征的整体样态。"民生包括广大人民群众的生存权、话语权、知情权、参与权、受教育权、共建共享权，以及生活质量、幸福生活指数，等等③。广义民生充分体现了民生问题的系统性和时代性，体现了随着社会的文明进步，由狭义的民生向广义的民生发展的总趋势。但过于宽泛的内涵，降低了民生建设操作的针对性。

综上所述，本书对民生建设的研究，用联系的观点和发展的观点理解和看待民生，以狭义的民生为核心，将广义的民生为整体系统，把民生同民众最直接、最现实、最关心的利益问题相联系。因此，我们把民生定义为：民生是人们的生存和生活及权益保障以核心的，由教育、就业、收入、社会保障、医疗卫生、居住、环境各个组成部分相互联系形成的持续发展的整体系统。

第一章 导 言

---

① 李江凌. 马克思主义的民生思想与实践 [M]. 北京：中央编译出版社，2015.

② 林祖华. 论民生的内涵和特点 [J]. 理论与改革，2012，03：14-16.

③ 唐眉江. 民生的时代内涵及其实现途径 [J]. 山西师大学报（社会科学版），2009，05：38-40.

三、民生范畴

解决民生问题的本质涉及两个方面，一是满足民生主体需求的社会资源生产的"足与不足"；一是满足民生主体需求的社会资源分配的"均与不均"。社会资源生产"足与不足"主要涉及经济基础，即生产力发展水平。社会资源分配"均与不均"主要涉及上层建筑，即社会制度安排。由此可见，民生是一个具有经济性、社会性、政治性的多元范畴。

（一）社会范畴

民生是个社会范畴，表现为民众需求具有社会性，民众需求不仅与自然条件（包括人的生物本能、满足它的自然物的状况）相联系，而且与社会的物质条件、政治条件、文化条件相联系，与社会实践相联系。"民生问题是指一个社会的一部分人在生活和生存基本方面的状况和条件达不到基本的标准，因而被认为是一个社会问题。"[①] 民生的社会性还表现为民生问题影响的社会广泛性和全面性，民生问题背后关联的是社会的公平与正义。"从社会角度看，民生问题指的是民生领域中的突出矛盾，是社会价值和利益分配不和谐的表现。"[②] 如果一个社会不能体现公平、正义，分配格局失衡，经济发展水平越高，收入差距越大，贫富越悬殊，这会成为社会矛盾的主要"孵化器"，引发一系列社会冲突，影响社会的和谐稳定。最后，民生的社会性表现为民生问题的解决需要整个社会的合力，需要政府、企业、社会、个人等多方面共同努力。

（二）政治范畴

民生是个政治范畴，民生问题具有政治性。由于民生主要关涉民众的基本生活需要，其是否得到满足，和执政者的执政能力、政府的廉洁和效率等密切相关。民生问题的出现，往往折射出政治民主法治制度上的缺失与缺陷。不改变这些制度和政策，民生问题就得不到解决，就会引起人民的不满，影响执政者和人民的关系，就会影响到政

---

① 王涛. 中国特色社会主义民生建设研究 [D]. 山东师范大学，2010.
② 曹文宏. 民生政治：民生问题的政治学诠释 [J]. 天府新论，2008，01.

局的稳定，民心向背决定了一个国家政治合法性基础能否确立和巩固。所以，"民生问题并不是单纯的经济问题，也不仅仅是人们的物质需求，其实质是政治问题。因为民生问题与国家发展、社会安宁及政权稳定有着不可分割的联系。"[①] 我国是共产党领导的社会主义国家，共产党执政的政府，从根本上代表了广大人民群众最广泛的利益，以全心全意为人民服务为宗旨，秉承执政为民的理念，充分认识到民生问题是重大的政治问题的重要性。

（三）经济范畴

民生是个经济范畴。民生问题中社会资源生产的"足与不足"，如生活资料、生产资料的多寡与质量，物质资料的生产状况、生产力水平的高低、生产关系形式的优劣等反应的就是民生的经济因素。"从根本上说，经济活动的目的是满足人类的生存、享受、发展、繁衍的需要。……经济活动归根结底是为了改善民生，非民生的经济活动是人类行为的异化。"[②] 在完善的市场经济条件下，假设所有在市场交易中得以实现的产品和服务归根到底都是直接或间接地满足人的需求或需要的，"那么，一个经济体（国家或者地区）生产出的并且得以市场实现的产品越多，这个经济体的民生贡献或民生成就就越大"[③]。正如马克思所言，"需要是同满足需要的手段一同发展的"。民生的经济性决定了它的历史性和发展变化，使之经历了从对民众茹毛饮血需求的满足到对民众现代化生活条件追求需要的实现这样一个由低级到高级的发展过程。

第三节　研究意义

本书在系统阐释国内外民生建设理论的基础上，首先从国际比较的视角出发，分别对国际民生建设体系和国际民生建设效率进行了比较分析。然后，以江苏为具体研究对象，进一步进行民生建设的区域

---

① 徐勇，项继权.民生问题的实质是政治问题［J］.华中师范大学学报（人文社会科学版），2008，03.

② 金碚.论民生的经济学性质［J］.中国工业经济，2011，01：5-14＋119.

③ 金碚.论民生的经济学性质［J］.中国工业经济，2011，01：5-14＋119.

比较，并提出江苏民生体系建设的目标和路径。

一、理论意义

从研究论域来看，国外民生发展思想经历了以人权为主要价值的民生思想和以社会保障为主要价值的民生思想的两大时期。国外文献对社会福利（Welfare）、生活满意度和幸福感（Happiness）的研究，为推行社会福利和社会保障制定的政策和实施的手段，与我国现阶段提出的保障和改善民生的内容大体相同，可以视作国际上对民生发展的研究。近年来，诸如新公共管理理论、企业家政府理论、治理理论、公民社会理论、新公共服务理论等理论的大量涌现，为民生理论研究提供了丰富的研究视角与方法。但需要指出的是，发达国家的研究是建立在物质比较丰富、社会制度比较完善的基础上，更侧重于对消费层面进行研究。尽管国内学者在生活质量等问题上与国际研究进行了积极互动，但基于发展中大国现实国情的民生理论研究仍显不足。

中国民生思想的发展和演进源远流长，从儒家、法家、墨家和道家的民本思想，到中国近代大同思想，再到作为马克思主义民生理论中国化产物的中国特色社会主义民生理论的形成和发展。自党的十六大特别是十七大以来，民生和民生问题引起了理论界的广泛关注，有关方面的研究也取得了较为丰富的成果，研究民生和民生问题的论文颇多，也有一些论文对民生相关问题进行了国际比较研究。但相关研究或限于某一地区民生，如赵春雨（2010）对北京市民生问题现状的国际比较[1]；或限于民生的某一个方面具体内容，如王晓军、赵明对寿命延长与延迟退休的国际比较[2]；或限于民生的财政收支，如李银

---

① 赵春雨. 我国发达地区民生问题现状的国际比较分析——以北京市为例的考察 [J]. 石家庄经济学院学报，2010，05：42-46.
② 王晓军，赵明. 寿命延长与延迟退休：国际比较与我国实证 [J]. 数量经济技术经济研究，2015，03：111-128.

秀（2013）[①]、袁国敏等（2014）[②]、王治等（2015）[③] 对中国民生支出规模的国际比较。总之，现有的民生问题国际比较研究相对局限于某一领域，全面系统地对民生建设和民生问题进行研究的论著尚存在明显不足。

按照上一节对民生内涵的界定，本书认为民生建设以生产力不断发展作为持续动力，以教育、就业、收入、社会保障、医疗卫生、居住、环境为主要内容，以基础设施建设作为保障的公共条件，以社会制度构成连接民生发展与生产力之间的纽带，民生发展的各个组成部分相互依存、相互制约，总体上形成一个大的系统循环的持续发展。为此，本书基于中国的现实国情，力求全面系统地进行民生建设的国际比较。

本书的理论价值在于：从研究视角来看，本书将民生建设作为一个系统工程，综合考虑民生建设中的层次性、阶段性和渐进性，充分重视民生建设中各方面的普遍联系和发展；从研究内容来看，本书分别对民生建设体系和民生建设效率进行国际比较研究，既强调了民生建设过程中的"投入—产出"关系，又将民生建设的内容纳入到对经济增长绩效的衡量中。从研究方法来看，本书综合运用历史逻辑法、比较分析法、投入产出法、民生效率弹性等方法进行研究，以期得出较为科学的结论。总之，本书对民生建设的国际比较，有利于促进我国民生理论的创新与改革，是对民生建设体系研究和民生建设效率研究的丰富；对发展中国家民生理论发展奠定了一定的基础；也为人们正确认识民生建设系统和效率提供了方法论基础。

二、实践意义

民生建设关乎人民最根本、最长远、最切身的利益。进入新常态

---

① 李银秀. 我国民生类政府财政支出的国际比较 [J]. 湖北经济学院学报，2013，06：76-81.

② 袁国敏，许可，张晓琳. 中国民生支出规模适度性评析及需求预测——基于国际比较的视角 [J]. 西部学刊，2014，09：53-56.

③ 王治，毛志忠，柳青青. 中国民生支出的规模与结构及其国际比较 [J]. 铜陵学院学报，2015，05：9-14.

发展阶段后，居民的民生需求迫切，民生仍是发展的短板。开展民生建设国际比较研究对当前大力加强民生建设具有重要的实践意义。博采众长、为我所用，在实践上有利于指导、推动我国民生建设发展，实现我国全面建成小康社会、社会主义社会和谐发展、新常态下经济转型升级的战略目标。

（一）民生建设是全面建成小康社会的必然要求

小康社会是由邓小平在 20 世纪 70 年代末 80 年代初在规划中国经济社会发展蓝图时提出的战略构想。十八大报告首次提出"我国进入全面建成小康社会决定性阶段"的论断，并且提出"到 2020 年实现全面建成小康社会宏伟目标"。其中关于人民生活水平全面提高的新目标是"基本公共服务均等化总体实现。全民受教育程度和创新人才培养水平明显提高，进入人才强国和人力资源强国行列，教育现代化基本实现。就业更加充分。收入分配差距缩小，中等收入群体继续扩大，扶贫对象大幅减少。社会保障全民覆盖，人人享有基本医疗卫生服务，住房保障体系基本形成，社会和谐稳定"，充分体现了民生问题在实现全面建成小康社会目标中的重要性。

坚持发展为了人民，发展依靠人民，发展成果由人民共享，全面小康才能真正造福于全体人民。"十三五"是全面小康社会建成的决定性阶段，应更加突出民生建设，发展社会事业、做好保障和改善民生工作，将基本公共服务均等化、公共设施基本完备等民生指标作为衡量省、市、区协调发展的主要指标，使政府切实成为公共事业的推进者。到 2020 年，努力实现人民生活水平全面提高。

（二）民生建设是推动社会主义和谐社会建设的关键环节

中共十六大和十六届三中全会、四中全会从全面建设小康社会、开创中国特色社会主义事业新局面的全局出发，明确提出"社会主义和谐社会"的科学命题。和谐的理念也成为建设中国特色社会主义过程中的价值取向之一。

社会主义和谐社会，就是在中国特色社会主义道路上，中国共产党领导全体人民共同建设、使全体人民共享改革发展成果的和谐社会；就是"民主法治、公平正义、诚信友爱、充满活力、安定有序、人与自然和谐相处的社会"。所谓民主法治，就是社会主义民主得到充分发扬，依法治国基本方略得到切实落实，各方面积极因素得到广泛调动。所谓公平正义，就是社会各方面的利益关系得到妥善协调，人民内部矛盾和其他社会矛盾得到正确处理，社会公平和正义得到切实维护和实现。所谓诚信友爱，就是全社会互帮互助、诚实守信，全体人民平等友爱、融洽相处。所谓充满活力，就是能够使一切有利于社会进步的创造愿望得到尊重，创造活动得到支持，创造才能得到发挥，创造成果得到肯定。所谓安定有序，就是社会组织机制健全，社会管理完善，社会秩序良好，人民群众安居乐业，社会保持安定团结。所谓人与自然和谐相处，就是生产发展，生活富裕，生态良好。[①]

社会主义和谐社会的这六个方面内容，无论是人和人的和谐、人和社会的和谐，还是人和自然的和谐，直接联系着人民最关心、最直接、最现实的利益问题，民生问题是社会主义和谐社会理论的根本问题，改善民生是构建社会主义和谐社会的关键环节。总之，只有有效解决民生问题，构建社会主义和谐社会的目标才能实现，加快构建社会主义和谐社会才不是一句空话。以科学发展观统领经济社会发展，以构建社会主义和谐社会为要求，深化体制改革，持续改善民生问题，就会推动社会主义和谐社会向前发展。

（三）民生建设是新常态下推动经济发展的驱动力量

2014 年 12 月 5 日，中央政治局会议上首提新常态："我国进入经济发展新常态，经济韧性好、潜力足、回旋空间大"；"经济发展新常态下出现的一些趋势性变化使经济社会发展面临不少困难和挑战"；"主动适应经济发展新常态，保持经济运行在合理区间"。12 月 11 日中央经济工作会议，明确了"经济发展新常态"的九大趋势性变化，提出"认识新常态，适应新常态，引领新常态，是当前和今后一个时期我国经济发展的大逻辑"。以新常态来判断当前中国经济的特征，并将之上升到战略高度，表明中央对当前中国经济增长阶段变化规律的认识更加深刻，对宏观政策的选择、行业企业的转型升级产生方向性、决定性的重大影响。

随着中国经济发展步入新常态，在经济放缓、经济结构优化、增

---

① 韩震. 社会主义核心价值观关键词·和谐 [M]. 北京：中国人民大学出版社，2015.

长动力切换、经济成长环境改变的背景下，既面临着新挑战，更面临着新机遇。习近平总书记指出，"做好经济社会发展工作，民生是'指南针'"。党的十八届五中全会提出共享发展的理念，将"发展"与"人民"紧紧联系在一起，指出"人民是推动发展的根本力量"，"实现好、维护好、发展好最广大人民根本利益是发展的根本目的。"

民生建设孕育着大量新的经济增长点。现在产能不足的部门，几乎都是民生相关的部门，如优质的医疗、教育、养老、住宅等服务。用民生驱动撬动经济换档升级，能够在较短时间内化解长期以来的高储蓄传统，提振消费需求，迅速扩大内需，变"推迟的消费"与"推迟的投资"为近期的消费与投资。推动经济发展与民生改善同步推进，良性循环。

比较分析国家间、区域间民生建设的异同，把握经济发展与民生发展协同演进的规律，有助于充分认识当前大力加强民生建设的必要性和重要意义，保持经济"稳增长""调结构"与民生建设主题的内在贯通性，实现两者之间的协同优化。

第四节　研究的主要内容与方法

一、研究思路

（一）研究思路

本书写作的基本逻辑思路是：首先，对民生建设发展和演变的理论进行系统阐释研究，构建本书民生建设研究的理论基础。其次，分别从国际民生建设体系和国际民生建设效率两个维度，将中国和英国、美国、瑞典、德国和日本等主要发达国家进行了横向、纵向比较分析，借鉴发达国家构建民生体系，提升民生效率的经验，并结合我国民生实际，取长补短，推动我国民生建设的发展和渐趋完善。然后，遵循从概括到具体的逻辑研究顺序，选择江苏为我国民生建设的典型研究对象，进一步进行民生建设的省际比较和省内市级比较研究，力图探求中国民生问题区域发展的基本规律。最后，提出民生体系建设的目标和路径，推动民生建设迈上新台阶。

民生建设的国际态势　　　民生建设的中国实践

以人权为主要价值的民生思想　　民生建设基本理论　　中国传统民生思想

以社会保障为主要价值的民生思想　　　马克思民生思想中国化

国际民生体系比较研究　　中国民生体系　　西方民生体系

国际民生建设效率比较研究　　投入效率　　产出效率

民生建设的区域比较研究：以江苏省为例

民生建设效率弹性比较分析

民生体系建设的目标和路径

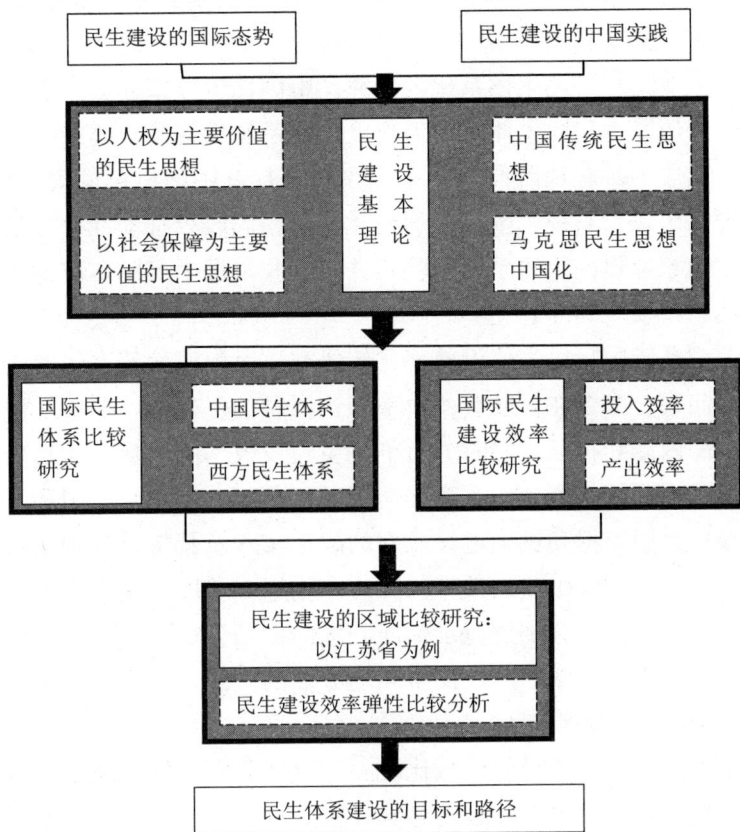

图1-4　研究思路框架图

二、研究内容

本书共分为六章，具体研究内容如下：

第一章　导言。首先分析本书的研究背景，提出问题，再界定民生的内涵和属性，阐述本研究的理论意义与实践价值，最后阐明本书的逻辑结构、研究内容和研究方法。

第二章　民生建设基本理论研究。国际民生思想的发展和演进源远流长，主要经历了以人权为主要价值的民生思想和以社会保障为主要价值的民生思想的时期，并形成了各自具有国家特征的民生制度；中国民生思想也经历了传统民生思想和马克思民生思想中国化的两个时期，研究国内外民生思想的演进有利于借鉴国际民生思想的精髓，取长补短，推动我国民生建设迈上新台阶。

第三章　国际民生体系比较研究。中国民生体系起源于春秋战国时期，经历了古代民生体系、近代民生体系和当代民生体系几个发展阶段，形成了具有现阶段符合中国国情、具有中国特色的民生体系；发达国家历来也重视民生体系的构建，以稳固政权推动社会发展，借鉴发达国家构建民生体系的经验，并结合我国民生实际，有助于中国民生体系的发展和渐趋完善。

第四章　国际民生建设效率比较研究。民生建设效率的落脚点在于效率问题。本章在对已有的效率理论回顾的基础上，探讨了民生建设效率的内涵和特征，同时分析了民生建设效率的度量方法。效率的测度是一个比较的概念。本章在对英国、美国、瑞典、德国和日本五个主要发达国家提高民生建设效率的改革实践及其特点分别进行分析的基础上，利用民生建设效率国际比较指标，从民生建设投入效率和产出效率两个方面分别进行了横向和纵向比较分析。主要发达国家提高财政投入产出效率、解决民生问题方面的做法，为我国民生建设提供了宝贵的经验和重要的启示。

第五章　民生建设的区域比较——以江苏省为例。民生需求在不同的区域、不同发展阶段表现各异，由此对民生建设提出了不同的要求。江苏是我国的经济发展领先省份，强调"为全国发展探路是中央对江苏的一贯要求"。故此，本章以江苏省为研究对象，构建民生建设效率指数，与我国北京、上海、浙江、广东、山东等发达地区民生建设进行横向比较，并在此基础上进一步对江苏省十三个地级市民生发展现状进行考察和对比分析，着力探索与理解中国民生问题区域发展的基本规律，深入研究民生区域差异的深层次理论与实践问题。

第六章　江苏民生体系建构的目标和路径。推动民生建设迈上新台阶，首先要确立更高的新目标。新时期民生工作更高的目标，来自共产党人执政为民的宗旨，来自对人民高度负责的精神。习近平总书记将人民群众的期盼，概括为有更好的教育、更稳定的工作、更满意的收入、更可靠的社会保障、更高水平的医疗卫生服务、更舒适的居住条件、更优美的环境。做好民生工作的基本思路，是守住底线、突出重点、完善制度、引导舆论。"六大体系"建设是江苏民生工作的亮点，各地要将探索成功的经验制度化，把民生工作奠定在更加坚实的基础上。

三、研究方法

（一）历史和逻辑的分析方法

列宁曾经指出："在分析任何一个社会问题时，马克思主义理论的绝对要求，就是要把问题提到一定的历史范围内。"民生建设的产生和发展离不开特定的社会背景和历史背景。因此，只有将民生建设和其所处的社会和历史环境联系在一起，才能更好地把握其发展的规律性。本书从历史演进的视角出发，系统、科学、客观地探索和研究民生理论和实践的产生和发展。

民生问题是一个系统问题，涉及经济发展、政治制度、意识形态与社会参与等一系列领域，同时民生实践的涵盖范围也比较广，如教育、医疗、社保、环境等内容。因此，在研究的过程中要讲究总体性，防止片面性，利用逻辑结构的方法，研究民生建设与经济建设、政治制度、民主法治等方面的协同演进规律，并探寻彼此间互相促进，良性循环的发展机制。

（二）比较分析方法

一是对比分析中国和西方发达国家的民生建设体系和民生建设效率。尽管我国和西方民生建设体系中的诸多重要因子如政府、市场、政党、企业、社会组织等有着不同的结构、性质和功能，但在完善民生建设体系、提升民生投入产出效率方面的总体取向是一致的。西方国家中的"福利主义共识"，特别是其对国家职能的界定以及对经济社会协调、和谐发展的追求，可以为中国提供重要的借鉴和有益的参考。

二是对比分析江苏和我国北京、上海、浙江、广东、山东等发达地区民生建设体系和效率，比较借鉴其他省市民生建设的经验，深入研究民生区域差异的深层次理论与实践问题。

三是对江苏省十三个地级市民生发展现状进行考察和对比分析，对比"经济强、百姓富、环境美、社会文明程度高的新江苏"美好蓝图，探寻新背景下江苏民生建设的路径和方法。

（三）定性和定量相结合的方法

对国际民生体系的比较研究，主要采取定性分析的方法，结合不同的经济和社会发展的背景和条件，从民生财政投入和民生科技政策等视角，理论上探讨民生建设发展的历史路径。

对国际民生建设效率的比较研究，主要采用定量分析的方法。一方面，将民生建设看作民生公共产品的"投入—产出"生产过程，把民生建设效率分解为民生建设"投入"和民生产品和服务"产出"的比率两个方面。另一方面，围绕着"将福利的内容纳入到对经济增长绩效的衡量中"这一思路，基于 Sen 提出的"可行能力方法"的福利经济学新范式，构建民生弹性系数来衡量经济增长转化为社会福利的效率。

第二章

民生建设基本理论研究

国际民生思想的发展和演进源远流长，主要经历了以人权为主要价值的民生思想和以社会保障为主要价值的民生思想的时期，并形成了各自具有国家特征的民生制度；中国民生思想也经历了传统民生思想和马克思民生思想中国化的两个时期，研究国内外民生思想的演进有利于借鉴国际民生思想的精髓，取长补短，推动我国民生建设迈上新台阶。

第一节　国际民生理论的演进与发展

如果说 18 世纪的启蒙思想家们的民生理论偏重于民权，对民生的观察视域侧重于政治和社会层面，那么同一时期的经济学家们的民生理论则偏重于社会保障，对民生的观察视域侧重于经济和社会层面。现代西方民生思想基本上也是按着这个脉络来演进的。

一、以人权为主要价值的民生思想

18 世纪的启蒙思想家们，大多数都从人道、人性、平等的观念出发，对君主专制制度进行了尖锐猛烈的批判。18 世纪启蒙运动时期人道主义的一个最主要的特点，就是它直接和代表资产阶级及广大民众利益的各种政治的、经济的要求结合起来，并使之在实际上成为法国资产阶级革命的纲领。许多启蒙思想家认为，既然人性是共同的，因而人与人应当是平等的。他们从人性和人道出发，对个人主义的合理性作了论证。霍尔巴赫和许多启蒙思想家深受"社会契约论"和人民主权思想的影响，都主张人们应当追求自己的利益，只是不要妨碍别人的利益，不要引起别人的反对，而要争取博得别人的赞许和帮助。他反对"君权神授"的胡说，指出国家起源于社会契约，由全体订约者组成的社会"经常保留着一种绝对的权威",即国家的主权应属于全体人民;人民的共同意志就是法律。他指出,领袖、君主只是"社会权力或大或小的一部分之受托者,而并不是它的绝对的主人,也不是国家的所有者。"君主应该服从法律,而不是法律应该服从君主。人民可以根据需要,随时限制或取消他们委托给君主的权力。霍尔巴赫的社会政治观点,反映了以资产阶级为代表的第三等级人民反对君主专制的民主要求,促进了法国革命的到来。18世纪的启蒙思想家还提出了天赋人权理论。天赋人权理论认为人类进入文明社会以前,受自然法则支配,人人都平等享有自然权利:生命权、财产权、自由权等。由于人们同时具有自私自利等缺点,从而会对他人权利构成侵害和破坏,因此,有理性的人们便联合起来,订立契约,让渡权利,组成国家以保护人民的权利。由此得出结论,国家权力的基础是人权,国家权力的原旨和目标是维护人权,政治民主化是天赋人权的内在要求,充分肯定了人的地位、人的价值和人的尊严,实际否定了神权和贵族特权。

　　18世纪的思想家对平等作了理论上的阐述,认为人是生而平等的,平等是天赋的、不可转让的权利。他们要求平等地按照买卖双方的权利进行等价交换,要求平等地竞争和享有公民的权利,为团结广大下层民众,共同反对封建专制、等级和特权,重新高举平等的旗帜。民主主义在政治主张上,强调人在政治上平等的一个自然的结论是人们对于政治的平等参与。马尔西里奥认为,"为了获得民众对国家的忠诚与服从,能够保证大众参与的共和国是最好的政体,因为在这种政体之下,人们自然会把法律视为某种他们自己制定并施于自己身上的东西;同时,也只有民众才是对官吏最好的裁判者。"民主政体并不可能在任何情况下都以全体一致的方式进行政治决策,这就必然会出现一个民主与自由的关系问题,也即是形成决策的多数与必须接受多数决定的持不同立场的少数之间的关系问题;狄德罗在坚持唯物主义哲学观点的同时,又具有同时代唯物主义者缺乏的辩证法思想,有些学者认为他的唯物主义应该称为过渡性的唯物主义。他站在法国第三等级的立场上,坚持国家起源于社会契约,君主的权力来自人民协议的观点。他指出,能够实现人民自由平等的是政体,任何政体都是要改变的，它的生命同动物的生命一样，必然趋于死亡。封建专制政体终会消逝，由适合人性的政体取而代之。卢梭继承了洛克的"人民主权说"，进而提出"主权在民"的主张，他认为一切权利属于人民，权利的表现和运用必须体现人民的意志。政府和官吏是人民委任的，人民有权委任他们，也有权撤换他们，甚至有权举行起义，消灭奴役压迫人民的统治者。这就是人民主权思想。卢梭还强调"公共意志"，认为它非常重要，公民应接受它的统治。"公共意志"的具体形式就是法律，遵守法律的行为就是自由的行为。卢梭的思想主张在法国大革命中成为罗伯斯庇尔领导的雅各宾派的理论旗帜，对欧美各国的革命产生了深刻影响，从根本上反对君主的存在。而托克维尔考察了在民主制的前提下如何保证个人自由的理论家，他认为，"使人各自独立的平等，也使人养成只按自己的意志进行个人活动的习惯和爱好。人在与自己相等的往来当中和作为个人的生活习惯而永远享有的这种完全独立，使人对一切权威投以不满的目光，并很好激起关于政治自由的思想和对于政治自由的爱好。"在民主政体下，防止多数人的专制与防止少数人的专制同样重要。不难看出，18世纪西方政治思想家对民生关注，突出的是人权价值，平等、自由、民主是重要的理念。

18世纪启蒙思想家的思想包含着十分丰富的民生思想，启蒙思想家的锋芒所向十分明确，即反对王权、神权和特权，努力改变旧制度，建立新体制，各个启蒙思想家之间虽然存在着分歧和争论，但只要涉及封建专制统治与反动的教权势力，他们总是采取共同行动，而且每个启蒙学者都根据各自研究的领域，积极宣传"理性"与科学，始终把主攻目标对准专制王朝与天主教会。他们高唱"理性"的赞歌，向往"理性的王国"，提倡用理性作为衡量一切、判断一切的尺度，把封建专制制度比作漫漫长夜，呼唤用理性的阳光驱逐现实的黑暗，消灭专制王权和贵族特权，强调只有科学才能使人正确认识自然，破除宗教迷信，从而增进人类的福利，实现美好的自由、平等、民主的新社会。启蒙思想家都有基本相同的哲学理论作为指导思想，这就是怀疑论、自然神论和无神论。在启蒙思想家中，虽然多为自然科学家、历史学家、经济学家和文学家，哲学家只占少数，但他们的思想和理论却在启蒙运动中起着主导作用，那些虽没有哲学著作的启蒙学者，也奉行着大体一致的哲学信仰，而且在启蒙运动的不同发展阶段上成为批判宗教神学的有力武器。怀疑论成为启蒙运动准备阶段的思想先导，而自然神论则成为启蒙运动发展阶段的思想家的标记，无神论则把启蒙运动推向更高的成熟阶段。正是在这种哲学思想的指导下，才使启蒙运动经久不衰，具有强大的生命力，哲学革命成了政治革命的先导，并使启蒙运动具有明确的行动纲领。启蒙思想家都正视现实，认真思考，联系群众，不畏强暴。他们深入社会，细心观察，对封建社会的种种弊端进行独立思考展开无情抨击，提出了理想社会的蓝图，为之进行不息的斗争。他们以人民自居，以宣传群众，启迪民智为己任，为使群众改变旧观念接受新思想，他们除了出版专门的学术、理论著作外，还出版了普及性的通俗读物，还运用小说、戏剧、诗歌等文艺作品让更多的下层群众了解新观念。因此，不少启蒙思想家都是学识渊博、才华横溢的多面手，例如，伏尔泰不仅著有哲学著作，还发表了大量的史学著作、文艺小说、戏剧和诗歌，堪称启蒙运动的导师和领袖。这些思想家常常冒着上断头台、坐牢和流放的危险，为追求正义、向往光明而贡献出自己的全部智慧。启蒙运动虽然有种种共同的特点，但在如何改变封建制度上，却存在着不同程度的差别，反映出各派思想家的不同政治主张，为后来的民生理论与实践的进一步发展提供了思想前提和价值基础。

二、以社会保障为主要价值的民生思想

西方社会保障理论最早的理论渊源可以追溯到亚当·斯密，他在其《国民财富的性质及其原因的研究》一书中，论述了如何推动个体利益和社会福利的共同增长，进而来实现社会整体福利水平提高的设想。当代西方社会保障理论开始于福利经济学。20世纪20年代产生的福利经济学的代表人物庇古主张国家实行养老金制度和失业救助制度，建立了福利经济学的社会保障理论，庇古的福利主义思想中，尤其注重改善穷人的经济福利。他主张调节收入分配和调解劳资关系，他认为减少富人的些许收入，对富人并无效用减少，由于富人向穷人转移支付，缩小了收入差距，并且会增加国民所得。社会分配趋于平

等，则在国民所得既定的情况下，总效用和社会福利会增加。这即通常所说的庇古的"收入均等化"理论。在市场经济条件下，劳资关系的调解、劳动者社会保障体系的建立、对社会弱势群体的关注、民生问题的解决必须从制度上加以解决。同时，庇古的福利主义思想，为市场经济条件下，社会保障制度的建立提供了理论基础。福利制度的建立以市场经济为基础，但市场经济不能解决社会公平问题，庇古试图调节国民所得分配以现实社会分配的公平，来解决穷人的福利不足问题。凯恩斯主义经济学以需求管理为基础建立了其社会保障理论，他认为一国的生产就业主要取决于有效需求，但是由于心理规律的作用，会经常出现有效需求不足，从而导致经济危机与失业的发生。国家必须对自由市场经济进行干预，运用财政政策，通过政府有目的和有意识的财政支出和收入来影响消费需求。凯恩斯的追随者主张通过税收和转移支付来增加穷人的消费支出，从而实现宏观经济的均衡。经济萧条时期，社会保障支出的增加会刺激消费需求与投资需求的增加，从而使经济运行走出低谷。

第二次世界大战结束之后，西方资本主义国家的社会保障理论又有新的发展。主要流派有新剑桥学派的社会保障理论、货币主义的社会保障理论、供给学派的社会保障理论。这一时期西方资本主义国家的社会保障的公共政策具有以下特点：一是社会保障政策是国家的一项主要社会政策；二是强调福利的普遍性和人道主义；三是福利开支基本上由企业和政府负担；四是保障项目齐全；五是社会保障的目的是维持社会成员一定标准的生活质量。

进入 20 世纪 80 年代中期后，西方的社会保障理论开始重视社会保障对宏观经济均衡性的影响。当代西方社会保障理论十分庞杂，派系复杂，但是将其演变过程进行归纳，其特点概括表述为：一是公平与效率的关系问题始终是研究的核心；二是为通过国家干预来实现社会保障提供了依据；三是对西方社会保障模式的演变起了引领作用。民生思想和实践的制度安排在近代西方国家主要体现为社会保障制度。

和春雷认为，"社会保障制度，是指国家和社会为了维护社会成员的基本生存权利，保证和促进社会稳定和经济发展，对由于各种原因而失去生活保障的社会成员给予一定物质帮助的社会安全制度。"不难看出，社会保障制度是解决民生问题的国家层面的制度安排。当代西方社会把解决民生问题作为一种制度安排，与这些国家民主制度有着十分密切的联系，"一般说来，选民对福利制度有很强的依附，实施削减政策的政治家害怕在选举中遭到报复是有道理的。"19世纪中期以前，西方社会保障的基本理念是个人自助，认为个人应依靠自己的努力为自己提供较好的生活与发展条件，个人生活中的各种问题的解决应该是个人的责任而不是社会的责任，社会保障应该依靠个人自助而不是依靠社会或者政府帮助；19世纪末到20世纪70年代，西方社会保障的基本理念是国家责任理念，强调国家在建立和实施社会保障中的主导地位和责任，社会问题的解决主要应该是社会或国家的责任而不应该是个人的责任，社会保障制度应该依靠国家保障而不是依靠个人自助；20世纪70年代以后，西方社会保障制度的基本理念为强调自助、互助与国家保障相结合，认为社会问题的解决既是政府的责任，也是社会的责任，更是个人的责任，社会保障不仅应该依靠国家保障，也应该依靠社会力量，还应该充分发挥个人的作用。社会保障理念的变化必然影响社会保障政策选择的变化。19世纪中期以前的西方社会保障政策选择中，家庭保障构成这一时期社会保障的重要内容，社会慈善机构提供的各种救助成为家庭保障的重要补充，只有在家庭保障与社会慈善救助无法满足需要时，政府才会通过济贫法制度等官方社会保障制度提供救助，但这种官方社会救助的基本目的和宗旨以促进个人自助为主。20世纪前半叶的西方社会保障政策十分强调国家保障的重要地位和作用，国家不仅建立起完善的社会保险制度，而且建立起有效的社会救助制度，同时还建立起充分的公共福利制度。社会保障制度的覆盖面不断扩大，社会保障津贴标准逐年提高，建立"福利国家"成为西方许多西方国家争相追求的目标。20世纪后半叶的社会保障制度政策选择开始出现明显的变化，这就是追求社会保障制度中国家责任、社会责任与个人责任的协调和平衡，实现这一目标的途径是进行大规模、深层次的社会保障制度改革，其基本改革政策选择是提高享受社会保障津贴的资格要求，降低社会保障津贴标准，提倡社会保障水平与社会经济发展水平的协调，推进社会保障私营化,鼓励建立多层次社会保障制度等。显而易见,由于西方民主国家的特有国家与社会关系结构,现代西方国家的公共政策、制度安排都把民生摆在重要位置,这不仅事关执政地位获得和巩固,而且关系整个国家政局的稳定。

三、西方国家相关民生的制度安排

相关民生的社会保障制度发端于 19 世纪的英国,正式形成于 19 世纪末的德意志帝国。从 20 世纪初到第二次世界大战前的 40 年间,资本主义国家先后出现了五次世界性经济危机,整个国家的社会经济生活陷于极端混乱和瘫痪之中,大批失业者如何维持生活及抚养家庭、老年人如何安度晚年等一系列问题,阶级冲突和社会动荡加剧,建立社会直接关系民生的社会保障制度成为当时欧洲各国经济社会发展中重大议题。在世界范围的社会保障制度发展过程中,最早实现工业化的英国,其社会保障制度的建立是在自由主义的主导下逐步发展起来的;而以德国、法国等为代表的大陆国家,其社会保障制度的形成与当时的社会民主主义的推动是分不开的,其中政府发挥了主要作用;在美国,社会保障制度的整个建立过程受到了以保守主义为主流的社会福利观念的左右,其间,新自由主义和进步主义也发挥了影响。必须指出的是,西方国家在第二次世界大战结束之后,都普遍重视民生问题,特别是注意从政府公共服务、公共政策、公共产品的角度来关注民生。西方国家政府对民生的关注,注意公平价值在政府施政中的体现。

(一)英国民生制度安排

1600 年前后,英国社会出现失业、流浪和贫困现象。面对社会问题和社会动乱的增加,英国新教伦理贯穿到政府行为之中,颁布了著名的《伊丽莎白济贫法》(旧《济贫法》),其主要内容包括:为有能力劳动的人提供劳动场所;资助老人、盲人等失去了劳动能力的人,为他们建立收容场所;组织穷人和孩子学艺等。这表明,统治者开始意识到贫困和失业对其统治的威胁,注意采取某种措施来缓和这些社会矛盾。其后的《斯宾汉姆莱法》、新《济贫法》以及友谊社的建立,从法律上和组织上为穷人的最基本的生存需要提供最基本生活保障,现代社会保障雏形显现出来。19 世纪末，英国以民间、自助为主流的社会福利事业开始走向衰落，社会贫穷成为比较突出的社会问题，传统社会福利政策成为社会矛盾的焦点。19 世纪末，英国费边社会主义和新自由主义成为对英国社会保障制度发展产生重要影响的政治思想，都在不同程度上成为政府决策的依据，为英国成为现代福利国家奠定了基础。这一时期，英国对失业保险、老年人社会保障、工人工伤事故保险、住房、社会医疗保健等进行立法和修改完善，通过制度安排并用政策调节的方式来解决部分民生问题，诸如《个人失业法》、《工人补偿法》、《失业保险法》、《老年人年金法》、《国民保险法》、《住房法》。1946 年英国政府在《贝弗里奇报告》的基础上，在事关民生的一系列问题上提出并实施了一系列重要的社会立法。至此，英国社会保障制度得以全面建立。

第二次世界大战结束后，英国工党政府以部分工业国有化、实现充分就业和社会福利为纲领，先后通过一系列重要的立法，推行了社会保险、工伤保险、家庭津贴和国民医疗保险等社会保障法案。1948 年，英国率先在西方建成"福利国家"。

（二）德国民生制度安排

德国是最早出现现代社会保障制度的西方国家，但德国社会保障制度发展道路经历一个曲折的过程，德国中世纪的民生问题的解决在相当程度上是通过教会的救济机构来实行的。17 世纪 20 至 50 年代，行会的自助组织逐步替代了教会和城市的救济机构。到了近代，随着工业化大生产的出现，行会和帮会都失去了社会保障的意义。1794 年 2 月 5 日的普鲁士全国通过法中做出了国家对贫民救济的规定，提出了国家救济不能自食其力的公民的设想。1881 年，在德国首相俾斯麦的倡议之下，德意志帝国提出的《工伤事故保险法草案》，获得了国会讨论和通过。这一法案被视为德国社会保障的"大宪章"，所涉内容有：工人在患病、发生事故、伤残和老年经济困难时受到保障，他们有权要求救济，工人保障应由工人自行管理，这是世界上第一部保险法案。此后，德国相继通过了《疾病社会保险法案》、《老年和残疾社会保险法》，对这些特殊的社会群体给予比较全面的保障。

19 世纪下半叶，德国工人运动的迅猛发展，进一步推进和催化了德国的社会保险事业的发展。国家迫于压力，也推进德国社会保险事业的较快发展，德国成为西方国家最早导入公共养老金计划的国家。德国在19世纪后半叶，基本完成了国民经济的工业化和城市化进程，德国迫切需要更高素质的劳动力资源，政府必须更多地关注劳动者才能保证经济社会的持续发展。1911年，德国将19世纪80年代颁布的三部有关社会保障的法律确定为德意志帝国统一的法律文本《帝国保险法》，同时颁布了《职工保险法》，扩大了社会保障覆盖的范围。

在希特勒统治下的德国，社会保障制度成为法西斯统治的工具，工人很多权益被实际剥夺。第二次世界大战结束后，作为战败国的联邦德国，在战前社会保险的基础上，逐步建立起以效率与公平并重、自助与公助相结合的社会保障制度，较好地解决了作为战败国的民生问题。联邦德国对社会成员的生、老、病、死伤、残、孤、寡、教育、就业、住房等多方面的民生事宜，都有详尽的立法和制度安排，其对民生问题解决的范围、项目、标准等都堪称世界之典范。上世纪30年代的《魏玛宪法》促进了德国社会保障制度的初步发展，大萧条使德国社会保障制度极度动荡，法西斯统治使德国社会保障制度走向极端集权化，战后德国曾出现短暂的走向福利国家的趋势，但很快选择充分体现国家、社会与个人责任与权利协调关系的社会保险型社会保障制度的发展道路。

（三）美国民生制度安排

美国社会保障制度的建立和发展更具国别特色，其社会保障制度的建立是由州政府率先实施某种社会保障制度，州政府的社会保障实践推动联邦政府制定联邦社会保障立法，从而建立联邦社会保障制度，联邦社会保障立法在得到各州批准后方才正式成为联邦社会保障制度，而各州同时保有自己的社会保障立法与制度，美国社会保障制度的发展是一条联邦政府与州政府分权实施的发展道路。美国的社会保障制度，起始于上世纪初进步主义的福利政策。美国政府对儿童、妇女、工伤、养老、医疗、服役人员、失业人员、就业培训等，地方政府和联邦政府都给予了关注和帮助。除去美国政府以公共政策和立法的路径解决民生问题之外，以社会运动方式来推动民生问题的解决也成其为动力。20世纪20年代美国的"福利资本主义运动"的主要内容有：推动教育计划、鼓励工人拥有自己的住宅、设立低收费的自助食堂、免费医疗服务、带薪休假、实行强制性的工人抚恤金制度等。美国1929—1933年的经济大危机是迄今为止美国历史上最为严重的经济危机，对美国社会和美国人民的影响是巨大的。这一期间工人大量的失业、工人和城市居民极度贫困，即使美国的中产阶级也有许多人深受其难，并且经济危机还引发了家庭、教育、养老危机。1934年底，罗斯福提出了著名的"安全保障社会化"理论，其主要内容体现于：将社会保障制度与国家政治的民主、经济的发展联系在一起，社会保障是替代"家庭保障"的制度安排。罗斯福时期事关民生的制度安排主要体现于：一是失业保险和失业救济；二是养老保险；三是医疗补助等社会救济；四是住房补贴、教育保障等社会福利。《社会保障法》是美国第一个由联邦政府承担义务的、全国性的、以解决养老和失业问题的法律，政府所扮演的角色就是确保不要以种族为基础来对人进行形式上的分类，旨在消除种族偏见的反歧视立法，并没有考虑处在特定职位的少数民族的真实比例。这些计划维护了个体权利均等的潜在原则，亦即，根据声望或其他社会标准分层的职位，对于候选人的评判应仅仅依据个体的才能，而不应在种族或族群出身的基础上有所歧视。这种做法的目的，是为了减少少数民族中的穷人，增加少数民族群体成员的发展机会。西方社会保障的发展和实践进程表明，社会保障制度的安排实质上是一种社会价值的选择。当代中国构建和谐社会，民生问题不仅仅是一种价值和社会思想思潮，而且是公共政策和制度安排。这一社会保障立法，对解决美国的这两大社会问题较好地发挥了"社会安全网"的作用，构筑了美国现代社会保障制度的基础，更有力地推动了美国经济的发展。

第二次世界大战结束至今，美国的社会保障制度得到进一步的发展和完善，这主要通过立法途径，在更多的领域和项目、更宽的覆盖面实施社会保障，包括复员军人、残疾人、反贫困计划、社会保障津贴、养老等方面。美国的社会保障由政府负担基本保障，同时鼓励其他形式的保障项目，而且保障资金来源渠道较多。对于重点保障对象给予照顾，体现社会公平。

美国对民生关注还特别注意种族之间的平等，"从1950年到1970

年，强调的是个人机会均等，或选择的自由，政府所扮演的角色，就是确保不要以种族为基础来对人进行形式上的分类，旨在消除种族偏见的反歧视立法，没有考虑处在特定职位的少数民族的真实比例。这些计划维护了个体权利均等的潜在原则，亦即，根据声望或其他社会标准分层的职位，对于候选人的评判，应仅仅依据个体的才能，而不应在种族或族群出身的基础上有所歧视"。这种做法的目的，是为了减少少数民族中的穷人，增加少数民族群体成员的发展机会。西方社会保障的发展和实践进程表明，社会保障制度的安排实质上是一种社会价值的选择。当代中国构建和谐社会，民生问题不仅仅是一种价值和社会思想思潮，更是公共政策和制度安排。

第二节　中国民生建设理论的演进与发展

一、中国传统民生思想

最早的民生思想源于先秦时期。当时，为了巩固国家的政治统治，同时也是出于对百姓生存状况的同情，先秦时期的各个学派在民本思想框架内纷纷提出了改善民生、建设民生的思想，其中以儒家、法家、墨家和道家的民本思想最为突出。

（一）民本思想

民本思想既与今天我们所理解的民生思想相关联，又具有当时的历史与时代特点。一是当时的民生思想与君王的统治息息相关。如孟子提出的"民为贵，社稷次之，君为轻"（《孟子·尽心章句下》）的论断，将民生放在君王统治的层面上来论述，强调民生对于君王统治的重要性。法家则主张"君上之于民也，有难则用其死，安平则尽其力"（《韩非子·六反》），突出百姓的生存对于君王统治的重要性。荀子则是直接提出"君民舟水论"，"君者，舟也；庶人者，水也。水则载舟，水则覆舟。"（《荀子·王制》）。二是当时的民生主张与思想家们对理想社会的设想有关。孟子认为，"民为之道也，有恒产则有恒心，无恒产者无恒心"（《孟子·滕文公上》），君王应以"井田"的方式分配土地，使百姓能够靠自身的劳动过安定的生活。墨子则在人性之爱的伦理思想的基础上，从下层贫困劳动者的角度出发，形成了"一种泛劳动思想，并宣传普遍的人类之爱"（董四代，2011：13），指出要"兴天下之利，除天下之害"（《墨子·兼爱下》），从宏观角度表达了建设美好家园的愿望。道家的"小国寡民"则是老子的理想国，在这里"使民有什伯之器而不用。使民重死而不远徙。虽有舟舆，无所乘之。虽有甲兵，无所陈之。使民复结绳而用之。甘其食，美其服。安其居，乐其俗。邻国相望，鸡犬之声相闻，民至老死不相往来"（《老子·道德经》），这在某种程度上表达了对百姓摆脱封建专制统治的压迫的愿望。三是当时的民生思想体现了对君王自身修养的要求。老子提出统治者要"三去"，即"去甚，去奢，去泰"（《老子·道德经》），减少不必要的政治活动，做事不要极端，统治者应该以一种无为的方式追求物质和精神生活。孟子则指出君主要成为道德的楷模，"古之贤王好善而忘势；古之贤士何独不然？乐则而忘人之势"（《孟子·尽心章句上》），君主要将自身的权势放在一边，与天下"匹夫"为友。墨子从君王生活的角度指出，"古者明王圣人，所以王天下，正诸侯者，彼其爱民谨忠，利民谨厚，忠信相连，又示之以利，是以终身不餍，殁世而不卷"（《墨子·节用》），君王要崇尚节俭的生活，减轻百姓苛捐杂税的负担。四是当时的民生思想体现了对君王"爱民"愿望的表达。儒家在"礼"的基础上，指出君主要重民爱民、"仁者爱人"（《论语》），君主要特别重视老幼的生存，使他们"老者安之，朋友信之，少者怀之"（《论语》），通过君主的作为在全社会中实现"老吾老以及人之老，幼吾幼以及人之幼"（《孟子·梁惠王上》）的理想民生情景。道家的老子提倡"道治"，"故道大，天大，地大，人亦大。域中有四大，而人居其一焉"（《老子·道德经》），君王要实现社会的和谐必须以民生为先，爱民治国，君主要谦逊地对待自己的百姓，不能为一己之私利而不顾百姓的生存，努力争取百姓的爱戴。墨家则从"兼爱"学说的角度出发，指出百姓需要君王的关怀，如果所有的人都拥有无私的爱，那么人民将不再有灾难。从这种博爱精神出发，墨子提出人生来平等，尤其在民生领域内君王和百姓应该是平等的，"人无幼长贵贱，皆天之臣"（《墨子·法仪》），墨子的这种平等思想可以说是中国平等思想的萌芽。

（二）大同思想

鸦片战争以来，在西方启蒙思想的影响下，很多积极人士将中国的民本思想和西方的自由、平等、博爱等理念结合起来，提出了对未来社会的整体设计，各自形成了大同社会的理想蓝图，其中洪秀全的太平天国思想和康有为的大同社会理想是中国近代大同思想的代表。

1. 洪秀全的太平天国思想

洪秀全是中国近代史上重要的农民起义领袖，其提出的太平天国理论和主导的《天朝田亩制度》表达了他对"大同社会"的向往，通过对传统大同思想的改造和对古代民本思想的继承表达了"天下一家，共享太平"（洪秀全：《原道醒世训》）的大同理想社会的愿望，其基本思想是上帝面前人人平等，"天父上帝人人共，天下一家自古传"（洪秀全：《原道救世歌》），农民应当和所有人一样，也应享有平等的政治和经济权利。为此，1853 年颁布了太平天国的思想总纲——《天朝田亩制度》，这其中包含了丰富的解决民生问题的策略，包括平等理念和分配问题上的平均主义。虽然洪秀全的理想在某种程度上脱离了中国的国情，但这种平均分配的民生思想长期成为中国理想社会民生思想的重要内容。

2. 康有为的大同社会理想

西方列强的军事入侵和经济渗透使得越来越多的人尝试从西方寻求救国之路，资产阶级的代表人物纷纷在吸收西方启蒙思想的同时反思中华传统治国思想和统治形式，提出一系列的改革方案和对理想社会的追求，建立"大同社会"成为他们挽救国家的理想选择，这其中以康有为的《大同书》最为有名。他认为真正的理想社会应该是"无贵贱之分，无贫富之等，无人种之殊，无男女之异"（康有为：《孟子微・礼运注・中庸注》），"无所谓君，无所谓国，人人皆养于公产"（康有为：《孟子微・礼运注・中庸注》）。康有为的大同思想，既提出了他国家建设的道路与目标，也涉及未来国家组织社会生产的职能形式，体现了他要求政治与经济平等的理想。在政治领域，人人平等表现为没有阶级之分，没有尊卑之别，即使官员也和普通百姓的地位一样，"官即民也，本无大小之分"（康有为：《大同书》），人的权利是与生俱来的，既不能被侵夺也不能主动放弃。在经济领域，康有为坚持实行公有制的同时，主张奉行按劳分配政策，增加百姓参与劳动的积极性，"太平之世无所苦，所为工者乐而已矣。"（康有为：《大同书》）

（三）民生主义

孙中山在总结欧美资本主义国家建设道路经验教训的基础上，融合中国古代民本思想和近代大同思想的民生政治观，描绘理想社会的蓝图，全面阐述了民生主义的主要内容。在他看来，"民生就是人民的生活——社会的生存、国民的生计、群众的生命便是"（孙中山，1981：812），民生"是社会一切活动中的原动力。因为民生不遂，所以社会的文明不能发达，经济组织不能改良和道德退步，以及发生种种不平的事情，像阶级斗争和工人痛苦，那些压迫，都是由于民生不遂的问题没有解决。所以社会中的各种变态都是果，民生问题才是因。"（孙中山，1981：835～836）孙中山的民生思想存在于三民主义整个理论体系内，民生主义只是解决民生问题的具体经济措施的描述，主要有这样几个方面的重要内容：首先，对国家贫弱根源的分析。孙中山在游历欧美发达国家后深刻感觉到近代中国的落后局面，他认为中国的落后是多方面原因造成的，帝国主义的入侵、封建制度的腐朽、资本的垄断导致了近代中国与欧美国家发展水平的巨大反差。其次，渴望实现民族解放和国家统一。在孙中山看来，国家的统一是改变中国贫弱现状、实现独立、富强的前提，也只有这样，中国民生建设才会避免陷入空想，必须"造成独立自由之国家，以拥护国家及民众之利益"（孙中山，1981：634）。孙中山的国家建设思想虽然受到其阶级属性的限制，但其所表达的民生建设的前提，即国家统一和民主制度是任何一个国家民生建设进程中不得忽视的问题，既是对中国传统民生建设经验的有力概括，也描绘了孙中山民生建设的路线图。再次，解决民生问题要大力发展实业和改善生产关系。孙中山认为，"中国是世界上最贫弱的国家，处国际中最底下的地位"（孙中山，1981：621），中国的落后其中一个重要原因就是生产力落后，因此要大力发展生产力，通过工业化实现国家致富，消除贫困，也即实业计划。孙中山制定实业计划，主张实行经济开放政策，吸引外国人才，发展中国的实业，提高中国科学技术水平。最后，重视教育在民生发展中的作用。中国的封建专制制度及其科举制度扼杀了中国的科技创新精神，发展实业需要发展教育，改善民生也需要从教育抓起，学习西方的先进科学技术。国家要建立覆盖全体人民的教育体系，满足社会对知识的需求，必要的时候可以先引进再学习。"凡是我们中国应兴实业，我们无资本，即借外国资本；我们无人才，则用外国之人才；我们方法不好，即用外国方法。"（孙中山，1982：481）在学习科学技术的同时，不能完全遗弃中华传统道德文化，"人民受四千余年道德教育，道德文明远比外国人高若干倍"（孙中山，1982：533），我们主要学习西方的先进科学技术，对于本国文化的优良道德传统要继承和创新。

二、马克思主义民生理论中国化的历史进程

马克思主义民生理论的核心问题是人的问题，也就是实现人的自由全面发展的问题。马克思主义是解放全人类的革命学说，重视民生问题是其题中应有之义。从本质上讲，马克思主义是"以人为核心的"、"以人类的彻底解放为目标的"学说，它把促进每一个人的自由全面发展作为未来自由人"联合体"的本质要求。在马克思主义理论体系中，最关注的是人的利益，最关切的是人的解放，最关心的是人的发展。

马克思主义民生理论具有丰富的内容。一是马克思主义经典作家一贯强调人民群众的历史地位和巨大作用，认为人民群众是物质和精神财富的真正创造者，是推动社会变革、历史发展的重要力量。他们从唯物史观出发阐明了民生问题的基本原理，包括民生是人类社会存在和发展的基础；民生是人民群众创造历史的前提；民生受政治、经济、社会、文化、生态条件的制约；民生问题不仅是一个经济问题、社会问题，更是一个政治问题，也是一个意识形态问题；等等。二是深入揭露了封建社会和资本主义制度给民生造成的灾难性后果，指出资本的残酷剥削和压迫，使无产者和劳动人民在物质生活上处于"贫困化"境地，在政治生活上处于被统治的地位，在精神生活上处于被奴役状态，并造成资本主义社会所特有的人的片面、畸形发展，即人的异化。三是全面指明了通过暴力革命推翻资本主义制度，建立无产

阶级专政，通过过渡时期"尽可能快地增加生产力的总量"，实行新经济政策和社会主义改造，使民生获得解放的正确道路。四是科学阐明了无产阶级政党与民生的关联，规定了党的性质、任务和目的，制定了党的战略策略，形成了党与人民群众的血肉关系。五是通过辩证分析社会主义社会的生产目的、社会主义的分配方式、社会主义的基本特点、社会主义社会的发展趋势等，揭示了社会主义社会民生的内涵、特点、局限性及其发展方向。六是深入论证了共产主义社会最终解放全人类、实现人的自由全面发展的崇高的民生目标。"当人们还不能使自己的吃喝住穿在质和量方面得到充分保证的时候，人们就根本不能获得解放。"在马克思看来，单个人的解放只有在全人类的历史性解放中才能得到彻底的实现，同时每个人的自由发展又是一切人自由发展的条件。"所有人共同享受大家创造出来的福利"，"结束牺牲一些人的利益来满足另一些人的需要的状况"，"使社会全体成员的才能得到全面发展"。

受历史条件的限制，马克思、恩格斯、列宁等对社会主义社会的具体民生问题没有也不可能进行详细的论述，而且他们的民生理论也深深地打上了他们所处时代的烙印。与时俱进是马克思主义的理论品格，后人必须把马克思主义不断推向前进。

马克思主义民生理论中国化，经历了新民主主义革命时期、新中国成立后的社会主义建设时期和改革开放以来的社会主义现代化建设新时期三个阶段，产生了两次历史性飞跃，形成了毛泽东思想关于民生的理论和中国特色社会主义民生理论两大理论成果。

（一）新民主主义革命时期中国共产党开启了马克思主义民生理论中国化的伟大历程

1. 提出了解放民生的革命思想

鉴于外无独立、内无民主的半殖民地半封建旧中国的国情，毛泽东认识到中国人民要获得解放，必须坚持"枪杆子里面出政权"的硬道理，走农村包围城市的暴力革命道路，建立人民民主专政的全国政权，为解放民生创造根本条件。在农民占人口绝大多数的中国，离开农民，革命将一事无成。要把农民发动起来，使之成为中国革命的主力军，就必须解决农民的切身利益问题，而土地是农民利益的集中体现。所以，开展土地革命，解决农民土地问题，一可以调动农民革命的积极性，二可以解决农民的民生问题。我们党发动了土地革命，领导农民打土豪、分田地，解放了农民的民生。此后，为建立抗日民族统一战线，同时也为了调动各方面积极性，改善农民生活，我们党实行了"减租减息"政策。解放战争时期，进行土地改革，实现耕者有其田。

新中国诞生后，在恢复国民经济的基础上开展社会主义改造，走社会主义康庄大道，真正解放了民生。社会主义革命"建立起了代表广大人民根本利益的公有制等社会主义制度，民生问题的解决从此有了经济基础和制度保证"。正如党的十八大报告指出的，以毛泽东为代表的中国共产党"完成了新民主主义革命，进行了社会主义改造，确立了社会主义基本制度，成功实现了中国历史上最深刻、最伟大的社会变革，为当代中国一切发展进步奠定了根本政治前提和制度基础"，也为解放民生提供了根本政治前提，奠定了社会制度基础。

2. 提出了保障民生的生产思想

作为为人民利益而奋斗的政党和工农的武装，"一切群众的实际生活问题，都是我们应当注意的问题"。针对革命根据地的艰难困苦环境，毛泽东强调，要大力发展经济，保障民生，减轻人民负担，并将此与工农武装割据的生存和发展直接挂钩。他说，中华苏维埃政权的"经济政策的原则，是进行一切可能的和必须的经济方面的建设，集中经济力量供给战争，同时极力改良民众的生活，巩固工农在经济方面的联合，保证无产阶级对于农民的领导"。中共中央在国共合作宣言中指出，党奋斗的总目标就是争取中华民族之独立自由与解放，要实现中国人民的幸福生活，"首先须切实救济灾荒，安定民生，发展国防经济，解除人民疾苦与改善人民生活"。我们党及其领导的武装力量不仅是战斗队、工作队，也是生产队。我党、我军广泛开展的大生产运动，使我们度过了抗日战争最困难的时期。

（二）新中国成立后中国共产党在探索民生建设道路上经历了艰辛和曲折

明确中国的民生建设不能照搬苏联模式。建国初期，毛泽东就对苏联模式的严重弊端有所认识。他认为苏联把农民挖得太苦，因此要汲取苏联的教训，避免走苏联的弯路。

强调走出一条改善民生的工业化道路。总结我国解决民生问题的经验教训，毛泽东提出了处理十大关系，区分敌我矛盾，妥善解决人民内部矛盾，调动一切积极因素的指导方针，特别强调：要注重从实际出发，正确处理农轻重比例关系，沿海工业和内地工业的关系，经济建设和国防建设的关系，走出一条适合中国国情的工业化道路，促进国民经济发展，为解决民生问题奠定雄厚的物质基础；要遵循"统筹兼顾、适当安排"方针，解决国家、集体、个人三者之间的矛盾，处理各阶层的利益关系，优化资源配置，更好地改善民生；要协调政治生活，保障人民民主权利；要实施"双百"方针，繁荣科学文化事业；要正确处理人民内部矛盾，化消极因素为积极因素。

认清党对民生理论的探索充满艰辛。严峻的国内外形势、"左"倾的思想路线、薄弱的经济基础，使党对民生问题的认识经历了曲折。鉴于国家独立自主，需要通过"高积累、低消费"和"赶超战略"搞一个完整的国民经济体系；出于国防安全，需要大搞"三线建设"。因此，民生建设无疑受到严重制约和压抑。

（三）改革开放以来中国共产党以高度的理论自觉和理论自信推进中国特色社会主义民生理论的形成和发展

邓小平在不断探索和回答"什么是社会主义，怎样建设社会主义"这一问题中确立了共同富裕的民生目标。（1）明确解决民生问题是社会主义的题中应有之义，强调社会主义的首要任务是消除贫穷，不断提高人民的生活水平；认为社会主义的优越性归根到底体现在它的生产力比资本主义发展得更快一些，并且在发展生产力的基础上不断改善人民的物质文化生活；鉴于平均主义的危害，他提出了通过先富带动后富，最终达到共同富裕的目标。（2）明确解决民生问题是中国特色社会主义道路的价值追求。必须从中国人民的愿望出发，实现党和国家工作重心的转移，确立社会主义初级阶段；坚持"一个中心、两个基本点"，强调发展是硬道理；坚持"三个有利于"标准，实行社会主义市场经济；坚持"三步走"发展战略，在基本消灭贫困、解决温饱以后，实现小康和人民生活比较富裕的美好前景。（3）明确解决民生问题是坚持公平原则的必然要求。为打破分配大锅饭局面，邓小平探索了效率优先的体制改革之路。改革开放促进了我国经济的腾飞。在生产力发展的基础上，解决中国民生问题的焦点逐渐地转向公平。邓小平说："怎样实现富裕，富裕起来以后怎样分配……解决这个问题比解决发展起来的问题还困难"，但必须"解决这些问题"。(4) 明确解决民生问题要实行正确的政策。比如，实行家庭联产承包责任制，调动农民生产积极性；把教育放在优先发展的战略地位，坚持"三个面向"，培育"四有"公民；从政治高度抓就业问题；改革分配制度。

以江泽民为核心的中央领导集体在把中国特色社会主义事业成功推进到新世纪的过程中形成了促进人的全面发展的民生理论。(1) 创新了人的全面发展理论。从建设社会主义新社会的本质要求上提出了人的全面发展问题，第一次阐明了人的全面发展在社会主义发展中的地位和作用；把解决民生问题与促进人的全面发展联系起来，明确了民生建设的价值目标；揭示了人的全面发展与社会发展诸环节的辩证统一。(2) 突出了实现好维护好发展好人民的根本利益。"三个代表"重要思想把人民的根本利益作为出发点和落脚点，包含着丰富的民生思想，为发展民生奠定了哲学基石，使我们党关注民生的思想上升到了指导思想的高度；改革、发展、稳定的关系的思想凸显了人民根本利益的核心地位。(3) 拓展了解决民生问题的思路和方法。把发展社会主义市场经济作为解决民生问题的主要路径；强调以经济建设为中心推动社会全面进步；提出了发展民生的三大战略措施即可持续发展战略、科教兴国战略、西部大开发战略；突出了民生问题的解决重点，把就业作为民生之本，把"三农"问题作为重中之重，把反贫困工作作为实现最基本人权的保障。

新世纪以来，以胡锦涛为总书记的党中央在着力推动科学发展、促进社会和谐的过程中弘扬了以人为本、执政为民的民生理念。(1) 科学发展观是更加注重民生的发展观。科学发展观促进了全党和全社会发展理念向着更加注重以人为本、更加注重保障和改善民生转变，从根本上回答了为什么发展和发展为了谁、依靠谁的问题，确立了让人民共享改革发展成果的原则；科学发展观促进了全党和全社会发展理念向着更加注重社会公平转变，强调"逐步建立以权利公平、机会公平、规则公平为主要内容的社会公平保障体系"；科学发展观促进了全党和整个社会发展理念向着更加注重全面、协调、可持续和统筹兼顾转变，向着更加注重加强和创新社会管理转变。（2）强化民生理念，提高执政为民能力。保障和改善民生必须树立先进的民生理念。比如，"权为民所用、情为民所系、利为民所谋"的民生政治新理念，"坚持以人为本、执政为民"的执政新理念，把以人为本、执政为民看作是"检验党一切执政活动的最高标准"的新理念。保障和改善民生必须坚持和改善党的领导，加强党的执政能力建设，提高党的执政为民能力，转变和改进党的领导和执政方式，实行科学执政、民主执政、依法执政，努力建设学习型、服务型、创新型的马克思主义执政党。

十八大以来以习近平为总书记的党中央在推进中国梦的实践中拓展了民生思想。一是把人民的追求作为党和政府的奋斗目标。习近平指出，我们的人民热爱生活，期盼"到 2020 年国内生产总值和城乡居民人均收入在 2010 年的基础上翻一番，全面建成小康社会；到本世纪中叶建成富强民主文明和谐的社会主义现代化国家，实现中华民族伟大复兴的中国梦"。人民对美好生活的向往，就是我们的奋斗目标。二是把体系建设与突出重点有机统一起来。把体系建设作为改善民生的重要尺度，注重健全城乡公共服务和社会保障体系，稳步提高社会保障统筹层次和保障水平，强化社会服务和管理，维护社会和谐稳定。同时，把脱贫和保障困难群体特别是农村困难群体生活作为保障和改善民生的突破口，作为全面建成小康社会的关键点，正所谓"小康不小康，关键看老乡"。三是把改进工作作风作为为民办实事的切入点。提出了改进工作作风的"八项规定"，开展了群众路线教育实践活动，强调保持同人民群众的血肉联系，办好顺民意、解民忧、惠民生的实事，纠正损害群众利益的行为。四是把公平正义作为改善民生的重要标志。指出要顺应人民群众对公共服务、公共安全、司法公正、权益保障的新期待，全力推进重点领域的改革和反腐倡廉建设，让人民切实得到改革红利。要坚定决心，有腐必反、有贪必肃，不断铲除腐败现象滋生蔓延的土壤，以实际成效取信于民。五是把调动两个积极性作为改善民生的重要指针。强调引导群众树立通过勤劳致富改善生活的信念，从而使改善民生既是党和政府工作的方向，又成为广大人民群众自身奋斗的目标。

（四）中国化马克思主义民生理论的最新成果

在推进马克思主义民生理论中国化的过程中，中国共产党不断总结历史经验，善于进行理论创新，形成了包括毛泽东思想关于民生的理论和中国特色社会主义民生理论在内的中国化的马克思主义民生理论。中国特色社会主义民生理论是中国化的马克思主义民生理论的最新成果，这一理论包含着十分丰富的内容。

1. 解决民生问题的指导思想

以人为本、执政为民、共同富裕思想是改善民生的理论依据和行动指南。以人为本是科学发展观的核心。执政为民、共同富裕是党的执政合法性的源泉和根本。坚持以人为本、执政为民、共同富裕，就是要尊重人民主体地位，发挥人民首创精神，始终把人民群众作为创造历史的动力之本，作为推进中国特色社会主义伟大事业的胜利之本；就是要牢固树立全心全意为人民服务的党的根本宗旨，党的一切奋斗和工作都是为了造福人民，使发展成果由人民共享；就是要始终把实现好、维护好、发展好最广大人民的根本利益作为党和国家一切工作的出发点和落脚点，"做到发展为了人民、发展依靠人民、发展成果由人民共享"；就是要关注人的价值、权益和自由，尊重和保障人权，关注人的生活质量、发展潜能和幸福指数，满足人们的发展愿望和多样性需求，最终在共同富裕的基础上实现人的全面发展。

2. 解决民生问题的奋斗目标

"两个百年"目标和构建社会主义和谐社会，是解决民生问题的奋斗目标。全面建成小康社会是本世纪头 20 年的近期奋斗目标，是第一个"百年"目标。到本世纪中叶建成富强民主文明和谐的社会主义现代化国家，实现中华民族伟大复兴的中国梦是中期奋斗目标，是第二个"百年"目标。而构建"民主法治、公平正义、诚信友爱、充满活力、安定有序、人与自然和谐相处"的社会主义和谐社会则是贯穿于建设中国特色社会主义整个历史进程的基本任务和长期奋斗目标。

3. 解决民生问题的基本原则

确立了"共同建设、共同享有"的发展民生的基本原则和价值目标。"共同建设"是历史唯物主义的必然要求和体现，它反映的是历史发展的动力问题和中国特色社会主义事业的依靠力量问题。我们党的根基在人民、血脉在人民、力量在人民。因此，必须"做到心里装着群众，凡事想着群众，工作依靠群众，一切为了群众"。"共同享有"是马克思主义价值观的鲜明注释，是社会主义的本质所在，是我党根本宗旨简洁直白的表述，是"共同建设"的历史逻辑的必然归宿。"共同建设、共同享有"原则明确了改革发展为了谁、依靠谁、成果由谁来享有这个重大问题。

"共同建设、共同享有"中"共同享有"是焦点和关键，是真正体现公平正义的节点和灵魂。针对民生建设的新形势，总结保障和改善民生的经验教训，今后要把维护社会公平放到更加突出的位置，综合运用多种手段，依法逐步建立健全社会公平保障体系，让全体人民共享改革发展的经济建设成果、政治建设成果、文化建设成果、社会建设成果、生态文明建设成果。坚持公平正义，必须从制度上消除城乡二元结构，缩小贫富差距，防止和惩治腐败。这是构建和谐社会的基础，是国家长治久安的基石。那种等经济发展到一定水平后再来解决民生问题的观点是有害的，有悖于社会公正，最终将使经济发展失去良好的社会环境，并危害社会稳定。

4. 解决民生问题的战略步骤

初级阶段的社会主义要体现优越性，就必须把发展生产力、保障民生、促进人的全面发展作为根本任务。改革开放之初，我国有2亿多贫困人口。为保障民生、建设社会主义现代化国家，同时又要防止急躁冒进，党的十三大正式确立了社会主义初级阶段理论、党的基本路线和"三步走"的发展战略。从"三步走"的战略来看，在20世纪80年代后期，我国提前完成了第一步走的战略目标，基本解决了人民温饱问题，这为保障民生奠定了初步基础。在20世纪90年代中期，我国又提前完成了第二步走的战略目标，人民生活达到小康水平，这为保障民生奠定了比较扎实的基础。此后，我党对第三步发展战略进行了细化，提出到2020年全面建成惠及人民的更高水平的小康社会，居民收入实现倍增，社会更加和谐、人民生活更加殷实；到21世纪中叶基本实现现代化，人民生活比较富裕，也就是实现"两个百年"目标。从实践来看，经过努力，我国综合国力显著提高，贫困人口大幅度下降，人民生活不断改善。这是社会主义初级阶段在保障和改善民生问题上取得的重大胜利。

5. 解决民生问题的主要路径

民生问题首先是个经济问题。我国人口多、底子薄的社会主义初级阶段的最大国情，使得我国的民生问题还比较多，短期内难有根本改变。当前要调动各方面积极性，加大民生建设的人财物投入和政府的财政转移支付。

民生问题作为一个突出的社会问题，必须通过社会建设、社会管理和社会改革来解决。一是要以改善民生为重点加快推进社会建设。二是要以化解矛盾、防范风险为中心，注重社会矛盾的源头治理，加强和创新社会管理。三是要以创新体制机制、调动各方面积极性为目标加快推进社会体制改革。围绕构建中国特色社会主义社会管理体系，要加快推进社会体制改革：一是加快形成党委领导、政府负责、社会协同、公众参与、法治保障的社会管理体制；二是加快形成政府主导、覆盖城乡、可持续的基本公共服务体系；三是加快形成政社分开、权责明确、依法自治的现代社会组织体制；四是加快形成源头治理、动态管理、应急处置相结合的社会管理机制。

6. 解决民生问题的根本方法

保障和改善民生要按照全面、协调、可持续的基本要求，统筹兼顾民生建设各领域、各方面，包括全面、协调、可持续这三者之间的关系，当前主要就是坚持"五个统筹"。

改善民生，促进人的全面发展，必须在经济发展基础上推动社会全面进步。马克思认为："人的本质不是单个人所固有的抽象物，在其现实性上，它是一切社会关系的总和。"社会进步是一个复杂系统，在这个系统中，经济、政治、文化、社会、生态文明发展和人的全面发展是相互联系、相互影响的，没有社会的全面、协调、可持续发展和进步，人的全面发展也就成了一句空话。实践证明，经济发展是社会全面进步的物质基础。随着全球化的深入发展，我国全面融入国际社会的步伐也日益加快，人民对美好生活的追求更加迫切。所有这些，都要求党必须把发展作为执政兴国的第一要务，坚持统筹兼顾，实现全面发展、协调发展、可持续发展，为改善民生创造条件、奠定基础。

加强民生建设是我国经济社会发展新阶段的客观要求，既内在于中国梦的战略设想之中，又体现为当前深化改革的具体要求。回顾历史可以看出，改善民生是确保人民群众拥护改革、确保改革成功的关键所在，是我国推进中国特色社会主义改革开放事业的出发点和归宿点。在民生导向下坚持改善、保障民生和促进共同富裕，是由党的根本宗旨决定的，也是我国经济社会发展的目的和方向。习近平总书记指出："全面深化改革必须以促进社会公平正义、增进人民福祉为出发点和落脚点。这是坚持我们党全心全意为人民服务根本宗旨的必然要求。全面深化改革必须着眼于创造更加公平正义的社会环境，不断克服各种有违公平正义的现象，使改革发展成果更多、更公平惠及全体人民。如果不能给老百姓带来实实在在的利益，如果不能创造更加公平的社会环境，甚至导致更多不公平，改革就失去意义，也不可能持续。"实现人民幸福这一梦想需要公平公正的社会环境，民生导向的改革思维是消除"中国梦"实现障碍的必要手段。国内外经济发展的经验教训也表明，单纯追求经济增长的发展模式，或者是主张发展起来以后再研究分配和改善民生，只能使发展成为无源之水，不可能具有持续性。习近平总书记还强调："保障和改善民生是一项长期工作，没有终点站，只有连续不断的新起点。"这些论述深刻阐述了解决民生问题的重要性和艰巨性。

（五）中国民生改善方面取得的主要成就

十一届三中全会以来，中国共产党在正确妥善处理好改革、发展、稳定、和谐大局的前提下，以渐进式改革稳步推进民生建设。我们党带领全国人民，经过艰苦不懈的努力，财富蛋糕不断做大，为社会建设、民生改善提供了雄厚的物质基础，人民群众的幸福指数不断提升。

经济快速发展为民生建设提供了物质保障。多年来，我国的经济发展速度一直在年均10％左右的高位持续运行，创造了世界经济百年史上空前奇迹。在良好的经济形势下，政府有能力把越来越多的"真金白银"用于改善与人民生活息息相关的交通、教育、医疗以及社会保障等领域。越来越多的贫困地区、偏远地区人民的生活状况得到改善，占全球 1/5 人口的吃饭穿衣问题基本解决，使我国城乡居民生活水平实现了从贫困到温饱再到总体小康的历史性跨越，为全球反贫困事业做出了重要贡献。

建立起较为完善的社会保障体系。十六届六中全会通过的《中共中央关于构建社会主义和谐社会若干重大问题的决定》首次提出要建立覆盖城乡居民的社会保障体系，把社会保障作为构建和谐社会的重要因素之一。城镇职工基本养老金经过连续九年调整，平均水平达到1800 元左右。新农合、新农保、居民医保等基本做到了全覆盖。特别是城乡居民养老保障服务体系的建立，使得职业体系之外的普通居民也能享受到基本的养老金。每人每月百元左右，再加上不少地区正在推行的老年津贴制度，很大程度上提高了老年人的家庭地位和社会地位。因为这笔钱既不需要伸手向子女要，更不需要别人的施舍，而是通过制度保障取得合法收入，这就使老人们能够较好地维护了自己的尊严，更加体面地安享晚年。

逐步推进城乡基本公共服务均等化。基本公共服务均等化的重要任务之一就是扩大公共服务的覆盖面，使之普惠城乡居民。十七大报告提出的"五有"（学有所教、劳有所得、病有所医、老有所养、住有所居）目标，既是对社会成员渴望安居乐业很好的阐释，又是对民生问题上实行基本公共服务均等化较为全面的表述。十八届三中全会提出，紧紧围绕更好地保障和改善民生、促进社会公平正义深化社会体制改革，改革收入分配制度，促进共同富裕，推进社会领域制度创新，推进基本公共服务均等化。在我国公共财政体制建设的过程中，大幅度增加了对"三农"、教育、医疗卫生、社会保障、文化体育、保障房建设等重点领域的投入，为基本公共服务均等化提供了有效支撑。

中国正处于发展的重要战略机遇期与社会矛盾凸显期，改革进入全面攻坚期的同时也面临深水区考验。就社会层面而言，中国当前社会矛盾的主要根源仍然是民生问题，加快推进以改善民生为重点的社会建设，依然是当下最具共识的领域。

三、新世纪江苏民生实践的历程

(一)发展历程

改革开放 30 年来,江苏紧紧跟随中央的脚步,经济始终保持持续、稳定、快速的发展势头。进入新世纪,更是不忘将民生建设放在工作的重中之重,不断推出新的政策举措,从"富民强省"口号到"富民优先"方针,再到"普惠共享"理念,江苏以实际行动践行着"发展经济的根本目的在于保障和改善民生"的最高准则。

1."富民强省"口号的提出

2001 年,是 21 世纪的起步之年,也是实施"十五"计划的开局之年。江苏省第十次党代会将原先的"强省富民"口号改为"富民强省",要求"以富民强省、率先基本实现现代化总揽全局",要求"在全省现代化建设的进程中,必须始终把'富民强省'放在核心的位置"。在中国的文化背景下,"富民"和"强省"二者顺序的这一颠倒,意义非凡。与此相适应,2002 年底,为了贯彻落实党的十六大全面建设小康社会的伟大战略部署,江苏省委、省政府又号召全省干部群众努力奋斗,实现"富民强省,两个率先",不仅继续把"富民"放在"强省"之前,而且在"两个率先"中将"率先全面建设小康社会"置于"率先基本实现现代化"之先,突出的都是改善人民生活。当时,江苏正处在告别温饱、达到小康、向富裕迈进的阶段。一方面,经过 20 年的奋斗,江苏 1987 年的 GDP 比 1980 年翻三番,1999年的人均国内生产总值比 1980 年翻三番,在这一时刻提出让江苏人民尽快富起来的目标,是贯彻邓小平共同富裕战略构想的最好体现。

另一方面,美中不足的是,江苏城乡居民收入水平一直徘徊在全国第七和第五位,特别是南北之间发展不平衡,不同群体利益矛盾较突出。因此,优先解决人民群众富裕程度与经济发展水平不尽相称这个难题,就成为全省人民群众的迫切愿望,也成为摆在各级党委政府面前责无旁贷的紧迫任务。省委、省政府顺势而谋,将"富民"置于"强省"之首,凸显了江苏在发展指导思想上的历史性转变,即从偏重"物质化"发展转向注重"人本化"发展,归根到底体现了中国共产党"立党为公、执政为民"的执政理念。

2. "富民优先" 方针的确立

"富民强省" 必须 "富民优先"。在 "两个率先" 的推进中，江苏用 "不含水分"、"人民得实惠"、"老百姓认可" 来定位江苏的全面小康。2003 年，江苏在全国率先制定了全面小康的四大类 18 项 25 条指标，在这个指标体系中，针对江苏 GDP 总量高而老百姓不够富的实际，将 "富民" 放在了突出位置上，首次明确把城市居民人均可支配收入达到 2000 美元和农村居民人均纯收入达到 1000 美元，与人均 GDP 超 3000 美元一起，作为全面小康的核心发展指标，从而真正把提高人民生活质量作为全面小康的核心内容。不久，十六届三中全会上中央提出树立全面、协调、可持续的科学发展观，江苏很快把它具体化，根据省情确定了以 "富民优先" 为首的 "四个优先" 方针，成为江苏科学发展的鲜明导向。2006 年，江苏省第十一次党代会进一步提出，"坚持把富民作为优先发展目标，加快提高江苏人民生活水平"。在措施上，江苏围绕改善人民生活和提高城乡居民收入这两个核心，研究制定干部政绩考核评价体系，通过创业富民、就业富民、培训富民、社保富民四大举措，积极实践与实现 "富民优先"。具体包括：弘扬 "三创" 精神，鼓励 "百姓创家业、企业创实业、干部创事业"，努力增加人民收入；坚持把促进就业放在政府工作的优先位置，使绝大多数人通过劳动就业提高收入；加快农村劳动力转移和现代高效农业发展，以富裕农民为中心建设社会主义新农村；把调整产业结构和就业结构、分配结构统筹起来考虑，合理调控城乡、区域和不同社会群体之间的收入差距；在大力发展高技术、高效益产业的基础上，逐步形成高劳动者素质、高劳动者报酬的 "双高" 就业及分配机制；加快完善养老、失业、医疗和城乡低保等社会保障制度，构筑广覆盖的社会安全网。"富民优先" 方针的确立，在发展动力上有了新的突破，引导江苏经济由政府推动发展转向民众创业发展，这对促进全社会创造财富起到了巨大的激励作用；同时也为群众提供了良好的发展平台和发展前景，让每一个社会成员有能力和机会幸福生活。

3. "普惠共享" 理念的形成

党的十六届四中全会提出构建社会主义和谐社会，十七大要求加快以改善民生为重点的社会建设，江苏对富民优先又有了进一步的认识，那就是让发展成果普惠于民，由全体人民群众共享。在政策取向上，全面落实"学有所教，劳有所得，病有所医，老有所养，住有所居"不但继续促进人民群众经济收入的增加和物质上的富裕，而且致力于满足群众对教育、卫生、就业和社会保障等公共服务和产品的需求，不但强调物质生活水平的提高，而且开始关注并促进人的全面进步与发展，使民生的内涵比富民更为丰富，使全面小康社会建设具备了更为坚实的基础和明确的落脚点。为此，江苏推出了一系列具体措施，把民生工程的落实情况作为考核地方一把手的重要指标，连续四年确立并完成省政府改善民生的年度具体实事，努力解决好人民群众最关心、最直接、最现实的利益问题，让人民群众从改革发展中得到更多实惠。2008年7月，省委、省政府专门出台了《关于切实加强民生工作若干问题的决定》。这一《决定》是省委、省政府经过近一年的广泛深入的调查研究，数易其稿，最终形成的改善民生新蓝图。"以人为本，普惠于民"，是新蓝图的核心精神；"适应新形势、适应新期待、适应新追求"，是新蓝图的显著特征。按照新蓝图的规划，江苏的民生建设将让温暖守望着每一个贫困生成长，让零就业家庭至少有一人捧上稳定"饭碗"，让农村居民就医"小病不出村镇"，让新型农村养老保险制度惠及广大农民，让城市所有住房困难家庭"住有所居"，让城乡困难家庭的基本生活有保障。2011年8月19日，又在全国率先以省委省政府文件形式出台《关于大力推进民生幸福工程的意见》，把实施"居民收入倍增计划"作为最大的民生实事，以构建终身教育体系、就业服务体系、社会保障体系、基本医药卫生体系、住房保障体系、养老服务体系"六大体系"为保障，真正做到发展为了人民，发展依靠人民，发展成果由人民共享。

"普惠共享"理念的形成，标志着江苏以前所未有的广度、深度和力度，把民生问题摆在了构建社会主义和谐社会的重要位置，并且采取"系统化解决，制度化安排，长效化推进，项目化落实"的方式全面改善民生。随着经济发展水准和公共财力的大幅度提升，随着现代制度的全面确立，江苏力求为全体社会成员提供使生活质量得以全面提升的福利。

（二）基本经验

江苏民生事业走过了十多年的历程，积累了丰富的经验：

1. 经济发展是民生改善的基础条件

新世纪以来，历届省委、省政府始终以经济建设为中心，一心一意谋发展，聚精会神搞建设，保持经济持续快速发展，创造了丰富的社会物质财富，为民生改善提供了坚实的物质基础。但是，国内外许多事例证明，经济发展并不能自动实现民生的改善。解决好经济发展与民生改善的问题，要求既做好"蛋糕"，又要分好"蛋糕"。这就要求我们，一方面始终坚持发展是硬道理，让发展更好地为改善民生服务；另一方面要加快以保障和改善民生为重点的社会建设，让人民群众共享发展成果。江苏实践的可贵之处在于把"富民"与"强省"结合起来，并随着实践的发展，适时调整富民与强省的顺序，探索了一种包容的、可持续的、以创业就业为基本导向的经济发展模式。在这样的发展模式中，经济的增长有效创造就业，而经济的发展又是在个人就业、全民创业的基础上实现的，人民群众能很好地融入经济发展和社会进步中，实现经济发展带动民生改善。

2. 循序渐进是民生改善的基本路径

民生问题是与一定的社会经济发展阶段紧密联系的，不同历史时期有不同的民生问题。在改革开放之初，民生问题主要是生存层面的物质生活问题，主要表现为基本生活用品短缺、生活水平低下，改善民生的重点是解决"吃饭"和"穿衣"问题。新世纪以来，围绕全面建设小康社会的目标，提出"权为民所用、情为民所系、利为民所谋"的民生理念，民生问题体现在加快推进以改善民生为重点的社会建设，包括就业、教育、出行、医疗、环境、社会保障等各方面，并开始突出公平、正义、尊严，更加强调人民群众的主观感受。民生建设是一个动态发展过程，民生由保障到改善，是一个循序渐进的过程，是一个不断提高民生改善程度、不断扩大民生覆盖面的过程。在这个过程中，江苏各级党委、政府及时抓住不同时期民生问题的核心，找准突破口，循序渐进地推进改善民生的各项工作，满足了人民群众的新期待。

3. 统筹协调是民生改善的重要理念

民生问题是经济问题，它关系消费的持续增长和经济的可持续发展；民生问题是社会问题，它涉及千家万户和社会稳定；同时，民生也是政治问题，它关系"民心"，关系党执政的基础。因此，在循序渐进推进民生建设的同时，注重制度设计、实行统筹兼顾至关重要。保障和改善民生是政府的重要职能，以政府职能来保障民生所需，就需要一种合理的制度安排。江苏在解决城乡基本医疗保障、城乡教育均衡发展、建立社会保障体系等问题中，依靠制度不断规范、有序解决。在推进民生改善中，注重了两方面的统筹协调。一方面是实现民生建设体系内的统筹协调。通过"一个计划"、"六大体系"向各个具体实施部门提出了指标性的要求，提高了民生改善的效能。另一方面是推进民生建设与推动经济社会发展的统筹协调。在应对金融和经济危机中，民生的改善对于克服经济波动起到了重要作用。

4. 民主创新是民生改善的根本动力

民生问题实质是"民心问题"。人民群众不仅是民生改善的受益者，而且也是民生改善的实践者。民生改善的最终成效是以人民群众的感受认同为检验标准的。以民主促民生，以集中民智、反映民意、凝聚民力来保障和改善民生，是江苏民生实践的重要经验。其中最根本的一条是完善民意表达机制推动民众参与社会管理，如党政领导接待日、省长信箱、政风热线、"万人评议机关"等一系列制度的实行。2011 年 11 月 6 日，在省委书记罗志军代表十一届省委所作的报告中，"注重网络民意"的话语非常引人注目，这说明在创新社会管理中，民主参与决策的机制、体制更加健全，"民意上达、政情下达"的渠道更加畅通。从民意中提炼决策动议，从民情中感受决策方向，使公共政策更能贴近民意、符合民情，有效地推动了江苏民生事业向前发展。

第三节 国计民生思想对我国和谐社会建设的启示

尽管围绕西方民生国家的得失、前途命运的争论还在继续，也尽管由于我国和西方在社会结构、历史经验和发展动力等方面不存在可比性，涉及社会发展战略的诸多重要因子如政府、市场、政党、企业、社会组织等有着不同的结构、性质和功能，因此无法简单照抄照搬西方国家民生的发展模式，但是西方国家中的"福利主义共识"，特别是其对国家职能的界定以及对经济社会协调、和谐发展的追求，或可成为我们值得借鉴的重要思想资源，而结合我国自身社会结构、历史经验和发展动力，制定出中国特色的社会发展战略，则是我们当下最为重要的任务。

自 1978 年改革开放以来，随着经济建设中心地位、首要地位的确立与巩固，中国逐渐形成了一种发展主义意识形态。30 年来，发展主义在中国经济社会发展中发挥了重要的积极作用。在发展主义推动下，中国经济保持了长时期的快速增长。但是，经济的快速发展也付出了高昂的社会与环境代价，社会的分配不公已经到了非常严重的地步，社会建设的相对落后隐含着引发社会不稳定的诸多因素，成为严重制约未来发展的挑战。

以 2002 年召开的中共十六大为标志，我国进入了经济建设与社会建设并重的新时代。2006 年，党的十六届六中全会提出了构建和谐社会的"共建共享"原则。推动科学发展，促进社会和谐，日益成为我国经济社会发展的主题。2007 年，党的十七大报告提出了深入贯彻科学发展观与构建和谐社会的目标，突出强调要着力发展经济、改善民生、促进社会公平正义，并对"加快推进以改善民生为重点的社会建设"作出专题论述。深入贯彻科学发展观和构建和谐社会，必须转变发展模式，超越发展型国家，全面构建社会政策体系。结合国情，借鉴西方福利国家的发展模式，本书尝试着为我国转变发展模式、超越发展型国家提出一些重要原则。

一、明确政府责任，建设公共服务型政府

从西方国家"福利主义共识"对国家职能的界定中，我们可以看到，这种追求经济社会协调、和谐发展的模式内嵌于福利国家的公共治理体系之中，是与国家职能及其履行方式的制度安排相表里的。因此，构建和谐社会不仅需要认识到转变发展模式的必要性、重要性，更要认识到重构公共治理体系的必要性、重要性。而且，西方福利国家在政府、市场、社会之间关系上的不断变革也启示我们，构建新的

公共治理体系必须从自由主义或国家主义的坚持中解放出来：超越（经济）国家主义、权威合作主义并不意味着降低国家或政府的重要性，而是要求重新设计、重新想象、重新建构国家。而国家在新的公共治理体系中必须向市场和公民社会放权，与其建立起一种合作伙伴关系。这就要求我们切实转变国家（政府）职能，改革政府管理体制，建设公共服务型政府，在政府与市场、集权与分权、政府权力与公民权利、国家与公民社会之间实现新的平衡。以公共服务型政府建设为目标，政府就必须将职能严格限定在对市场失灵的匡正上，凡是市场与社会能自我调节的内容，政府就应自动退出。在当前，特别需要调整国家垄断的经济结构，强调政府在构建和谐社会中的责任，而不是一味提高国家的再分配能力。只有造成了一种国富民富的民生经济形态后，国家才能发挥其应有的收入再分配功能。如果说在改善经济结构方面需要构建基于机会平等的市场公平体制，那么在公民参与领域就需要基于普遍人权而拓宽和完善公民参与社会公共事务的渠道。以公共服务型政府建设为目标，政府就必须承担起在社会发展中的关键角色。改革开放以来，鉴于福利国家的经验教训，加之发展主义的作用，政府往往视社会政策为经济建设的负担，认为增加社会支出不利于市场经济发展。相比于计划经济时代的"国家包揽"，上世纪 90 年代以来的社会保障制度改革主要倾向于市场化与商业化。政府的过度退出，是导致经济社治理与善治西方福利国家的发展模式及其对我国和谐社会建设的启示会发展失衡的主要原因之一。

构建和谐社会，发展经济是根本前提，而改善民生、促进社会公平正义则是根本保证。在经济建设领域，要充分发挥市场在资源配置中的基础性作用，同时要求政府提供经济发展所需的公共产品和服务。在社会建设领域，则要充分发挥政府的责任主体作用，全面构建社会政策体系。但这并不意味着要回归到计划经济时代国家单一的"统包统揽"，而是建立"政府主导、市场运作、社会参与"相结合的多元体系，在市场与社会无力作为的社会保障领域，政府必须提供制度化的公共福利服务。相应的，建设公共服务型政府要求进一步推进社会管理体制创新。相比于经济管理体制经过多次市场化改革后基本适应了市场经济，我国的社会管理体制改革则相对滞后，还带有很强的计划经济烙印，官僚作风、效率低下、部门分割、职能混乱等体制性障碍严重制约了社会建设的步伐和绩效。

二、全面构建社会政策体系，促进社会公平正义

新中国成立后，由于意识形态成见，我国对社会政策讳莫如深。在社会福利领域，依据苏联模式建立起与计划经济体制相匹配的社会保障体系。"国家统包统配"、"企业办社会"是这一模式的典型特征，与较低的经济发展水平相联系的是平均主义的低水平社会福利。在20世纪80年代的市场导向改革进程中，一方面经济建设的优先地位不断得到强调，另一方面政府与企业急于"甩包袱"，因此社会保障体系建设相对滞后。实质性的社会保障制度改革始于20世纪90年代，诸如失业、收入差距扩大等社会问题与社会矛盾的凸显是其主要原因。1992年，党的十四大首次提出建立与社会主义市场经济体制相适应的社会保障制度。但是，在发展主义意识形态的影响下，国家财政投入仍然倾向于经济建设，尽管用于社会保障的支出逐年增加，但到2006年仍仅占当年财政支出总额的12%强。政府财政投入的严重不足，是导致社会建设落后的直接原因。从总体上看，20世纪90年代的社会政策明显服从于经济政策，社会建设屈从于经济建设，社会保障体制改革倾向于市场化原则而非福利原则，社会政策又以补缺型模式为主。随着深入贯彻科学发展观和构建和谐社会目标的提出，中国进入社会政策时代。对于中国社会政策体系建设的发展方向，一些论者认为，要充分体现中国特色社会主义制度的优越性，中国必须建成类似西方福利国家"高水平、广覆盖"的普遍型社会政策体系。另一些论者则认为，受限于人口众多、可分配福利资源稀缺的国情，在经济建设依然是中心任务的情况下，"低水平、广覆盖"的补缺型社会政策体系至少在短期内仍是现实的选择。也有论者从福利国家发展模式的经验教训如福利病出发，反对中国以普遍型福利模式作为奋斗目标。然而，从目前中国现代化与城市化发展水平上看，建成一个"高水平、广覆盖"的普遍型社会政策体系依然任重道远。依据中国科学院的《中国现代化报告2006》，建成一个社会保险覆盖率达百分之百的社会保障体系，至少要到2050年。许多观察者从十七大报告中解

读出"低水平、广覆盖、多层次"的社会政策目标取向。例如，《国务院 2008 年工作要点》提出年内城镇居民基本医疗保险试点要扩大到全国 50％以上的城市，新型农村合作医疗制度要全面覆盖全国农村居民，同时进一步健全社会救助体系。应该说，这种目标定位是合理的。它既不同于福利国家的普遍型模式，也不同于后发国家的传统补缺型模式。在这种目标定位下，越来越多的论者提倡构建发展型与补缺型相结合、充分体现"以人为本"的社会政策体系。从目前我国宏观经济社会发展水平上说，构建以发展型模式为主、补缺型模式为辅的社会政策体系较为可取。相应的，必须改革以财政收入最大化为指导思想的税收制度，以及以压抑劳动者收入增长为特征的分配制度，改变国家财政"多取少予"的状况，增强国家的二次分配能力，发展公民权利，让全体人民共享发展成果。

三、调整经济结构，激发社会力量，重构政府、市场和公民社会的关系

经济国家主义是中国发展型国家的主要表征之一，这突出体现在 20 世纪 80 年代以来的多次官僚机构改革都致力于提升国家的经济与金融管制能力，以及 1994 年以增强中央政府财政汲取能力为目标的分税制改革。经济国家主义在我国的市场培育和经济发展中发挥了重要作用。在 20 世纪 90 年代后期，经济国家主义的弊端日益突出，对市场的过度管制造成了经济结构的国家垄断。在某种意义上，当代中国的很多经济社会问题都是由国家垄断的经济结构造成的。不少大型国有企业财团公司缺乏有效的治理和社会监督，从而产生了内部工资失控、垄断价格和腐败等问题；而地方企业垄断则更加恶化了民生经济。经济结构不改，民生问题难治。相应的，反垄断和鼓励中小企业发展，出台、实施有利于中小企业发展尤其是民营企业发展的政策，破除在市场准入、金融支持等诸方面的限制，以初次分配实现公平与效率的统一，就成为超越发展型国家的重要基础。进一步说，无论是调整经济结构还是发展经济、改善民生，无论是建设公共服务型政府还是建设社会政策体系，都提出了重构政府与市场关系的制度要求。西方福利国家的发展模式与重构趋势表明，在政府与市场关系的问题

上，不能固执于国家主义与自由主义、大政府与小政府之类的抽象对立，也不应抽象地讨论解除管制与实施管制的问题，市场经济始终存在着"市场失灵"与"政府失灵"的双重风险，"全能市场"与"全能政府"之间的选择既不可能，也不可行。重构政府与市场关系的关键在于合理界定彼此的分工，区分国家职能范围与国家能力，正确对待国家重构进程中集权与分权的双重需要。国家集权的需要来自于它不仅要继续扮演自由市场的建构者、守护人的角色，还要利用和改善广泛的福利政策来实现社会公正。而且，全球化进程的加速使国家在几乎所有重要政策领域都被卷入到区域和全球层面，遭遇大量新的、跨边界的协调和控制问题。要成功地解决这些问题，它就必须重新获得权力，开拓新职能。而"放权"、"分权"的需要则来自于，如果国家不改善治理结构，就无法有效履行上述新老职能。

构建和谐社会，建设民生经济，不仅在于重构政府与市场的关系，也在于国家、市场和公民社会的良性互动。国家组织公民社会是中国公民社会的显著特色，但这并不意味着所有的使命都由国家来完成。国家必须进一步转变对待公民社会的态度，致力于改善公民社会的制度环境，最大限度地激发社会创造活力。强调大力发展公民社会，并不意味着政府必须放弃对公民社会的管理。政府需要创新社会管理体制，坚持培育发展和管理监督并重，完善培育扶持和依法管理社会组织的政策，更好地发挥各类社会组织提供服务、反映诉求、规范行为的作用，将公共服务型政府建设与公民社会建设有机结合起来。必须指出的是，中国公民社会对政府的依附性、补充性较强，而制衡作用和维护公民权利的作用较弱，这与政府对待公民社会的态度以及政府允许的生存空间有关。塑造国家与公民社会的良性互动关系，必须进一步将积极发挥公民社会的非对抗性制衡作用提上议程，这对改变垄断经济结构尤其具有重要意义。在转型国家，利益集团垄断经济结构是一个比较突出的现象。垄断利益集团的在场，既构成抑制整体转型最终成功的桎梏，又构成阻碍社会经济全面发展进步的樊篱。或是政府被寡头俘获，或是政府与寡头勾结，或是国家成为最大的垄断利益集团，在这些情形下，即便能够获得持续的经济增长，也会造成国富民贫的格局。这就要通过扩大公众的民主参政议政与政府公共决策的监督，积极发挥公民社会的非对治理与善治西方福利国家的发展模式及其对我国和谐社会建设的启示抗性制衡作用，控制垄断利益集团的无限膨胀，防止发展成果被垄断者所侵吞。综上所述，深入贯彻科学发展观，构建和谐社会，必须破除发展主义的思想禁锢，超越发展型国家。作为这一进程中的主要制度目标，建设公共服务型政府要求明确政府的经济与社会职能，将经济调节、市场监管职能严格限制在匡正市场失灵的范围内，充分发挥市场在资源配置中的基础性作用；在社会建设领域承担起主要的责任，全面构建社会政策体系，创新社会管理体系，加大社会保障的财政投入；而且这样的工作需要通过调整经济结构，激发社会力量，重构政府、市场和公民社会的关系，方能得以落实。这是我们借鉴西方福利国家发展模式得到的重要认识，更是分析、考察当代中国经济社会发展得出的重要结论。

第三章

国际民生体系比较研究

中国民生体系起源于春秋战国时期，经历了古代民生体系、近代民生体系和当代民生体系几个发展阶段，形成了具有现阶段符合中国国情、具有中国特色的民生体系；发达国家历来也重视民生体系的构建，以稳固政权推动社会发展，借鉴发达国家构建民生体系的经验，并结合我国民生实际，有助于中国民生体系的发展和渐趋完善。

第一节　中国民生体系研究

一、中国古代民生体系

"民生"一词，古已有之。公认的说法是最早出现在《左传》，其中有所谓"民生在勤，勤则不匮，是勤可以免饥寒也"。从表面上看，似乎着重强调勤劳的个人美德，这也并不偶然，因为我国历史上属于典型的农耕文明，所以近代政治家同时也是理学大师的曾国藩有"民生以稼事为先、国计以丰年为瑞"的说法。但实际上，以农耕文明为基础的皇权社会，农业的发展状况，本身就是重要的政治内容，所以才将"民生"与"国计"并置。中国古代政治典章制度中的重要内容"祭地"，本就源于农业生产，但被用来表示皇权合法性的"以德配天"。更进一步，中国古代的民生话语实际上是和"民本"话语紧密联系在一起的。所以，此时对于民生的理解，除了农业社会成员个人品德的要求，更为重要的是皇权社会统治合法性的一种体现和强调。

重视民生、以民为本的思想，在我国古代政治思想史上可谓源远流长。早在殷周之际，周以边陲小邦的身份，取代了以神权统治代言人的殷商政权，说明统治基础的稳固不仅需要"顺乎天"还需要"应乎人"；所谓"天视自我民视，天听自我民听。"而在《国语郑语》

中，也有"民之所欲，天必从之"的说法，此时的政治文化观，已和自命为上帝之子的殷商有了极大区别，需要"敬天"，但更要"保民"，这种"以德配天"的政治思想，是民生话语体系的萌芽。

民生话语体系的真正形成，是在春秋战国时期。先秦诸子百家中，重视民之生计疾苦的不在少数，如《左传》、《论语》、《礼记》中均有孔子及其弟子关于请求当时国君轻徭薄赋，使民休养生息的话语，并将其上升到了君民关系的高度；主张兼爱非攻的墨家学派，主张无为的道家学派，秉持的实际上也是类似的主张。

中国古代民生思想的集大成者，当属儒家另外一位代表人物孟子。按照孟子的观点，民生与王道可谓息息相关，"诸侯之宝三，土地、人民、政事"，民之生计，与土地、政事一样为诸侯统治之要务；"养生丧死无憾，王道之始"，而生民之道，则在于"制民之产"与"取民有制"，即一方面要发展生产，保障民生，同时也要防止取民无度，财富严重不公。而且，孟子坚信，只有得到人民的支持，才有资格做天下的共主，在其看来，三代之兴亡，仅德与不德而已，天下之得失又系于民众之得失，"桀纣之失天下也，失其民也"；所以汤武之得天下，便是得到为桀纣所失的民众的支持。而其重视民生的经典话语，"民为贵，社稷次之，君为轻"，千百年来更是被广为传颂。所以，此时的王道统治合法性论证方式，已经基本摆脱殷周时期的"天命观"，一种新的政治文化观——"民本"观开始形成，而民本的重要内容，即是民生。

孟子之后，汉代思想家贾谊的《大政》一篇，开宗明义即是"闻之以政也，民无不为本也"，"国以为本，君以为本，吏以为本。故国以民为安危，君以民为威海，吏以民为贵贱"；其名作《过秦论》，更是以秦百万雄师统一六国然二世而亡的历史教训，指出秦之所以能统一六国，除了自身的富国强兵，与各国百姓饱受战争之苦渴望早日安定也不无关系，而秦迅速衰败也是由于其残暴统治陷民于水火之中。秦汉之后两千多年，中国的历代统治者、思想家很多也都认识到了民生疾苦与政权统治合法性的关联所在。所以，《尚书·大誓》中那句"民为邦本，本固邦宁"，才具有了不同寻常的政治文化意蕴。

因此，民本主义和君主主义实际上并不是像通常所认为的那样，是根本对立的两种思想体系。相反，它们在实质上是一个问题的两个方面，相辅相成，一起构成了中国传统政治思想的基本脉络。在中国古代的民生话语中，"民本主义者"即使再强调民生，也没有把国家的统治权给予人民，而仍把这种主权归之于君王，这是传统的"民本主义者"，之所以同时也是"君主主义者"的关键所在。君王是国家的最高立法者，"君子者，道法之总要也。"君王不仅是国家的立法者，而且是最高的权力执行者，"天子之位也，是为治统。"唯君王才能拥有至高无上的统治权，这种君王的主权任何他人不能分享，否则天下就会大乱。

可见，民生疾苦固然成为衡量古代皇权统治合法性的重要因素，即所谓"民唯邦本"；但是，邦之主权，仍然属于君主，民生也罢，民本也罢，其中之民自然只能是"臣民"而非"公民"；"民生"之"生"，基本上也局限于满足物质需要的程度，政治统治的权力分配是不允许分享和染指的。历代的统治者、思想家，即使把"民"之地位抬得再高，实际上仍然是建立在一种皇权统治的前提基础上的。所以，关于中国古代的民生话语，我们固然应该意识到其中的"民本"成分，但是也应当意识到其是以"臣民"——君主的政治系统构造作为基本前提的，唯有如此，才能充分把握古代民生话语背后的政治文化意蕴。

二、中国近代民生体系

用李鸿章的话说，近代中国经历了"三千余年一大变局"。船坚炮利的殖民者，给予古老的中国以前所未有的生存压力；几千年的封建统治，演变为半殖民地半封建社会，保国、保种、保教，成为近代中国政治世界的主题词；洋务派、维新派、革命派纷纷提出自己的救国方略。所以，晚清民国时期伟大的革命先行者孙中山先生提出的民生话语，也无可回避的建立在救亡图存、开启民智的社会大背景之下。虽然按他的说法，民生就是"人民的生活、社会的生存、国民的生计，群众的生计"，一定程度上确实吸收了中国古代儒家思想中重视民生的文化成分，但其内涵、外延、逻辑起点、政治意图，都和中国古代的民生话语有了本质的不同。

孙中山先生的民生主义，实际上经历了清末和民国两个不同时期的变迁。1905 年，孙中山在《民报》发刊词中提出民族、民权、民生"三民主义"，但对"民生主义"的内涵并没有作具体说明，只是论述了中国实行民生主义之必需和政治革命、社会革命"毕其功于一役"之可行；到 1906 年末的东京《民报》创刊周年纪念词中，孙中山先生对民生主义作了具体说明，即以平均地权、发展工商实业为主体内容，分为核定地价、涨价归公、与民共享等步骤。可以说，上述观点，已经和植根于传统民本—臣民政治文化基础上的中国古代民生话语有了本质的区别，有学者认为其"平均地权"的观念实际上更多的是受美国 19 世纪末期的社会活动家和经济学家亨利·乔治的影响。在孙中山看来，革命成功以后，民族、民权问题已初步解决，剩下的问题就是民生问题，即实现国富民强，按照他的思路，初生的共和国必须具有坚实的经济基础，才能保证长治久安，所以，"今日中华民国成立，兄弟解临时总统之职。解职不是不理事，解职以后，尚有比政治紧要的事待着手……民族、民权两主义具达到，唯有民生主义尚未着手"，欲实行民生主义：孙中山认为，主要是解决土地问题，"若能将平均地权做到，那么社会革命已成七八分了"，再是自由发展工商实业，使国家臻于民富国强。同时为防止资本家垄断的弊病，采用国家社会主义政策将大企业如铁道、电气、自来水等事业归国家所有。

　　每一时代有每一时代的理论需求和社会使命。孙中山先生提出民生主义，其政治意图并不在提供"民为邦本、本固邦宁"式的皇权统治合法性，而是旨在通过平均地权、发展工商实业、大型企业国有化的经济方略，实现救亡图存、富国强民的民族复兴大业。所以，其民生主义的内容固然是以经济政策为主，但又何尝不是一种政治纲领。中国作为一个农业社会，土地问题自然属于非常重要的政治命题，至今占据了中国人口四分之三的仍然为农业人口，"三农"问题，仍然是每一届政府必须面对和解决的政治使命。所以，理解孙中山先生的民生主义，必须与其时半殖民地半封建社会的社会大背景，以及救亡图存、民富国强的政治主题联系起来。

　　学界对于孙中山民生主义的研究，一般多集中于其平均地权、发展工商实业、大型企业国有化的经济思想。一方面，富民强国本身即

民生建设国际比较研究

是近代中国很多有识之士孜孜以求的政治理想；另一方面，以平均地权为主的民生主义，在民国时期革命成果被袁世凯篡夺流于破产之后，孙中山先生本人也不断在学理和实践上继续对其进行完善。到了20世纪20年代，由于对当时军阀混战、国民党内部四分五裂局势的失望，孙中山决定重新改组国民党，并对其政治纲领三民主义做了重新解释。在1924年8月3日对于民生主义的演讲中，孙中山提出，"民生就是人民的生活——社会的生存、国民的生计、群众的生命便是"，"我们现在要解除社会问题中的纷乱，便要改正这种错误。再不可说物质问题是历史中的中心，要把历史上的政治和社会经济种种中心都归之于民生问题，以民生为社会历史的中心。先把中心的民生问题研究清楚了，然后对于社会问题才有解决的办法。"可以说，此时孙中山先生的民生主义，具有了更为明晰的社会改造政治意图，同时也将民生问题上升到了治理国家之中心问题的高度。

1923年，民生主义被写入国民党党纲："民生主义：防止劳资阶级之不平，求社会经济之调节，以全民之资力，开发全民之富源"，作为国民政府时期制宪合法性来源的《建国大纲》，也开宗明义，"国民政府本革命之三民主义、五权宪法，以建设中华民国"，"建设之首要在民生。故对于全国人民之食、衣、住、行四大需要，政府当与人民协力，共谋农业之发展，以足民食；共谋织造之发展，以裕民衣；建筑大计划之各式屋舍，以乐民居；修治道路、运河，以利民行"。而国民政府时期的各种宪法性文件，也均将其作为重要的制宪指导原则并载入具体的宪法文本，例如，1931年的《中华民国训政时期约法》，第四章专门规定"国计民生"，强调"为发展国民生计、国家对于人民生产之事业，应予以奖励及保护"；1936年公布的《中华民国宪法草案》（五五宪草）中，辟有《国民经济》一章、《教育》一章，规定"中华民国之经济制度，应以民生主义为基础，以谋国民生计之均足"；而在国民政府时期通过的唯一一部正式宪法，1946年的《中华民国宪法》中，设有《国民经济》、《社会安全》、《教育文化》等包含民生内容的专章，其中《国民经济》一章中第一四二条规定，"国民经济应以民生主义为基本原则，实施平均地权，节制资本，以谋国计民生之均足"。

无论是早期的平均地权、改革旧有经济制度，还是晚期的节制资本、防止劳资阶级不平，实际上都不仅仅是一种经济考虑，而是具有改造中国社会的政治意图，这从其内容能被写进当时统治者的最高活动纲领（国民党党纲）和整个社会共同体的根本政治准则（宪法）即可见一斑。虽然民国时候由于内忧外患，很多时候宪法形同虚设，但也足以说明民生主义经济思想内容背后的政治文化意蕴，可惜学界对此并未引起足够的注意。

三、当代中国社会转型期的民生体系

建立一种和谐有序的生活世界，是千百年来中国人民的政治理想，更是从 1840 年以来饱受半殖民地半封建社会落后挨打之苦的先辈们渴求中华民族实现伟大复兴的美好愿望。1949 年 10 月 1 日新中国成立，中华民族结束落后挨打局面，中国人民从此翻身做主人；1978 年 12 月 18—22 日中共十一届三中全会以来的改革开放，正在逐步使我国成为举世瞩目的经济大国。这些伟大成就的取得，离不开中国共产党作为建设中国特色社会主义事业之主导力量的坚强领导，也体现了党在社会和谐方面的不懈努力和认识深化。

而 2006 年 10 月 11 日中共十六届六中全会通过的《关于构建社会主义和谐社会若干重大问题的决定》，则正式标志着站在新的历史起点上的中华民族的新的政治追求宣示。实现社会和谐，是中国特色社会主义的本质属性，是我们实现国家富强、民族振兴、人民幸福的重要保证。和谐社会之伟大构想的提出，反映了建设富强、民主、文明、和谐的社会主义现代化国家的内在要求，体现了全国各族人民的共同愿望，也是中国共产党对改革开放 30 年来我国所取得的成绩、不足的一种全面分析和总结。2007 年 10 月 15 日，胡锦涛在中共十七大报告中更是再次指出："社会和谐人人有责、和谐社会人人共享。"所以，"必须在经济发展的基础上，更加注重社会建设，着力保障和改善民生，推进社会体制改革，扩大公共服务，完善社会管理，促进社会公平正义，努力使全体人民学有所教、劳有所得、病有所医、老有所养、住有所居，推动建设和谐社会。"关注民生，也因此成为新时代党中央领导集体为建设和谐社会而定下的基本方略和表明执政党依法执政的新的执政宣言。

民生问题不仅仅是社会建设问题，在深层意义上它还构成整个国民经济发展的重要基础。民生问题涉及就业、住房、消费、养老、教育、医疗、生态等各个领域，是经济发展成果的直接体现，也决定着劳动者素质和作用的发挥。马克思主义认为，劳动是价值的源泉，经济增长归根到底是由劳动者的素质和作用决定的，推动经济发展必须激发劳动者的主动性和积极性。当前，中国经济运行呈现出新的常态化特征，既处于增长速度的换挡阶段，同时也处于经济结构的调整阶段，急需为经济增长注入新的动力。习近平总书记指出，中国经济新常态的主要特点：一是从高速增长转为中高速增长；二是经济结构不断优化升级，第三产业消费需求逐步成为主体，城乡区域差距逐步缩小，居民收入占比上升，发展成果惠及更广大民众；三是从要素驱动、投资驱动转向创新驱动。在新常态下，经济增长虽然速度放缓，但中国经济增长更趋平稳，增长动力更为多元。

在经济新常态下加强民生建设，有利于按照促发展、转方式、调结构、稳速度、增效益的要求，构建长期、健康、协调和可持续发展的机制。习近平总书记指出："必须统筹抓好经济社会发展和促进就业工作，千方百计增加就业岗位，着力在提高就业质量、提高劳动人口尤其是就业困难人口就业能力、改善创业环境上下功夫，建立全员培训制度，引导劳动力适应和促进企业实现转型升级。"加强民生建设，可以给企业施加压力，通过竞争性的市场机制推动其提高劳动者素质、改进技术和有效利用资源，使民生建设成为我国从要素驱动发展转向创新驱动发展的加速器。加强民生建设，确立守底线、保基本的民生保障机制，有利于消除人民群众的后顾之忧，扩大内需和带动经济结构调整。习近平总书记指出，要"加快推进民生领域体制机制创新，促进公共资源向基层延伸、向农村覆盖、向弱势群体倾斜"。扩大公共资源的规模和覆盖面，可以增强人民群众的消费能力，进一步拉动国内消费需求，从而为经济增长增添新动力。加强民生建设也有利于劳动者提高工作积极性，进而促进经济更快地发展。当前，我国经济增长速度虽然放缓，但最终消费对经济增长的贡献率却在上升并超过了投资，同时服务业增加值也超过了第二产业，这充分说明了民生建设对于经济增长的巨大促进作用。可以相信，着力改善民生，将给新常态下的中国经济带来新的动力源泉。

着力保障和改善民生，成为当代中国政治语境下构建和谐社会，改革成果共享的重要方略。诚如有学者指出的那样，"看待中国现实中的民生问题必须尊重历史事实，它是中国发展进程中必须妥善应对的挑战，同时也是中国经济社会发展进步的重要标志。如果没有改革开放近30年来的持续发展，不可能有先富起来的群体，贫富差距也不会扩大；没有农民工的自由择业，不可能有农民工与城市人的直接利益冲突；没有温饱问题的解决，不可能产生对社会公平正义的突出追求；没有整个社会的发展进步，当然不可能凸显民生问题的重要性"。所以，着力保障和改善民生，并不仅仅是一个经济问题或者社会问题，它包含着深刻的政治意蕴。改革开放30年来，经济建设取得了举世瞩目的成绩，但在社会结构整体性变革的结果下，也必然触发一些深层次社会矛盾问题，例如经济发展会造成贫富差距过大、改革成本承担不均等问题，如果处理不当，必然影响到社会和谐与政治稳定。

在《关于构建社会主义和谐社会若干重大问题的决定》提出构建和谐社会的基本原则中，首先是以人为本，即"始终把最广大人民的根本利益作为党和国家一切工作的出发点和落脚点，实现好、维护好、发展好最广大人民的根本利益，不断满足人民日益增长的物质文化需要，做到发展为了人民、发展依靠人民、发展成果由人民共享，促进人的全面发展"。而着力保障和改善民生，则是对于以人为本的进一步深化和具体落实实施；关注民生的内涵，要求满足人民日益增长的物质文化需求，更要求塑造一种满足人的自由和全面发展的理想政治体制，不但"发展成果由人民共享"，还要"促进人的全面发展"。显然，这既是对马克思主义关于"人的自由发展观"经典理论的再次强调，也是当代中国构建和谐社会这一政治语境下民生话语被赋予的新的政治文化意蕴。

古代皇权世界的统治者和思想家虽然也重视民生问题，其民生话语也具有一定的"民本"成分，但它是以"臣民—君主"的政治系统构造作为基本前提。而现在我们是人民共和国，我们的宪法第一条规

民生建设国际比较研究

定中华人民共和国是工人阶级领导的、以工农联盟为基础的人民民主专政的社会主义国家；第二条规定中华人民共和国的一切权力属于人民。人民行使国家权力的机关是全国人民代表大会和地方各级人民代表大会。人民依照法律规定，通过各种途径和形式，管理国家事务，管理经济和文化事业，管理社会事务。民生的实现，离不开党的领导，离不开政府的负责任，但更重要的是由人民民主专政这一我国的国家性质所决定的。所以，才必须坚持代表最广大人民群众的根本利益，必须做到"权为民所用、情为民所系、利为民所谋"。所以，当代中国政治语境下的民生话语，已不仅仅是一种满足于温饱水平的物质需求，而是公民政治、经济、文化权利的全面实现，是人民政治主体性地位得以充分彰显的崭新时代。

尽管党和国家领导人长期以来一直致力于民生建设，但客观上由于我国底子薄、基础差，新中国的建设初期对民生建设存在着一定的问题。党的十七大报告中首次提出"努力使全体人民学有所教、劳有所得、病有所医、老有所养、住有所居"社会建设目标。党的十八大报告中多次提及民生问题："要多谋民生之利，多解民生之忧，解决好人民最关心最直接最现实的利益问题……努力让人民过上更好的生活"。我们可以看出，党对如何改善民生已经提出明确的目标要求，这些目标并不空洞或不切实际，都是从人民最关心、最直接、最现实的利益问题入手。下面从教育、就业、医疗、社保和住房五个方面对我国的民生问题进行逐一分析。

1. 教育方面投入支出的失衡、公平缺失和教育成本高等问题影响民生建设

国际社会公认，教育问难不单单是家庭问题更是社会问题。因此，教育领域存在的问题严重影响了国计民生。首先，教育投入中的问题。目前，我国的公共教育经费占 GDP 的比重一直在 2%—3% 之间徘徊，这远远低于发达国家和世界的平均水平。我们可以看出，目前我国政府在教育方面的投入还远远不够。并且在教育经费的筹措方面，政府预算内教育经费的比重下降，但这部分经费并不是取消了，而是转嫁给有学生的家庭。这种做法势必增加这样家庭的负担，最终导致生活质量下降，进而影响民生的实现。其次，教育公平问题。我

们的教育经费投入结构与投入方向始终不合理。对于高等教育也存在诸如高校教育资源分配上享有特惠权等问题。这种教育中公平的缺失，不仅影响百姓的心里不平衡性，也导致民生建设不能全面展开。最后，上学成本较高的问题影响民生实现，高上学成本导致了城市低收入家庭和农村贫困家庭的经济压力增大。一方面，高等教育学费较高，占普通家庭开支的一大部分。另一方面，就业难的现状使家庭巨大的教育投资难以收回，导致低收入家庭的农村贫困家庭更加贫困。

2. 就业率不高和就业结构不合理影响民生问题的实现

就业是民生之本，是个人求得生存、发展以及实现自我价值的必要途径。所以，扩大就业直接关系到人民生活质量、发展状况的改善和个人价值的实现，就业是民生问题的重要体现，然而在就业方面我们还存在很大的问题。首先，从就业数量方面看，根据有关部门的统计，2010年以后，仅仅是城镇新增就业人口，每年就约1000万人，再加上以前的失业人员、退役军人等，每年需要解决就业的城镇劳动力超过2000万人。具体而言，其中高校毕业生就业每年就有约700万人，而且逐年增加；初高中毕业没有升学直接进入就业市场的每年约500万人。另外，值得我们注意的是，农村还有超过1.5亿富余劳动力需要向城镇和非农产业转移。而在正常增长条件下，每年新增就业岗位只有1000万个左右，就业形势非常严峻。其次，就业结构方面看，劳动力素质整体偏低，大量的农民工只从事简单的体力劳动，而技术人员，特别是技师和高级技师是非常稀缺的。结构性短缺越来越严重，无法适应经济发展和结构调整的需要。即使是大学生这样素质较高的群体，也存在着难以正确面对就业市场需求的状况，多数毕业生仅仅愿意在大城市、工薪高的大公司工作，但是市场并不能提供如此多的就业岗位，又造成大学生就业难的困境。

3. 医疗卫生保障性差给民生发展带来困境

医疗卫生保障事业与人民群众的身体健康和生命安全息息相关，直接涉及民生建设。但是目前我国的医疗卫生事业的发展与人民群众对医疗卫生的需求之间仍然存在大的差距。首先，医疗费用过高。长久以来，百姓普遍反映看病的支出费用太高，让人难以承受。"以药养医"、"以药补医"的现象一直存在，甚至在医院和药店，有些廉价药一下就消失；医疗资源的平衡，好的医疗资源大都集中在三甲医院。而这些医院医疗成本也是不断上升，引进新设备、新技术，同时患者过于集中导致就诊费用也不断加价；尽管新的全国城镇职工基本医疗保险制度已经建立起来，但基本医疗保险覆盖水平比较低。其次，医疗资源不平衡，就医困难。不同医院接待的病人数量严重不平衡，社区医院等基层医疗机构的规模普遍较小，医疗水平相对较低；医疗资源的配备不平衡，全科医生缺少，专家流动转诊的次数不多，最终导致百姓一旦生病就往大医院里挤。再次，预防不到位。俗话说，治病不如防病。但是，目前我国在疾病的预防方面还存在很大问题。目前，我国的结核病、乙型肝炎病毒携带者、职业病等数量居世界前列，对人民的生产生活和国家的经济发展都造成严重的威胁。但是，这些疾病都是可以预防的，只是政府和医疗机构的预防意识淡薄，对预防疾病的宣传力度不够大，使得患病率居高不下，对提高民生建设带来巨大的阻碍。

4. 养老保障不完善影响民生建设实行

养老保险制度本身从诞生之日起就与民生问题有着密切的关系，在西方，社会保障主要是指社会政策中有关公民"收入维持"和基本需求保障的内容，如公共救援、社会救援、养老保险等。尤其是当前我国人口老龄化的现实，传统的养老模式面临巨大挑战。因此，对养老保障制度的关注是民生问题解决的最基本也是最有效的对策之一。首先，按国际通行的标准，我国在上世纪末已经进入人口老龄化社会。民政部数据显示，目前我国 60 岁以上老年人口已经达到 1.69 亿，庞大的养老体系面临前所未有的困境。因此，我国的养老保障体系要承担很大的压力，人口老龄化会给我国的养老保障体系带来巨大的考验。其次，养老保障体系缺乏资金及养老机构不完善。我国目前在养老社保的投入远远低于发达国家。而以英国为例，在 2004～2005 年度预算中，社会支出或者说社会政策支出达到 5200 亿英镑。这无疑是一笔庞大的支出。这些支出用于养老、医疗和教育方面。这笔钱相当于英国该年度公共支出的大约三分之二，或者说占到该 GDP 的四分之一。欧盟 25 个国家在社会政策（社会保护、医疗、教育）上的支出占到 GDP 的 30.6%，其中用于社会保护的支出相当于这些国家 GDP 的 18.9%，是最大的政府支出项目。但是，目前我国无论是参加养老保障制度的人数，还是所能够承担的养老人数，都是远远低于目前老龄化的需要。并且现有的养老服务机构也存在硬件差、服务质量不高、缺乏专业人员等问题。可见，养老的机构规模和质量还远远跟不上需求，养老产业处于刚刚起步阶段。

5.住房保障的困境影响民生建设质量

无论是在古代还是当代，无论是在中国还是国际，住房都是与民生密切相关的事项，而目前中国的住房问题近十年来都是焦点问题。首先，房价居高不下，我国的房价与西方发达国家相比是非常高的。随着房价一涨再涨，城镇居民面临的住房问题将越来越严峻。其次，地产经济打击实体经济而导致经济衰退，间接影响民生实现。一个国家的综合国力的提升，主要应该是依靠科技进步带领实体经济的发展，而目前中国的这种"不靠科技靠地产"、"不靠企业靠炒房"的经济发展模式是具有很大风险性的。并且房地产市场的低科技含量和超常的利润回报，会打击其他产业科技研发的积极性，最终打击实体经济的发展。而一个国家的实体经济如果停滞不前，百姓的生活、生产会受到切实的影响，因此，房地产业发展也会间接影响百姓民生的实现。

第二节　主要发达国家民生体系研究

一、英国民生体系演进

英国经过经济大危机和二战的沉重打击，保守党和工党都不得不重新思考如何调控严重的社会经济问题，在保障资本利润和化解民生风险之间需有新的政策和理论突破，要有新的战略举措。福利国家的理论和政策应运而生。英国执政党与民生问题：从济贫法到建立福利国家一般认为是贝弗里奇报告首先提出"福利国家"。不过，贝弗里奇报告和福利国家的政治基础在于工党和保守党的执政新需要。二战前，工党抨击资本主义制度已崩溃，提出了"社会主义政策"，包括增加就业和大规模社会福利等。1935年保守党竞选宣言也表示政府要制订计划，动用国家资源以刺激经济和增加就业；而且提出社会改革计划，包括扩大养老金计划和孤寡福利，提高国民健康水平，建设更多住房。这意味着保守党改变了执政思路，逐渐认识国家干预手段的重要作用，虽然这个转变相当困难，但毕竟开始了。1936年，凯恩斯发表《通论》，提出了"充分就业"和有效需求等理论，甚至主张赤字预算以刺激经济，增加国民收入，实现充分就业。实际上，凯恩斯主义是主张运用强大的国家干预手段来化解失业等民生问题，也为福利国家奠定了经济思想基础。

二战中民生问题全面恶化，意味着巨大的执政压力。不论是战时鼓励士气和安定民心，还是战后重建和避免动乱，工党和保守党都必须考虑民生问题解决方案。1942年，在贝弗里奇报告之前，工党代表大会就决定接受詹姆斯·格里菲思的动议，提出实行全面的社会保险计划包括全民医疗保健制度等。同年11月，贝弗里奇报告正式发布，为战后建立福利国家规划了蓝图，提出以消除匮乏、疾病、贫困、愚昧和失业五大社会弊病为目标，推行全面的社会保障计划："社会保障就是保障收入达到最低标准"；要求形成系统化的福利体制，即"从摇篮到坟墓"的福利国家。"贝弗里奇所要求的是一种为了全社会利益又不牺牲基本自由的引导、指挥和控制经济职能的全面政策。"贝弗里奇报告实际上是要在危机条件下求取社会利益关系的新均衡。1945年大选富有戏剧性，丘吉尔被选民抛弃，工党大胜。保守党败选的主要原因在于忽视民生问题。1945年保守党竞选宣言首先强调外交、帝国和国防战备，然后才是民生和经济，甚至要"准备进行又一场巨大而恐怖的战争"。

如此强烈的战争气味，对经历长期失业贫困和战争煎熬的老百姓来说，绝非福音，违背了大灾大难之后需要与民休息的为政之道。该竞选宣言虽提出一些民生许诺如加强社会保障和建设住房等，却反对解决民生问题的主要手段——国家干预。在这一点上，比较1935年保守党竞选宣言，1945年宣言反而倒退了，语言中散发着贵族气味和官腔官调，显然不如工党宣言的语言生动和平民气息。而且，贝弗里奇报告言犹在耳，保守党有自食其言的印象。因此，该宣言提出的民生许诺虽比以往多，却是保守党历史上最失败的竞选宣言之一。它表明：保守党对民心民生的历史潮流做出了错误判断，即使对维护资本利益而言，这个宣言也非上策。相比之下，1945年工党竞选宣言《让我们面向未来》十分突出民生问题，主张和平，严词抨击资本。它开篇就提出："战争胜利之后必须是繁荣的和平，工党视人民福利为自己的神圣信托"；"必须阻止再次发生战争"。经济困难和民生痛苦是因为资本势力太强大，"太多的经济权力集中于太少的人手中"，"追逐利润者的自由难道就是普通男女，无论这些男女是工薪阶层还是小商贩，是专业者还是家庭妇女的自由吗？回顾两战之间的20年，当时几乎没有任何宝贵的公共管理，工商业巨头任意姿为。从来没有如此之少的人，竟能如此之深地伤害如此之多的人。自由不是抽象之物。自由要落实，就必须去赢取，去为之工作"。因此，英国人民要比历史上任何时候更需要"公平分享"权力。"这次大选关系到什么？"英国人需要的是粮食、工作、家园、教育和提高生活水平、防备贫困的全民社会保障。随之是一系列民生政策。首先就是充分就业政策。"保守党说：充分就业，如果我们能够得到充分就业又不会太多干涉私营产业的话。我们说：在任何情况下，都必须推行充分就业，而且，如果需要对产业施加坚强的公共之手，让人人有工作，那就太好了。不要再为领取救济排长队了，就让大公司的沙皇们留在他们的城堡中继续当国王好了。那个为了极少数人的利益的所谓经济改革，如果是以数百万人的无业游荡和苦难为代价，这个代价就太大了。"这个宣言的特点在于突出民生政策，提出全面建设福利国家，符合急切的民生需要，而犀利抨击大资本利益，符合民众心理。因此，工党赢得大选，成为议会多数党，足以推行其政策。工党执政后，在1945—1950年颁布了一系列民生法令。主要有国民保险法、国民医疗保健法、工业伤害法、国民补助法、国民救济法、住房法六项，加上其他有关法令，英国成为当时西方国家社会保障法典最为完备的国家。建立福利国家，是英国民生问题和执政党政策的历史转折点。

英国的福利国家产生于艰难时代。1942年，英国在存亡未卜的危急时刻，敢于首先提出建设福利国家。1945年，战后英国元气大伤，损失惨重，在这个连吃饭都有问题的艰难时期，工党敢于推行势必耗资巨大的福利国家政策，有其政治原因，也有其政治胆魄。那种认为发达国家是在人均 GDP5000—10000 美元才建立福利国家的说法，是无视历史事实的。福利国家政策又是长期发展的结果，更是严重危机的产物。从执政党维护统治的大局看，不实行福利国家政策，民生问题难解，资本主义会继续动荡。其首要意义是防止民生问题政治化，调节社会利益关系，控制社会矛盾，维护统治，这符合统治阶级在危机中的最大利益。正是在这一点，保守党失算，工党成功。就政党斗争而言，保守党有领导二战胜利的巨大优势，也提出一些民生许诺，如果工党表现平平，难免败选，失去历史机遇。工党实际上也是无路可退。就策略来看，工党主张福利国家政策，敢于在困难条件下创建，不等所谓条件成熟，采取先建立、后落实改进的非常规战略，避免了因顾虑条件不足而延误大局的战略失策，避免了政治被动。工党借此抓住历史机遇，上台执政。在处理民生问题中，有两大基本关系：一是政府与百姓的关系，属政治目的问题，是大局问题；二是实施措施如国家干预与市场机制的关系等，属手段问题。政策务实，手段服从目的。这是 1945 年大选中工党政治决策的特点。1948 年 7 月 4 日，工党首相艾德礼宣布国民保险法、工业伤害法、国民补助法、国家医疗服务法生效，每个公民都享受社会保障。这标志着福利国家的建立（当时英国还凭票供应一些生活必需品）。同时，济贫法退出历史舞台。经过工党建设，"福利国家"基本实现了"最低原则"和"普遍原则"，即保障全体国民的生活不低于维持生存的最低限度，社会保障惠及全体国民。福利国家政策超越了济贫法的"救穷"，在从摇篮到坟墓的整个人生阶段，生老病死、医疗卫生、失业贫困和教育等均由国家负责。因此，国家超越了传统的有限范畴，包揽了广泛的社会保障服务，也超越了保障民生底线的需要，开始提供较好福利。"福利国家"使工业革命以来长达 200 年的大规模失业贫困等民生问题，得到有效控制。工党的福利国家和充分就业两大举措，构成了战后英国化解民生问题的主体政策，有稳定社会统治的重大作用，也有促进消费和发展经济的意义。对于当时陷入严重危机的资本主义，工党有挽救之功。保守党也不得不接受福利国家和凯恩斯主义，形成了"托利社会主义"。1950 年，保守党指责工党的社会福利政策是"社会主义欺骗",同时又表示重视民生,宣布"充分就业是保守党的第一目标",力图借此上台执政。此后 20 余年,保守党和工党在充分就业、福利国家、混合经济等政策方面基本一致,形成了"共识政治"。其中,充分就业政策在化解长期的失业问题方面,有重要作用。概括而言是扩大就业,限制解雇。主要有扩大公共工程和公共事业,推行就业培训以增加就业能力等;控制失业方面则有多个劳动法限制资本家随意解雇工人,坚持最低工资制度和保护劳工权利等。二战后制定了农业工资法、工资委员会法和雇员保护法等,用以调整劳资关系,防范劳资冲突激化。1971 年劳资关系法和 1976 年劳工保护法,使英国劳工立法达到高峰,直到 1979 年保守党撒切尔政府上台才逆转。1948—1970 年,失业率均在 3% 以下,其中有 14 年在 1.3%～1.8% 之间,年失业人数为 30 多万人;有 9 年在 2.1%～2.7% 之间,年失业人数在 40～60 多万人之间。长期的低失业率加之福利政策,有利于稳定社会和巩固统治。充分就业和福利国家是形成战后 20 年经济发展"黄金时代"的重要政策基础。虽然后来出现一系列弊病,导致 20 世纪 80 年代的"撒切尔改革",不过,它们作为"安全阀"和"稳定器",通过调节利益分配,缓和社会矛盾,为战后英国的平稳发展发挥了重要作用。

经过从济贫法到建立福利国家的长期发展,英国执政党最终建立了国家主导型的社会保障体系,实为建立民生底线,防止民生问题恶化失控而危及资本统治。其基本发展方式也是渐进的。尽管其形式内容时常变换,但是不应孤立地看待,而应视为一个连续的历史发展进程。从济贫法到福利国家的社保体系的存在和改进,一直是英国能长期维持社会稳定的主要基础。它不仅是经济和社会问题,更是重大政治问题。在英国执政党处理民生问题的长期实践中,在大局政策(政府与百姓的关系)与执政手段(国家干预和市场机制)之间,各大党政策务实,手段服从目的。保障民生底线,是英国执政党长期维持社会统治的法宝之一。虽然在具体政策、管理方法、成本高低等方面,两党争吵不休,一定意义上却是有利于逐步改进,在保障资本利润和化解民生问题的风险之间,求取社会利益关系相对平衡。其历史经验教训可有此一条:不懂得"与民让利"的资本是不懂得生存的资本。

无限制追求利润的资本，伤害的是大多数人的民生利益，于社会有害，于己生存也是危险的。由此来看，英国各大党的执政历史，也是为了维护资本的根本权益而维持民生底线的历史。

二、德国的财政体系概况

从德国的财政体制结构来看，德国的财政机构是依据其政府组织形式制定的。德国是联邦制国家，其采用联邦、州和地方三级政府的组织形式，联邦政府下辖 16 个州，而州政府以下的各级政府统一称为地方政府。德国在财政体制上具有事权和财权高度统一的特性，且依据联邦、州和地方政府这样的三级划分来实行较为独立的财政分级管理制度，因而其各级政府都有自己的独立预算且对自己的议会负责，不仅财权划分明确，与之对应的政府事权也以法律的形式确定进行了三级政府的明确划分。在 1949 年，德国就通过了《德意志联邦共和国基本法》，其中明确规定各个州可以拥有自己的宪法，且拥有独立的财权，各级政府的财权与事权可以独立划分和确定，并具有一定的税收权限。从各级政府事权划分及支出范围来看，德国的《德意志联邦共和国基本法》已经对各级政府的财权和事权进行了一定的划分：

首先，对联邦政府来说，其必须为了社会的普遍利益来统一进行事务处理，这包括关系国家安全的国防事务、对外事务等，也包括关系社会人民发展的交通基础设施建设、通信系统建设、电力水利系统建设、社会保障体制构建以及社会救济等，除此之外，联邦政府的事权范围还包括跨区域发展、货币金融管理以及重大的科研与开发等事务。其次，对州政府来说，各个州的事权范围基本是管辖本州内的事务，例如行政管理、司法事业、教育事业、卫生建设、环境保护以及本地治安，等等。最后，地方政府也同样是管辖地方事务，例如地方交通建设、公路修建、地方教育、科学文化建设、水电等能源的供应、城市设计、住宅建设、地方治安、地方行政事务以及社区服务等。从各级政府财权划分及收入范围来看，联邦政府的财政收入占全国财政收入的 48%，州政府的财政收入和地方财政收入占全国财政收入的比例分别为 42% 和 10%。在税收政策上，德国同样实行的是以共享税为主体的分税制，而共享税约占全国税收收入的70％左右。共享税主要包括以下几个税制：公司所得税、营业税、增值税、个人所得税、工资税。除此之外，联邦政府的税种还有关税、烟税、矿物油税、烧酒税和保险税等；州政府的财政收入还包括机动车税、遗产税、交通税、赌场税、酒税等；地方政府的财政收入来源则有土地税、娱乐税、饮料税、钓鱼和打猎税等。从各级政府之间的财政转移支付来看，德国在《德意志联邦共和国基本法》中规定"公民生存条件一致性"，意思是全国公民应该在公共基础服务上享受均等化的服务，除此之外，其还从法律上规定经济发展水平高的州有义务对经济发展水平低的州提供财政补贴，因此可以说，德国在法律上就对各级政府间的财政转移支付有了一定的规定。从1949年德国《基本法》通过，其支付转移制度已经有了较长的发展历史，并形成了联邦政府对州政府进行增值税的分享转移支付、州政府之间的横向转移支付、联邦政府的补充拨款三种较为完善的支付模式。德国财政投入解决民生问题的主要经验：

1. 补贴鼓励自建房，完善租赁市场

德国的人口数量与住房数量之比为2：1，这意味着德国几乎每两人便有一套住房。对于一个国家来说，住房数量是较为充足的，因此德国并不存在炒房的问题，而且其商品房的价格与出租的价格都保持在合理范围内。这种局面的形成得益于德国的法律具有强大的约束力，其规定的转移支付制度得到了较好的执行，而且由于监督到位，这使得转移支付的资金较为及时地拨付到了支持个人自建住房上，这也提高了人们自建住房的积极性。除此之外，德国政府还通过减免个人税收来支持个人建房的积极性。政府通过部分的财政支持和减免税收来引导人们将庞大的社会资金用来建设住房，这极大地促进了住房建设的速度。尽管，从总体上看，德国的住房充足，但实际上其个人拥有住房的人口比例不超过43％，这也就意味着有半数多的人口在德国属于租房状态。之所以出现这种状况也是因为德国政府有意识地进行了大量的公共住房建设，因此无论是遇到经济危机还是房价高涨，政府始终持有大量公共住房资源，足以应对房价危机。除了政府之外，一些法人也建设了大量住房，在满足本单位的职工住房后，会将多余的住房对外出租。此外，一些建筑和设计公司也掌握着一批住房资源，其往往为了收回成本进行新的投资而出租这些房屋。这三种租赁方式构成了德国房屋出租的主要市场，防止垄断的产生，同时也稳住了德国出租房的价格。

2. 发展循环经济，征收能源税，支付养老金

德国在发展循环经济方面主要是出台了两类政策来促进循环经济的发展：一类是支出性财政政策，包括税收优惠、财政投资以及财政补贴等；另一类是收入性财政政策，主要包括税收优惠、财政补贴、财政投资等政策。早在 1879 年德国政府便对进口石油征收石油税。在德国能源税历经多次变化，但目前使用的是在 2006 年颁布的《能源税法》，而能源税收占联邦政府专属税收的 45％至 50％。德国征收能源税主要是为了发展循环经济，为大众营造绿色福利社会。同时，德国还利用税收减免的政策来使得本国工农产品在国际上拥有更强的竞争力，其同样用税收优惠来引导生态能源的推广使用。而其征收的大部分能源税最终是用来支付养老金。此外，为了保障民生，德国政府对与人民生活息息相关且能源消耗大的产业制定了相应的税收优惠政策。例如供热燃料发电和动力燃料中煤炭的使用可以免除能源税。而且在德国，有轨电车、公共汽车以及短途火车等城市交通工具与人们的生活密切相关且十分发达，因而政府对这些公共交通工具所需要消耗的柴油或汽油也只按优惠的定额税率来收取税收。

3. 转移支付促进基本公共服务均等化，实现普惠式民生财政

一般的财政支付转移是指政府间的财政资金的转移，对于中央政府来说，这是财政支持的一部分，而对于地方政府来说则是一部分财政收入，这其中还有一部分企业能够受益。而德国在其《基本法》中规定"公民生存条件一致性"的原则，这决定了德国在财政体制上坚持贯彻纵向与横行的财政平衡，而作为一个法治国家，其也将这种财政转移支付的政策制度写入法律之中，让法律来保障其贯彻和实施，可以说，德国近 60 年的财政支付转移力度在世界各国都极为少见，其均等化程度也是许多发达国家所不及的，而这种财政转移成果正是由于有法律的保障才能实现的。德国对财政转移支付有以下几个方面的特点：一是财政立宪，德国的《德国财政平衡法》对政府之间的财

政转移支付有着明确的规定，且明确财政框架、运行监督机制以及透明原则等；二是其财政转移支付体系较为完整，包括了一般和专项支付、纵向和横向支付；三是其转移支付作用明显，其对转移支付的具体规定保证了税收分配的均等化，较好地缩小了州与州之间的发展水平。

三、日本民生科技发展体系

民生科技是与民生利益直接相关的科学技术，发展民生科技已经日益成为世界各国科技发展战的重点。近年来，日本把解决民生问题作为政府制定科技政策或设立科研项目的重要导向，以集中协调的科技管理体制为基础，明确的科技发展战略、发展规划和产业政策为引导，官产学合作为依托，政府科技经费和科技资源投入为支持，大力促进民生科技研发及成果转化。

民生科技是与食品、农业、节能环保、交通通讯、医疗卫生、灾害预防等人们生活基本需求息息相关的科学技术。目前，发展民生科技已经日益成为各国科技发展战略的基本指向。日本近年在出台科技发展战略、科技政策、产业政策和设立科研项目时，非常注重科技和民生的结合。

（一）日本民生科技发展战略

1. 三期"科学技术基本计划"的民生导向

1995 年的《科学技术基本法》确立了日本"科技创新立国"的国家战略。从 1996 年起，日本以 5 年为周期制定和实施国家科学技术基本计划，从内容来看，民生科技逐步成为该计划战略部署的重点。第一期计划（1996—2000 年）提出要"大力推进针对社会与经济需求的研发"、"解决环境、食品、能源、资源等世界规模的问题"和"解决增进健康、防治疾病和预防灾害等与人们生活密切相关的问题"，民生科技开始纳入成为日本政府科技政策的目标之一。第二期计划（2001—2005 年）指出 20 世纪科技发展既造就了"丰富、便利的生活与长寿社会"，也带来了"对社会和地球环境的负面影响"，因此，21世纪科技应是"社会持续发展的动力"，科研应以"（提高）产业竞争力、提供就业、高质量的国民生活（老龄化·信息化·循环型社会）"和解决"人口问题、水·食物·资源能源、温暖化、传染病等全球规模的问题"为导向；提出建设"安心、安全且生活质量高的国家"的目标和"科学技术成果彻底回报给社会"的基本方针。第三期计划（2006—2010）以"促进得到国民支持并将成果还原于社会、民众的科学技术"为基本立场，提出"环境保护与经济发展并举，实现环境与经济的协调、可持续发展"、"实现健康一生的社会"和"使日本成为世界上最安全的国家"的目标，以及"社会·国民支持"和"应对人口减少·少子高龄化"的具体的民生科技政策措施。

2.《创新25》规划的民生导向

2007 年，日本内阁审议通过的《创新25》确立了将"科学技术"与"社会系统"融为一体的长期社会发展战略，展望了终身健康、安全安心、人生丰富多彩、为全球变暖和二氧化碳排放等全球性环境问题做出贡献、向世界更加开放等日本社会的五大远景目标；围绕人口老龄化和少子化、环境、气候、能源、疾病等问题，确定了医疗技术、道路交通系统、环保技术、灾害预测技术和灾害信息网络、老龄社会的社会保障系统和远程就业（tele-work）系统等科研课题。

3.《人类生活技术战略 2007》报告的民生导向

2007 年，日本经济产业省发布的《人类生活技术战略 2007》分析了社会环境的长期变化，指出在 2030 年前要实现四大社会远景目标：① 身心健康：健康自立、儿童健康成长；② 节能、舒适，人们简单、快乐、安心生活的居住环境；③ 安全、舒适、节能、快速移动的汽车技术；④ 每个人都能有安全、安心、无压力的工作劳动环境。提出要大力开发和研究实现这些社会远景目标的具体的技术研发目标；日本经济产业省则根据战略目标对有关技术创新予以重点资助。

4.《革新性技术战略》的民生导向

2008 年日本内阁第 75 回综合科学技术会议通过的《革新性技术战略》从提高日本国民安心、安全生活水平出发，提出要加速技术创新，增强具有优势的环境、能源等领域的技术实力，提高国民生活质量、构建健康社会，解决粮食、能源等安全问题，实现环境和经济双赢；确定了生活辅助型智能机器人技术医疗技术、缓解粮食、资源、环境、疾病问题等具体的技术研发领域。

（二）日本的民生体系政策支持体系

日本民生科技政策支持体系包括集中协调的科技管理体制、三位一体的官产学合作研发机制、持续稳定的政府科技经费和资源投入机制。这一政策支持体系在促进民生科技研发及成果转化方面发挥了重要作用，带动了日本整个社会的民生科技发展。

1. 集中协调的科技管理体制

日本民生科技管理体制大致可以分为三个层次。第一层次为内阁府综合科学技术会议和科技政策大臣。综合科学技术会议是最高科技审议机构，负责调查审议国家科技长期基本规划、国家科技战略和计划、科技预算和人才资源分配方针，审查评估科技研究课题以及协调跨省厅科技事务等。第二层次是文部科学省、经济产业省、环境省、农林水产省、厚生劳动省、国土交通省和内务府。除内务府外，以上省厅都有相应的民生科技研发业务。第三层次是以上各省厅下设的科技咨询审议机构（如科学技术审议会、科技会以及专业性研究会等）和负责开展本部门科研事务的独立行政法人机构等。综合科学技术会议制定全局性的指导政策，相关省厅结合本部门、本领域实际制定具体政策并具体执行。一元化的科技管理体制有力地保证了日本民生科技发展战略目标的实现。

2. 官产学三位一体的民生科技研发推广体系

官产学合作是日本科技立国政策及科技研发和成果转化的重要制度安排。所谓的"官"指政府及政府直属的国立和公立研究机构，"产"指企业界，"学"指大学。在这一制度下，政府民生科技政策主导和统一部署，通过立法和经费资助鼓励官产学各方紧密协作，国公立研究机构和大学等以政府民生科技政策为指导，进行各种基础性、先导性、综合性研究，企业则通过共同研究、委托研究等和国立、公立研究机构和大学展开合作，这样大学和研究机构的科研实力和企业的经济实力相结合，共同推动民生科技研发、成果转化和产业化工作。如在环保技术研发和推广方面，环境省下属的国立环境研究所和文部省研究开发局海洋地球课地球环境科学技术推进室作为主要官方机构，负责制定研发规划、重点和计划，环境省中央环境审议会综合政策部环境研究技术开发推进战略专门委员会负责审查环保科研工作的进行并向环境大臣报告，政府科研机构、大学、地方研究机构和企业合作进行先进技术和环保能源新产品的研发。政府财政对环保科技的研究和推广则大力进行扶持，对申请的项目进行筛选后拨给科研经费。

文部科学省和经济产业省是日本官产学研发合作的最主要省厅。文部科学省官产学合作机构主要有大学、学术振兴会和科技振兴机构，经济产业省官产学合作机构主要是产业技术综合研究所。根据文部科学省《2007年度大学等产学合作实施状况》，2001—2007年，日本大学每年与企业、地方公共团体和公益法人机构等开展的共同研究项目分别为6767项、9255项、10728项、13020项、14757项和16211项；接受的委托研究项目分别为6584项、13786项、15236项、16960项、18045项和18525项。学术振兴会的工作内容之一是促进大学和企业及社会的合作，科技振兴机构通过委托开发、创新技术开发研究、专利化支援、信息发布、受政府委托经营和管理"高科技市场"等形式推进产学研合作和研究成果商业化；产业技术综合研究所通过"中小企业支援型研发事业"、"产业技术研究培育事业"以及地区研究所与产业界和学术界开展研究、普及、人才交流、信息交流和技术服务等合作。

3. 持续稳定的民生科技经费投入

日本政府为民生科技研发投入了大量经费。2001—2009年日本政府科技相关最终预算一直保持在4兆日元左右，同期民生科技相关省厅（文部科学省、经济产业省、环境省、农林水产省、厚生劳动省、国土交通省和总务府）历年科技预算总额都占到政府科技预算的91%以上。这部分预算的70%左右分配给文部科学省，17%左右分配给经济产业省，这是因为日本绝大多数民生科技项目都是由文部科学省和经济产业省来组织实施的。日本重点科技发展领域包括生命科学、信息通信、环境、能源、制造技术、社会基础设施以及纳米技术和材料、前沿技术（海洋和宇宙空间技术），其中很多都和民生问题密切相关。重点科技发展领域的科技预算投入较大，生命科学和能源则是重中之重，2008年和2009年的预算均超过1000亿日元。

日本政府为企业提供大量研究经费，根据日本总务省《2008年科技研究调查结果概要》，2007 年，企业从政府获得的研发经费为 2004 亿日元。政府科技发展战略和科技政策的指引、在经费资助方面采取的产业倾斜政策以及商业化引导方式，提高了企业对民生领域科技研发的积极性。根据文部科学省《2007 年度大学等产学合作实施状况》，2001—2007 年，日本大学（包括国立、公立和私立大学）每年与企业、地方公共团体和公益法人机构等开展的共同研究项目经费投入分别为 158 亿日元、216 亿日元、264 亿日元、323 亿日元、368 亿日元和 401 亿日元，接受的委托研究经费投入分别为 406 亿日元、859 亿日元、1012 亿日元、1265 亿日元、1420 亿日元、1607 亿日元。从日本企业重点研发的领域投入来看，依次是信息通信、生命科学、环境、纳米技术和材料、能源和前沿技术（海洋和宇宙空间），与政府的投入方向大致一样，这在一定程度上表明政府对民生科技领域的政策导向，对企业研发经费的投入方向产生了影响。

四、韩国民生科技发展体系

（一）韩国民生科技发展战略

1. 韩国"科技立国"战略的民生导向

1982 年，韩国总统金斗焕在主持召开韩国"第一次科学技术振兴扩大会议"上正式提出了"科技立国"的口号，从此拉开了韩国"科技立国"战略的序幕。为落实"科技立国"战略，韩国政府先后颁布的一些科技发展计划中，例如"生命科学发展基本计划"、"下一代增长动力产业技术发展计划"、"国家研发计划"、"21 世纪前沿研发计划"等，其中与民生科技相关的生物技术、环保和新能源等领域在国家战略层面都占据着十分重要的地位。1994 年，韩国科技部颁布实施"生物技术 2000"计划，为期 14 年，7 部委联合投资 200 亿美元，用于提升韩国生物技术水平。自 2002 年起，"生命科学发展基本计划"（1994—2007）的实施，重点研究探明疾病原因和开发治疗技术所需遗传基因组学、蛋白组织学、干细胞、脑科学、生物信息学等源泉技术。另据有关媒体报道，在韩国科技部的一份文件中，生物技术作为"能提高工业竞争力"的基础性资源，位列关系韩国 21 世纪发展的六大战略技术之内。2004 年，韩国政府投资 4049 亿韩元开发 48 个新一代战略产业的 141 个课题，其中包括智能机器人、未来型汽车、新一代半导体、新一代移动通信、新一代电池、生物新药等，80％以上的课题都与民众的生活息息相关。

2. 韩国《科学技术基本计划》的民生导向

2001 年，韩国政府出台了进入新世纪后为期五年的《科学技术基本计划（2002—2006 年）》，对信息技术、生命工程、纳米技术、宇宙航空技术、环境工程、文化技术等领域进行重点科技攻关。2002 年 11 月，韩国科技部完成了"国家技术地图"的制定，其中确定的重点应用技术领域包括知识与信息化、生命与健康、环境与能源、新的基础产业、国家安全与提高国际地位等 5 个方面，并选择了 49 个战略产品和 99 个技术项目，具体包括光通信技术、数字广播、智能网络、信息家电、新的交通管理系统等。2007 年，韩国制定了《科学技术基本计划 2008—2012 年》，提出的目标是 2012 年韩国成为世界第 5 大科技强国。在该项计划中，民生主题也得到了很好的体现，如计划针对新能源和可再生能源发展，确定了太阳能电池、氢燃料电池、风能和煤气化联合循环发电 4 个优先发展领域。此外，韩国政府还将积极推动智能电网、LED、绿色软件的开发。

3.《韩国 2025 年构想》的民生导向

2000 年 6 月，经韩国国家科学技术委员会（NSTC）批准，韩国科技部公布了长期科技发展规划——《韩国 2025 年构想》，规划中提出的重点领域有：信息技术（IT）、材料科学、生命科学、机械电子学、能源与环境科学。其远景目标是：到 2015 年，韩国要成为亚太地区的主要研究中心；到 2025 年，韩国的科技竞争力排名要达到世界第 7 位。在生命和医药科学领域，核心技术的发展也能确保全球的竞争力。为此，韩国于 2010 年实施了一项战略性计划，以开发帮助老年人的核心技术，建设一个有助于老年社会产业发展的数据库。为实现未来经济增长，韩国政府还将加大力度支援新产业技术的开发，其中包括智能型机器人、新材料、纳米融合、文化产业与生物医疗等。近年又启动了定名为"十大新一代成长动力"的科技发展工程，重点发展数码广播、智能型机器人等十大高新技术产业。

4. 与民生直接相关的可再生能源战略

2011 年 10 月，虽然受欧洲债务危机影响，韩国经济尚存在诸多不确定因素，但政府仍决定积极推进可再生能源开发计划。韩国总统直属的绿色增长委员会发表了题为《可再生能源化挑战为机遇》的绿色产业支援方案，指出到 2015 年，韩国的可再生能源研发规模将是 2011 年的两倍。韩国政府还将投入大量资金积极应对全球可再生能源产业的重组，大幅扩大包括可再生能源在内的绿色产业的出口金融支援规模，到 2012 年底，支援规模将达到 10.5 万亿韩元。此外，韩国政府计划至 2015 年共投资 40 万亿韩元（约合 360 亿美元）用于发展太阳能、风能和水能等可再生能源产业，以推动韩国成为全球前五大再生能源强国。

（二）韩国民生科技政策支持体系

1. 多部门合作的科技管理体制

为推动国家科技战略政策的落实，韩国政府通过国家科技管理机构的改革与调整，成立了由总统任委员长的国家科技委员会为宏观科技决策机构，科技部、教育和人力资源发展部、商务、产业和能源部、文化观光部等许多部门不同程度地参与科技政策计划，并密切配合的国家科技管理体系。虽然李明博政府取消"科技副总理制"，甚至连科技部也撤销，但原来科技部的许多创新职能已分解落实到其他各部，如调整后将科技部的产业技术研发政策、产业资源部门的产业和能源政策、情报通信部的 IT 产业政策合并扩大为"知识经济部"，促进不同经济产业的融合，催生新的产业，以达到更有效地指导科技创新产业化运作的目的。此外，韩国政府还对政府资助研究机构的管理体制进行重大改革，将原属政府各部门管理的 43 个政府资助研究机构从主管部门分离出来，划归为产业科技研究会、公益科技研究会、基础科技研究会、经济和社会研究会以及人文和社会科学研究会等 5 个研究会管理，统一隶属国务总理室。自 1982 年开始，每年每季度都要召开一次由政府各部负责人、科技界、企业界代表参加的科技振兴扩大会议，检查全国科技发展情况。在韩国政府部门合作管理体制的主导下，使得有限的科技资源得到合理地配置，形成了巨大的合力。

2. 不断增加的民生科技投入

韩国历届政府都把增加研究开发投资看作为发展经济的根本措施，逐年增加投入。近十年来，韩国每年的研究开发支出都以10％的速度递增。据韩国教育科学技术部的最新统计数据显示，在对2011年韩国政府研究开发预算规模和民间企业的投资计划进行调查后发现，整个投资规模为52.5万亿韩元，与2010年的47.2万亿韩元相比，2011年的投资规模增长了11.2％。韩国总统李明博曾承诺，截至2012年，将研究开发投资规模相对于国内生产总值（GDP）的比例扩大至5％，达到160亿美元，还计划在未来十年内发展为"大脑研究领域的全球第七大国"。此外，为激励科技精英进行研究开发，韩国政府投入大量财政经费设立了诸多奖项，其中主要有：国家最佳科学家评选委员会颁发的"最佳科学家"奖、由韩国科技部颁发的被誉为"国内科学界诺贝尔奖"的"韩国科学奖"、总统颁发的"总统奖"、"韩国科技大奖"、"青年科学奖"和"蒋英实奖"等，其中获得"最佳科学家"奖的科学家可获得政府30亿韩元（约合300万美元）的科研经费。

3. 相对优惠的民生科技政策

韩国民生科技发展的一个显著特点就是"研发以致用"。韩国非常重视社会科技服务体系、科技中介机构、技术交易所的建立与运转，通过新技术推广会、展览会、洽谈会的举办，使民生科技成果有了迅速转化的渠道。韩国政府创立的"创业保育中心"、以技术股为主的高斯达克股市以及相关贷款和税收优惠政策，都使韩国的科技创新之路越走越宽。韩国从1993年开始实施科研成果转让新措施，规定成果接受方只需支付成果开发费用的50％，另外50％由政府支付。这一措施的实施，极大地调动了科技人员推广科研成果的积极性，加快了成果转化的速度。此外，韩国制定的有关科技的法律很多，主要有《科技振兴法》、《技术开发促进法》、《技术开发投资促进法》等。韩国的民生科技创新实行全社会经营战略，从总统到平民都要关心科技发展，形成创新科技的社会氛围。韩国依法对民生科技实行统一管理，有效地发挥了国家在民生科技创新中的主导作用，避免了乱上项目和乱拉投资的现象。韩国对民生科技研究实行集中咨询和审议的体制，根据市场需要确定研发项目，集中力量研发对国家经济拉动作用大和市场潜力大的科学技术，做到有所为，有所不为。

第三节　发达国家民生体系建设的启示

一、英国基础医疗服务体系的启示

英国基础医疗服务体系建设始于 20 世纪 40 年代末，二战刚刚结束，英国正处医治战争创伤，百废待兴时期。在诸多新建和恢复重建计划中，国家卫生服务体系建设计划优先摆上日程并很快实施。经过60 多年的不懈努力，世界规模最大、具有社会福利性质的公费医疗体系平稳运行。

当今的中国，历经了 30 余年的改革开放，10 多年的经济高速增长，人们的物质文化生活已得到显著提高。但是，我们必须看到，医疗卫生部门仍是中国社会保障体系中薄弱的环节。为此，2009 年 4 月6 日《中共中央国务院关于深化医疗卫生体系改革的意见》和《医疗卫生体制改革近期重点实施方案（2009—2011 年）》相继公布，新一轮医改正式起航，其目标是：在 2020 年前完成具有里程碑意义的医疗改革，以确保十几亿公民得到安全、便宜的医疗卫生服务。医疗改革的核心原则是坚持为人民群众提供基本医疗卫生服务的公益性质。就城市居民而言，今后一个时期，建立和完善城市以社区医疗和医院医疗分工协作的服务机制意义重大。

英国国家基础医疗卫生服务体系给我们最大的启示是：它对全民健康的巨大贡献；对社会经济可持续发展的支撑；对在经济出现低迷、衰退，社会出现动荡时，它对人心的安抚；对社会秩序稳定提供强有力保障。同时，它的发展历史和行之有效的运行机制、完善的体系、具体做法也给我们以启示，并值得在我国城市社区卫生服务中心建设中加以借鉴。这将有助于我们在推进医改过程中，更好更快地向前发展，实现我们医疗改革的目标，进而保障中国经济快速发展的同时，广大人民群众能够分享改革开放带来的成果，促进社会和谐发展，人们安居乐业，特别是保障社会的总体稳定。

打牢社区医疗体系基础，强化管理与投入。英国的社区医疗体系基础完备，我国在这方面还有很长的路要走，特别是由于市场经济的趋利性和自发性的影响，要合理配置区域卫生资源，没有政府的宏观调控是很难实现的。目前，我国社区医疗主体的城市社区卫生服务中心已经在政府主导下广泛建立，但其医疗服务资源仍处于城市卫生资源的弱势地位，政府必须通过对城市卫生资源的整合重组，加大投资力度，增强对社区医疗服务的供给能力，提升社区医疗机构硬件配套设施，增加社区医疗服务中心的仪器设备购置，进一步改善社区医院就医环境。

加快建立以社区医疗和医院医疗分工协作的服务机制。英国国民健康服务体系给我们的重要启示之一，就是要大力推进以社区为基础、社区卫生服务机构与大医院分工协作的医疗卫生服务体系建设。实现各负其责，分工协作，既不相互推诿，又不越俎代庖。社区医师的主要任务是预防疾病、常规检查、常见病诊断治疗等，这样既方便了群众，又缓解了大医院的压力。

目前，中国大多数患者的手术和术后护理都是在大医院进行的，造成了大医院医疗资源的紧张和浪费。在这方面，我们可以借鉴英国的双向转诊制度，即：让一般、多发的小病在城市社区卫生服务中心治疗，大病则转向二级或二级以上的大医院，而在大医院确诊后的慢性病治疗和手术后的康复则可转至城市社区卫生服务中心进行。在现阶段，在不能取消自由就医的情况下，要利用媒体等加大宣传力度，利用政府政策的引导，制度和规章的限定与制衡，把常见病和恢复性护理工作引导到社区医疗中心，控制医疗费用的不合理增长，逐步解决社区医疗中心患者罕至，而大医院又人满为患的顽疾。

加快社区医疗服务中心个人健康档案的建立。英国社区医疗机构都建有居民个人终身健康档案。我国城市社区医疗机构应尽快将所在社区居民的个人健康情况进行登记，把居民的日常健康情况系统地管理起来，录入计算机系统。在患者每次就诊时，添加患者发病情况、治疗方案、治疗结果等，并及时更新患者的健康状况，为患者健康和今后的诊断治疗提供第一手材料，方便患者就诊，节省医生的问诊时间，同时强化了患者到社区卫生服务中心就医如同看家庭医生的就医感受，告别以往在大医院就医挂号时间长就诊时间短的旧模式，让患者更青睐到社区就诊。

加强全科医生队伍建设。首先，应提高社区医生经济收入，促进其医生队伍的长期稳定。借鉴英国社区全科医生收入平均高于大医院医生的经验，我们应提高社区医院医务人员的待遇，使同等资质的医生在社区工作的待遇不低于甚至高于同期在大医院工作医生的待遇。只有这样，才能吸引高层次人才进入基层的社区医院。另外，推行聘请大医院的医务人员到社区医院兼职，也是解决当前社区医院医疗水平不高的一个途径。其次，加大培养投入，用社区医疗服务的高质量赢得信任。社区全科医生的培养是提高社区医疗质量的关键。2011 年 6 月国务院常务会议决定建立全科医生制度，并强调要建立统一规范的全科医生培养制度，将全科医生培养逐步规范为"5＋3"模式，即先接受 5 年的临床医学本科教育，再接受 3 年的全科医生规范化培养。具有良好资质的全科医生，是提供家庭式关怀就医服务的先决条件，它的大量培养以及充实到社区医疗服务中心，可逐步提升居民和患者对社区医院的信任。第三，运用经济杠杆，调控患者就医流向。长期以来，大型医疗机构 70％的患者是常见病、普通病、多发病，医院的高、精、尖仪器设备诊疗这类患者，一方面造成了卫生资源的极大浪费和医疗费用的过快增长；另一方面，大医院医疗资源过于紧张，门诊人满为患，住院部一床难求，而社区医疗机构门庭冷落、病床空位多，医疗资源严重闲置。解决可以从以下两个方面入手：① 挂号费用的不同。将社区医疗机构的挂话费与大医院的挂号费拉开档次，比如社区医院的挂号费为 1～3 元，而大医院的挂号费为 10～30 元，社区医疗机构医生挂号费的收入差额由政府出资补贴。这样，头痛脑热的小病患者自然就不必舍近求远，去挂号费贵、治疗费用大的大型医疗机构看普通病、常见病了。② 报销额度的不同。在医疗保险政策上，可以在报销额度上进行设置。比如，针对常见病，在社区门诊就医的，报销额度为 70％或 80％，而大医院门诊的报销额度为 30％或者更低，运用好社区就医的优惠政策杠杆，将会引导更多居民到社区医院就诊。

二、德国财政投入解决民生问题的重要启示

1. 保障居民居住权是民生财政的基本要求

德国的房地产市场一直保持较为稳健的状态，自 1975 年到 2011 年，除去通货膨胀等特殊时期，德国的房价下降了 22％。在过去的十多年里，即使欧洲各国近年来楼市上涨较快，德国柏林的楼价依然低于我国的北京、上海和深圳。排除各种因素，可以说德国的房价是以每年 1％的速度下降的，出现这样的现象主要有三个原因：一是德国的房产市场供需较为平衡，住房数为 4000 万套，而德国人口为 8000 多万，因而其房产供应充足；二是德国房贷固定利率机制与住房金融模式对金融市场的抗衡力非常强，使之免受金融市场动荡的影响；三是德国完善而发达的住房租赁市场与租赁规定促使其房屋租赁市场十分稳定，例如其规定房租如果超过合理房租的 20％即构成违法，超 50％就属于犯罪等，这也稳定了德国的房租价格且呈下降趋势。在上世纪 90 年代初，我国的房地产业的发展设计为高收入者选择商品房，中低收入者可以购买经济适用房，而困难家庭则可以申请廉租房，这种思路的设计方向无疑是正确的。但在 2003 年，我国的房地产事业发展却偏离了这一既定道路，而是向着完全市场化上发展，也是从这一年开始，中国的房价开始连年飞速上涨。2007 年，我国城镇的房价平均为 3445 元，到了 2012 年这一数字变为 5791 元，在 5 年间其上涨了 68％，年平均上涨 10.9％，从 2003 年至今，我国的平均房价也一直保持 10％以上的增长速度。这十余年的楼市暴涨主要源于 2003 年国务院在 18 号文件中公布将房地产作为我国的支柱产业，这一政策的改变使得原本近 80％的可以住进经适房的人口变为只有 20％的人口享受这一政策，而大部分有购房需求的人口被迫进入市场。德国能够控制房价的经验就在于其有大量的公共住房。而我国的城镇土地属于国有，因此可以说房产是一种准公共品，因而国家有权对其征收闲置税，这能有效地抑制富人炒房的现象，与此同时，国家还应该继续完善和扩大廉租房系统，国家还应该利用好税收杠杆来抑制房价的过快增长。

2. 用立法和财税政策来支持循环经济的发展

德国是世界上发展循环经济较早且水平最高的国家之一。德国循环经济之所以能够得到较好的发展，其经验之一便是制定了促进循环经济发展的法律法规与财政政策，这些法律法规与财政政策覆盖面十分广泛，从基础的垃圾处理到生产和消费都有涉及。较为总括的有《废弃物处理法》、《循环经济与废弃物管理法》、《可再生能源法》等，而极为具体的有《饮料包装押金规定》、《废木料处理规定》、《废旧电池处理规定》等。而我国的有关促进循环经济发展的法律大都是一些概念性和方向性的笼统规定，其内容也主要是涉及循环经济发展的较为末端的治理或分段治理，大都是被动的污染后处理规定。此外，我国也应该加大财税对循环经济的发展与支持，各级政府可以设立用于清洁生产的专项资金，以此来支持一些排污较为严重的企业进行清洁生产项目建设。此外，还应该通过相应的财政政策来支持企业研发、使用、推广循环经济技术，促进经济的循环发展。

3. 加大转移支付力度，大力推进基本公共服务均等化建设

德国的财政转移支付的一大特色便是其经济发展不平衡的州政府之间可以不经联邦政府而直接进行转移支付。而中国的转移支付都是由中央政府来决定转移支付的金额或项目还有地区，这样无疑是增加了转移支付的中间环节，减缓了其效率，且极容易在中间环节上产生腐败。如果中国要借鉴德国的转移支付的经验，其必然首先要建立相应的法律与绩效管理体制，而且也要将教育、医疗、就业、住房以及社保等基本公共服务均等化作为民生建设的目标，这也是实现社会和谐的重要保障。我国已经在党的十八大报告中，将实现公共服务均等作为到 2020 年将要实现的目标，并且具体规划出到 2020 年各项基本的民生服务的发展水平。报告规划到 2020 年，我国的教育要基本实现现代化，全民受教育水平以及创新人才的培养水平要有明显提高；在社会保障方面要实现全民覆盖，人人都能享受到医疗保障服务，且住房保障体系也有所完善；在社会收入上，要逐步拉小社会收入差距，促使社会中等收入群体的壮大，减少需要扶贫的对象数量；在财政转移支付上，国家应该加大对贫困地区、民族地区、中西部地区的财政转移支付力度，除此之外对农产品的主产区以及生态保护区，政

府也应该对其进行一定的财政支付转移，这有利于保证国家的粮食安全以及生态保护。此外政府要改变以往的以经济发展速度为标准的绩效评估体系，设立以公共服务为导向的政府绩效评估体系，并加快以公共服务为导向的事业单位改革。

三、日本民生科技发展政策支持体系的启示

发展民生科技是实现让广大人民群众共享科技创新与科技进步成果、促进整个社会和谐和可持续发展的重要途径。民生科技已成为我国中长期科学技术规划纲要的重点方向。但我国民生科技还处于发展的初级阶段，与世界发达国家相比，还有一定的差距，尚存在体制机制建设不完善、科研基础条件不完备、自主创新能力较弱、成果转化效率较低、中小企业发展技术瓶颈等问题，借鉴日本的经验，我们对我国民生科技发展战略和政策支持体系提出如下政策建议：

（1）科技工作要以服务民生和改善民生为目标贯彻落实科学发展观。按照党的十七大提出的关于加快推进以改善民生为重点的和谐社会建设的要求，明确"民生科技"这一概念的内涵和外延，将其提升到国家科技发展战略的高度，科技工作要以服务民生和改善民生为目标，重点解决人民最关心、最直接、最现实的民生利益问题，让人民充分享受科技进步和科技创新的成果。

（2）把民生科技创新活动纳入国家创新体系建设中，出台明确的民生科技发展战略和发展规划，引领整个社会的民生科技发展方向，同时以政府科技经费和科技资源投入作为保障。把民生科技创新活动纳入国家创新体系建设中来，根据社会需求和人民生活需求进行科技创新，围绕能源资源、节能环保、生态系统、生命科学、农业、食品质量和安全、医疗卫生、生产安全和防灾减灾等领域，集中科技经费和科技资源组织实施重大专项科技攻关，进一步推进已经组织实施的道路安全科技行动、全民健康科技行动、粮食丰产科技工程等科技专项，以民生科技的局部跃升和突破，带动相关领域技术水平的提升和整体科技水平的跨越式发展。

（3）加强科技管理体制改革，优化科技发展环境各部委和各地方政府应在国家全局性指导政策的统一部署安排下，按照国家民生科技

发展战略规划，结合本部门、本地区情况制定具体政策，组织力量进行研发，同时加强部省会商制度建设和科技工作重大问题会商机制与沟通机制，统筹协调，优化配置科技资源，中央和地方科技力量有机结合，省部密切合作，共同推进，保证民生科技发展战略目标的实现。

（4）技术创新与科技成果转化并重，以创新为基础，以成果集成转化推广为重点，实现技术向现实生产力的转化要加快"官、产、学、研、民"有机结合的制度和体制建设，加强科技研究部门、大学和企业之间的协作关系，运用多项政策鼓励和引导，形成产学研自主结合的多元化方向，推动民生科技研发、成果转化和产业化经营。政府要加强基础研究和科研基础条件建设，加强现代科研院所制度建设，提高其承担国家民生科技发展战略任务的科研能力；要通过科技政策、财政政策、金融政策等进行引导、规范和管理，创办中介机构有效地传递市场信息和技术，并在研发项目的初始投入、新产品购买上发挥更多的作用，引导企业和社会资金的投入，建设以企业为主体、产学研相结合的技术创新和转化体系，为民生科技成果转化、企业科技进步、生产技术产业化提供前提和保证。

四、韩国民生科技建设对我国民生科技发展的启示

（1）强化民生科技导向的发展战略。当前世界经济形势与科技发展形势都发生了很大变化，韩国政府适时地出台了一系列明确的民生科技发展战略和发展规划，诸如"科技立国"战略、《科学技术基本计划》和《韩国2025年构想》等，引领整个社会的民生科技发展方向。当前我国正处在"创新型国家"和"和谐社会建设"的关键时期，急需适当借鉴韩国制定相关发展战略强调民生科技导向的经验，联系实际制定出强有力的民生科技发展战略。

（2）完善民生科技发展的政策环境。韩国政府在民生科技发展方面出台了一套完整的法规体系，规范了政府和企业的投资行为，对民生科技发展起到了积极的推动作用。目前，我国在民生科技方面出台了《关于加快发展民生科技的意见》，这是推动民生科技进步的规范性文件，也是各级地方政府制订民生科技发展方针、政策和法规的基

本依据。因为我国区域科技发展不均衡，因此，各级地方政府更应该根据当地民生科技发展实际，不断完善民生科技发展的政策环境，加强对民生科技创新发展的企业支持和引导，促使企业自觉成为民生科技创新投入和研发的主体，从而带动整个民生科技产业的发展。

（3）优化民生科技发展的投入机制。韩国政府在加强对科技发展投入的同时，注重民生科技发展的投入机制建设，诸如韩国拥有完备的民生科技评估、预算、执行监管体系和政策。我国应借韩国民生科技投入机制管理的经验，优化民生科技财政投入管理机制，设立专门的评估机构对民生科技重点科研计划和项目进行跟踪调查、分析和评价，在保障科技投入稳定持续增长的同时，及时发现问题并调整相关投入强度。加快建设多元化、多渠道的民生科技投入体系，增加民间资本对民生科学技术研发的投入，提高全社会民生科技研究开发水平。有选择性地重点投入民生科技共性技术研究，支持有关企业开展长期的民生科技关键技术的攻关。此外，应尽快推广韩国"创业保育中心"的成功经验，结合我国产学研相结合的发展模式，创建适宜我国民生科技发展的投入机制，为相关企业提供大量的资金支持，提高其民生科技成果得以广泛的开发和应用，转化为现实生产力。

最后，在 21 世纪的中国，一方面，十分注重复兴我国传统的民生发展思想，挖掘几千年文明中民生解决的哲学理论与文化内涵，并融入执政党的治国理念；另一方面，也十分注重吸收和借鉴世界其他文明中民生解决的经验。"高福利"制度在缩小社会贫富差距、缓解社会矛盾冲突等方面的作用无疑是积极的，对我们确有一定借鉴意义。但这些政策措施毕竟是限制在资本主义制度框架之内，而且种种弊端已形成"民生陷阱"。《2012 中国民生发展报告》指出："世界面临着三大'民生陷阱'：发展中国家的'民生缺失陷阱'、发达国家的'高福利陷阱'和'贫富分化陷阱'。西亚北非的'阿拉伯之春'警示我们，发展中国家在追寻现代性的过程中必须关注和解决民生及保障民生的制度建设；欧洲债务危机的深化发展，警示人们过度福利的发展模式并非解决民生问题的最佳模式；'占领华尔街'则证明金融资本主义对贫富分化负有不可推卸的责任"。因此，我们必须辩证地分析"高福利"制度的利弊，认清其本质属性。

第一，从福利制度看，西方国家实行的"高税收、高福利"，是资产阶级政府采取的重要改良主义措施，是资本主义社会调节生产关系的重要手段。虽然一定程度上缓和了阶级矛盾，减少了贫富对立，对维护社会的稳定有某种作用。但这些政策只是调节国民收入的一种形式，说到底是一种社会矛盾的"缓冲器"，不可能从根本上克服资本主义的种种痼疾。民主社会主义者推行的模式，以牺牲效率为代价，过分强调社会福利的保障作用，目前遇到了难以克服的困难，面临难以为继的窘境。经济学家批评说：这种经济患上了"动脉硬化症"，"对劳动缺乏刺激作用"，带来了社会发展的放慢或停滞。

第二，从分配制度看，西方国家实行的社会福利制度，没有触动和改变资本主义的按资分配制度，因而也不可能从根本上解决分配不公和贫富对立的问题。在西方国家，社会福利基金主要来源于三个方面：一是职工交纳的社会保险费；二是资本家所交纳的社会保险费；三是政府预算拨付的经费。从表面上看似乎是由统治阶级给予的福利，实际上是由资产阶级通过赋税把工资收入者的劳动力价值中的一部分集中在国家手中，再以福利的形式进行分配，以满足社会劳动力生产生活的需要。因而它就始终无法改变资本主义社会在社会财富分配上必然不断拉大的两极分化现象，更谈不上与社会主义公平分配的趋同。我国实行按劳分配为主体、多种分配方式并存的分配制度。按劳分配就是以劳动为尺度，向劳动者分配个人消费品，实行多劳多得、少劳少得，这作为社会主义的分配原则是公正的，是与我国社会主义初级阶段的经济发展状况相适应的。它使收入与劳动者的实际贡献量基本相符，有利于调动劳动者的积极性。

第三，从经济制度看，西方国家的社会福利制度，是在坚持生产资料的资本主义私有制这一根本前提下实行的。物质的生产条件以资本和地产的形式掌握在资本家与地主手里，而人民大众只有人身的生产条件。由于西方国家都是在坚持私有制的前提下推行这种经济，不可能改变工人被剥削的雇佣地位，也不可能赋予劳资权利平等。它只是一种具有鲜明时代特色的社会改良。我国在所有制结构上是以公有制为主体、多种所有制经济共同发展的基本经济制度。这就是依据马克思主义基本原理和我国所处的初级阶段的基本国情相结合的原则，而确立的中国特色社会主义的经济模式。公有制是社会主义经济制度的基础，公有制经济的发展在本质上符合社会化大生产的要求，顺应了生产力和社会发展的客观趋势。许多国家发展的经验表明，私有化并不一定带来经济发展。在我们这样一个资源相对匮乏、民族与人口众多、经济和文化不发达、不平衡的国家，如果搞私有化，在某些地区少数人就会更快地富起来，而大量的人仍然摆脱不了贫穷，甚至连温饱问题都不能解决，必然导致严重的贫富分化，发生一系列社会矛盾和阶级冲突，人民将为此付出痛苦和流血的代价。在关系国家安全和国民经济命脉的重要行业和关键领域，如果没有国有经济的主导作用，早晚有一天会为国际垄断资本所控制，国家的主权和民族稳定也难以保障。只有走社会主义道路，坚持以公有制为主体，才能使大多数人从根本上摆脱贫困，逐步实现共同富裕的目标，体现人民群众的根本利益。虽然我国当前面临着一些发展中的问题，但这些问题在发达的资本主义国家都曾经出现过，只不过他们凭借其强大的技术优势和历史积累，逐步将某些问题成功转化或化解了。可以说，中国的问题不是社会主义制度所为，解决好这些问题也绝不是只有在资本主义框架下才能完成。加之，民主社会主义不以马克思主义为指导，主张指导思想的多元化；否定工人阶级领导，主张资本主义多党制。这些与科学社会主义存在着根本的对立，在中国绝对行不通。其实，保障和改善民生，一定要根据国家经济发展水平和国情国力实际，循序渐进地解决和改善，才能取得实实在在的成效。新中国成立以来中国民生发展的历程和路径表明，中国民生发展的成就得益于独特的渐进发展模式。这一发展模式既注重保障和改善民生，又注重保障民生与经济增长间的和谐关系，既没有脱离经济社会发展现实盲目追求民生高速发展，也没有一味发展经济忽视民生，而是根据不同发展阶段特征合理制定民生发展战略，把发展经济与改善民生紧密结合起来，让发展成果惠及全体人民，从而获得可持续发展。

国际民生建设效率比较研究

民生建设效率的落脚点在于效率问题，是效率在民生领域的体现。由于民生涵盖领域的广泛性，民生建设效率比一般意义上的经济效率，具有更广的外延，是一个涉及经济、政治、文化、社会、生态文明建设的系统效率的集合。本章在对已有的效率理论回顾的基础上，探讨了民生建设效率的内涵和特征，同时分析了民生建设效率的度量方法。

效率的测度是一个比较的概念。世界各国在其发展历史上大多经历了财政逐步民生化的过程。我国和其他国家相比，虽然在政治体制、经济发展水平、市场化程度等方面存在着不同，但进行国际比较研究，对明确我国民生建设效率的实际情况与国际定位，推动我国民生建设发展无疑是重要的。其他国家，特别是主要发达国家提高财政投入产出效率、解决民生问题方面的做法，为我国民生建设提供了宝贵的经验和重要的启示。

第一节　民生建设效率理论

一、效率理论基础

作为研究资源稀缺性的学科，"效率是经济学所要研究的一个中心问题（也许是唯一的中心问题）"[①]。效率最基本的含义是指有用资源的投入与产出比例，即"生产率＝产出/投入"。效率通常体现最小一最大原则，即在一定的投入下有最大的产出，或者说在一定的产出

---

① 保罗·A·萨缪尔森、威谦·D·诺德豪森. 经济学（第 12 版）[M]. 杜月升等译，北京：中国发展出版社，1992.

下有最小的投入①。从古典经济学的分工效率理论，新古典经济学的配置效用理论，再到新制度经济学提出的制度效率理论，不同时期的学者对效率有不同的分析方式和理解过程。

（一）古典经济学与分工效率

分工思想在古典经济学中得到了充分的重视，亚当·斯密（Adam Smith）作为分工理论的集大成者，其经济思想中蕴含着分工效率的内涵。亚当·斯密研究的效率属于劳动效率或生产效率的范畴，实质上指劳动生产力的提高。斯密把探询劳动生产力进步的原因作为研究的首要任务，认为分工是生产力提高的最重要条件；"劳动生产力上最大的增进，以及运用劳动时所表现的更大的熟练、技巧和判断力，似乎都是分工的结果"②；"凡能采用分工制的工艺，一经采用分工制，便相应地增进劳动的生产力"③。

斯密认为分工提高劳动效率，"其原因有三：第一，劳动者的技巧因业专而日进；第二，由一种工作转到另一种工作，通常需损失不少时间，有了分工就可以免除这种损失；第三，许多简化劳动和缩减劳动的机械的发明，使一个人能够做许多人的工作。"④

同时，斯密推崇自由竞争思想，认为市场经济制度是最有效率的，认为"看不见的手"远胜于"国家干预"。自由竞争的价格机制是实现资源配置效率的根源。生产要素在各个部门、各个行业的自由流动，不仅使所有者实现了利益最大化，而且社会资源也在流动中实现了最优配置。

作为"古典经济学的完成者"，大卫·李嘉图（David Ricardo）承袭了斯密的基本思想，认为财富的源泉在于劳动效率的增长。"真正的财富源泉在于用尽量少的价值创造尽量多的使用价值，换句话

---

① 车圣保. 效率理论述评［J］. 商业研究，2011，05：31－35.
② 亚当·斯密. 国民财富的性质和原因的研究［M］. 郭大力，王亚南译. 北京：商务印书馆，1983.
③ 亚当·斯密. 国民财富的性质和原因的研究［M］. 郭大力，王亚南译. 北京：商务印书馆，1983.
④ 亚当·斯密. 国民财富的性质和原因的研究［M］. 郭大力，王亚南译. 北京：商务印书馆，1983.

说，就是在尽量少的劳动时间里创造出尽量多的物质财富。"① 李嘉图将研究对象从国民财富生产拓展国民财富的分配，重点考察工资、利润和地租的相互关系及其对经济生产率增长的影响。

总之，古典经济理论的效率思想可以概括为：劳动分工是效率提高的决定因素，是经济增长的源泉。

（二）新古典经济学与帕累托效率

新古典经济学从资源配置的角度来研究效率问题，将经济效率理解为帕累托效率（Pareto efficiency）。"当没人能够在不使另一个人境况恶化的情况下得到改善时，这种资源配置就称为帕累托有效，一般而言，经济学家谈到效率，就是指帕累托效率。"②

在瓦尔拉斯隐含经济效率最优的一般均衡基础上，帕累托效率概念的提出构建了新古典经济理论以经济效率为核心的微观经济学分析框架③。帕累托效率是指某种经济的资源配置已经达到这样一种状态，"如果不存在其他生产上可行的配置，使得该经济中的所有个人至少和他们在初始时情况一样好，而且至少有一个人的情况比初始时更好，那么，这种资源配置的状况就是最优的"，也就是最有效率的，可以实现社会福利最大化。"当社会增加一种物品的产量而不减少另一种物品产量的时候，其生产便是有效率的"。完全竞争市场是实现帕累托效率的充分必要条件。

帕累托效率的实现条件：一是交换最优，需求中的竞争实现对任意两个消费者，任意两种商品的边际替代率相等；二是生产最优，供给中的竞争实现对任意两个生产者或同一生产者生产的两种商品，任意两种生产要素的边际技术替代率相等；三是供求最优，如果两种产品既可以作为生产要素又可以用于消费，消费者在任意两种商品之间的边际替代率与生产者在这两种商品之间的边际产品转换率相等。当上述三个条件同时满足时，整个经济就实现了帕累托最优状态。

帕累托效率实质上是市场均衡理论，为实现配置效率，强调市场

---

① 大卫·李嘉图. 政治经济学及赋税原理 [M]. 周洁译，北京：华夏出版社，2005.

② 约瑟夫·斯蒂格利茨，卡尔·E·沃尔什. 经济学 [M]. 黄险峰，张帆译. 中国人民大学出版社，2005.

　③　王稳. 经济效率因素分析 [M]. 北京：经济科学出版社，2002.

的竞争性，认为完全竞争市场是最有效率的，任何偏离帕累托最优标准的状况均为"市场失灵"。很明显，对于市场经济运行的不完全市场、不完全信息、不完全理性等现实状况而言，帕累托效率标准只具有理论研究意义[①]。同时，帕累托效率概念内涵的狭隘性和静态性也颇受质疑。帕累托效率是完全根据效用来衡量的，它强调个人的偏好和主观评价，不依赖于不同投入产出的可度量性，是一个序数效用意义上的经济效率概念。帕累托效率与自由主义间的冲突，即帕累托—自由悖论（阿玛蒂亚森，1970），说明达到了帕累托最优状态并不能保证可以实现效率之外的公平、自由等其他目标。

（三）新古典经济增长理论与效率革命

新古典经济学代表人物哈罗德（Roy Harrod）、多马（Evsey Domar）、索洛（R. Solow）等的经济增长理论中充分体现了经济效率思想。20 世纪 30 年代大危机后，哈罗德（1938）和多马（1946）提出了凯恩斯主义经济增长的新数学模型，哈罗德－多马模型（Harrod-Domar model）被认为是现代经济增长和效率理论的基石。

1957 年，索洛在《技术进步和总量生产函数》一文中建立了索洛模型，第一次将技术进步因素纳入经济增长模型，提出生产函数 $Y = AF(K, L)$，把产出的增长表示成劳动投入（L）、资本投入（K）和技术进步的函数，并假定满足规模报酬不变、生产者均衡和技术变化中性等条件。"索洛余值"即全要素生产率（Total Factor Productivity，TFP）的增长率被归为技术进步的结果。之后有大量的研究不断地完善和发展 TFP 理论。

同年，法瑞尔（Farrell）发表了《生产率的度量》一文，对生产率的含义和度量作了论述。法瑞尔把一般意义上的经济效率分解为技术效率和配置效率，一方面，技术效率（Technical Efficiency，TE）反映企业基于给定投入集合获取最大产出的能力。技术效率的度量是在生产技术和市场价格不变的条件下，按照既定的要素投入比例，生产一定量产品所需的最小成本与实际成本的百分比。技术效率又分为纯技术效率和规模效率，即技术效率＝纯技术效率×规模效率。当一

---

① 王稳. 经济效率因素分析［M］. 北京：经济科学出版社，2002.

个企业是技术有效率时，它依然可以通过规模经济来提高生产率。另一方面，配置效率（Allocative Efficiency，AE）反映企业合理划分投入成分并合理安排对应价格和生产技术的能力，即在给定投入价格和生产技术的情况下，将投入要素比例调整到最优比例的能力。

索洛和法瑞尔等人由前人主要研究生产函数以及生产者行为理论，转向主要研究生产率问题，开创了西方经济学新的研究领域，可以称之为西方经济学的"经济效率革命"。

（四）新制度主义经济学与制度效率

新制度主义经济学（New Institutional Economics）用现代经济学方法分析制度安排及其变迁对经济行为和绩效的影响，研究了制度对效率的影响。制度是指一定范围内各种正式和非正式规则的集合，它旨在制约追求主体利益或效用最大化的群体或个人的行为。

科斯（Ronald H. Coase）研究在交易费用为正的前提下制度对资源配置效率的影响，认为一种有效率的或者交易费用最低的经济组织和制度安排必然会取代无效率的制度安排。诺思（Douglas C. North）从制度变迁的角度提出了制度效率的概念，即指在一种约束机制下，制度通过提供一组有关权利、责任、利益的规则，为人们构筑行为规范体系，如果参与者的最大化行为将导致产出的增加，则为制度有效率；而制度无效率则是指参与者的最大化行为将不能导致产出的增加。[①] 诺斯开创了新制度经济学的效率观，把以往对效率的关注点从经济效率转移到制度效率上。

诺斯（1994）还提出了"制度的适应性效率"的概念，以刻画与时间进程中的经济变化相适应的制度的效率。所谓适应性效率是指在不确定性条件下经济主体随着时间的推移，逐渐了解问题的环境和性质，在对环境的适应中可以获得各种知识、技能及建立学习机制，并恰当地解决问题，所获得的经济效率。诺斯认为一个能够保证私人边际收益率等于社会边际收益率的制度是适应性效率的关键。

① 张怡恬. 社会养老保险制度效率论 ［M］. 北京：北京大学出版社，2012.

二、民生建设效率的内涵和特征

(一)民生建设效率的内涵和外延

从民生投入主体来看,主要有企业、非营利组织和政府等三类组织形式进行民生产品的生产。如果将民生投入主体看作一个生产公共产品(提供公共服务)的经济体,则可以用前述经济效率理论来分析民生建设的投入产出效率,由此提出民生建设效率的概念。

民生建设效率是效率的特殊范畴,是效率在民生领域的体现。从内涵来看,民生建设效率就是民生产出(收益)与民生投入(成本)之比,反映了经济增长对民生建设影响的度量。民生产出指民生改善、民生福利的增加,本书中主要指教育、就业、收入、医疗、社保、住房、环境等方面民生公共产品/服务的数量增加和质量提高。民生成本指一定程度的民生改善所付出的民生投入代价。由于民生需求的层次性,民生投入具有阶段性、门槛性特征。因此,民生建设效率提升是建立在一定的民生投入规模基础之上的。

提高民生建设效率的本质是改善民生的投入产生边际递增的、最大化的民生积极效应,直接体现在单位民生投入的民生产出增加,或者单位民生产出的民众满意度增加,即民生供给与民生需求的切合程度。

由于民生涵盖领域的广泛性,民生建设效率比一般意义上的经济效率,具有更广的外延,是一个涉及经济、政治、文化、社会、生态文明建设的系统效率的集合。基于沙占华(2011)对民生效率的研究,民生建设效率按照民生建设目的可以分为民生建设的经济效率、政治效率、文化效率、社会效率和生态效率[①]。民生建设的经济效率又包含民生投入规模与人民群众的需求相匹配的规模效率,民生投入在不同地区、群体以及领域间有效分配的配置效率两方面。民生建设的政治效率指民生投入引致的民众政治素养和法治意识的提升。民生建设的文化效率反映民生投入对人们日益增长的文化需求的满足程度。民生建设的社会效率表现为民生投入对社会和谐发展的促进方面。民生建设的生态效率指通过民生投入实现人与自然的和谐相处,

---

① 沙占华. 民生效率问题研究 [D]. 首都师范大学,2011.

构建资源节约型和环境友好型社会。

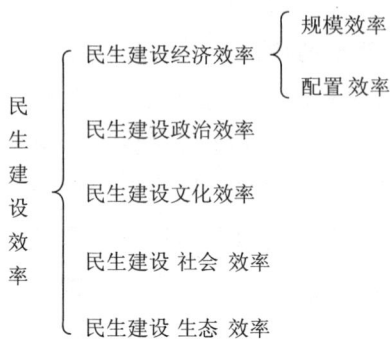

图 4-1　民生建设效率外延

（二）民生建设效率的特性

前述经典效率理论主要集中于对产业或企业的效率分析。民生产品、民生服务不等同于一般市场经济条件下交易的商品，具有无形性、即时性、异质性、生产和消费同步性等特点。民生领域也不同于一般以营利为目的的产业和企业，它更强调福利性和公益性等特点。正是由于这些特点，使民生建设效率表现出如下特性：

1. 民生建设效率与公平的协调性

民众对民生需求的无限性与政府民生供给能力的有限性之间的矛盾，要求有效协调民生的公平和效率。注重民生公平，满足民众对基本民生产品的普遍性需求，体现人权准则，维护民众生存权和发展权；注重民生效率，在资源有限性，特别是公共资源稀缺性的约束条件下，提高民生投入产出比，满足日益增长和扩大的民生需求。

民生效率和民生公平两者之间存在着相互促进的关系。一方面，民生效率有利于实现民生公平，通过效率推动经济增长的财富创造，将"蛋糕"做大，是改善民生和提升公平的基础和前提。另一方面，民生公平有利于推进民生效率，通过民众发展水平的普遍提升、劳动者技能的普遍提高为民生效率提升注入动力。因此，民生公平是体现在效率基础上的正义，民生效率是包含着公平引发的效率。"现代经济社会发展中，政府承担着维护社会公平的重要功能，市场承担着激发经济社会发展效率的重要功能，民生供给效率和公平协调的实质和关键是政府和市场的关系协调。"①

2. 民生建设效率评价的主观性

"民生"是人的生存权和发展权的必然要求，因而"民生建设效率"首先体现出"以人为本"的效率观，即通过民生建设促进人和社会的全面发展。

对于多数效率评价而言，本应是不带主观色彩的事实评价，往往表现为可以用数量关系来测定效率高低的客观过程。但是民生建设效率却包含了强烈的价值判断因素，在客观性的基础上，表现出强烈的主观色彩。这是因为，民生建设效率考察的是对人民群众民生需求的满足情况，人民群众是民生建设的受益者，也是民生建设的过程的参与者和民生建设的成果的最终评价者，因而民生建设效率评价不可能不受民众主观因素的影响。由于民生服务的无形性，服务质量缺乏有形客观的评价标准，公众对民生建设质量的评价，更多地凭主观期望和感受做出判断。而民众在民生需求方面存在的巨大个体差异，导致不同的主体对于民生效率的评价会存在差异甚至矛盾。例如，对于相同水平的民生服务，期望高的主体可能对其质量评价比较低；而期望低的主体评价可能却比较高。

3. 民生建设效率的演化性

民生的价值是演化的，民生产品的供需关系以及民生满足（幸福感）的物质成本是显著变化的，由此决定了民生建设效率随着时代变化而变化。

"全面建成小康社会，实现中国梦，就是要实现人民幸福"。可以说，小康是对幸福生活的概括，民生问题是小康社会的出发点也是落脚点。回顾小康社会进程，在不同的年代，人们对民生的期待有明显变化。建国初期，普通人渴望的殷实生活理想是：一亩地两头牛，老婆孩子热炕头。20世纪60年代，"楼上楼下，电灯电话"的生活水准是人们向往的小康。到了20世纪80年代，"万元户"成了当时小康人家的标识。现在，党的十八大报告给出了小康社会新的内涵，除了

---

① 杜黎明. 效率与公平协调视域下的民生供给研究 [J]. 中州学刊，2014，05：42 - 46.

收入翻番，还包含民主的扩大、文化软实力的增强、人民生活水平的全面提高和人居环境的明显改善。就生活水平提高来说，包含教育现代化的基本实现，收入分配差距的缩小，社会保障的全民覆盖，住房保障体系的基本建成等。对小康社会内涵认识的深化，体现了民生价值内涵的与时俱进。

三、效率度量方法及其应用

理论界对于效率的研究不仅作为一种理论体系，而且作为一种研究方法通过"投入—产出"、"成本—收益"等核算方式对于经济社会发展各个层面上的现象加以评价，并形成事实判断。

（一）效率的度量

现代的效率测度源于 20 世纪 50 年代，库普曼斯（Koopmans，1951）从技术效率层面测量效率，"一个可行的投入产出向量称为是技术有效的，如果在不减少其他产出（或增加其他投入）的情况下，技术上不可能增加任何产出（或减少任何投入）"[①]。德布鲁（Debreu，1951）对效率的测量则引入了资源利用效率的概念[②]。法瑞尔（Farrell，1957）在库普曼斯和德布鲁研究的基础上形成了目前被普遍接收的经济效率的测度方法[③]，即

总经济效率＝技术效率×配置效率

无论是技术效率还是配置效率，均可以采用投入法（Input approach）和产出法（Output approach）两种测量方法。

1. 投入法

投入法是在不改变产出数量的情况下，如何使投入数量最小。如图 4 - 2 所示，假设在规模收益不变条件下，使用两种生产要素投入（x_1、x_2）生产一种产出 y。曲线 SS' 表示全效率企业的单位等产量

① Koopmans, T. C. (1951). An analysis of production as an efficient combination of activities. In Koopmans, T. C., editor, Activity Analysis of Production and Allocation. John Wiley and Sons, Inc.

② Debreu G. (1951), The coefficient of resource utilization, *Econometrica*, 19（3）：273 - 292.

③ Farrell M. J. (1957), The measurement of productive efficiency, *Journal of the royal statical society*, Série A, 120（3）：253 - 290.

线。若一个企业生产单位产出使用的投入数量为点 P，则该企业的技术无效率用 QP 的距离来度量，技术效率 TE_I 通常可以表示为：

$$TE_I = \frac{OQ}{OP} = 1 - \frac{QP}{OP}$$

TE_I 取值为 0～1。若 $TE_I = 1$ 代表完全的技术效率，如 Q 点。

如果价格之比给定，即成本预算线 AA' 的斜率已知，企业的配置无效率用 RQ 的距离来度量，则配置效率 AE_I 表示为：

$$AE_I = \frac{OR}{OQ}$$

AE_I 测量结果也取值为 0～1。若 $AE_I = 1$ 代表完全的配置效率，如 Q' 点。

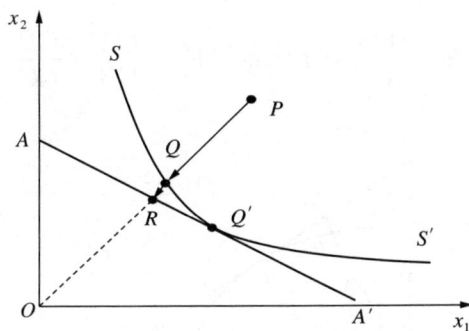

图 4-2 投入法的技术效率和配置效率

该企业的总经济效率无效性用 RP 的距离来度量，总经济效率 EE_I 表示为：

$$EE_I = \frac{OR}{OP} = TE_I \times AE_I = \frac{OQ}{OP} \times \frac{OR}{OQ}$$

即总经济效率是技术效率和配置效率的乘积。

2. 产出法

产出法是在保持投入数量不变的情况下，如何使产出数量最大。如图 4-3 所示，在规模报酬不变假设下，使用一种生产要素 x 生产两种产出（y_1、y_2）。生产可能性曲线 ZZ' 表示在现有生产技术下的生产可能性边界。若一个企业在投入不变时产出数量为点 A，则该企业的技术无效率用 AB 的距离来度量，技术效率 TE_o 通常可以表示为：

$$TE_o = \frac{OA}{OB}$$

TE_o 取值为 0～1。若 $TE_o = 1$ 代表完全的技术效率，如 B 点。

如果有价格信息，则可以获得等收益线 DD'，企业的配置无效率用 BC 的距离来度量，则配置效率 AE_o 表示为：

$$AE_o = \frac{OB}{OC}$$

AE_o 测量结果也取值为 0～1。若 $AE_o = 1$ 代表完全的配置效率，如 B' 点。

该企业的总经济效率无效性用 AC 的距离来度量，总经济效率 EE_o 表示为：

$$EE_o = \frac{OA}{OC} = TE_o \times AE_o = \frac{OA}{OB} \times \frac{OB}{OC}$$

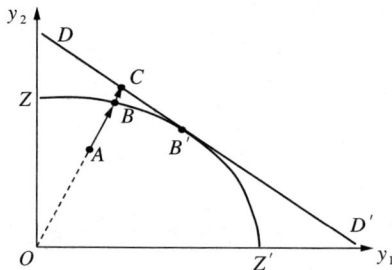

图 4-3　产出法的技术效率和配置效率

（二）效率度量模型

前述效率分析是在生产前沿面已知的基础上，通过分析投入产出观察值与边界的距离度量该生产点的效率。在实际运用中，由于确定生产前沿面的方法不同，经济效率的测算方法可以分为参数方法和非参数方法。下面分别对最常用的数据包络分析法和随机前沿分析法的典型模型进行评述。

1. 数据包络分析——效率测度的非参数方法

数据包络分析（Data Envelopment Analysis，DEA）由 Charnes

等人于 1978 年提出[①]。DEA 以相对有效性的概念为基础，采用线性规划的方法，构建一个非参数逐段线性的包络面（或前沿面），判断决策单元（DMU）是否位于生产可能集的前沿面上。

首先考虑规模报酬不变的 DEA 模型。设有 n 个决策单元 DMU_i，$j=1\cdots i\cdots n$。输入向量 $X_i = (x_{1i}, x_{2i}\cdots x_{pi})^T$，输出向量 $Y_i = (y_{1i}, y_{2i}\cdots y_{qi})^T$，则基于产出导向型方法的 C^2R 模型为：

$$\min_{u,v}\frac{v^T x_i}{u^T y_i}$$

$$\text{s. t.}\begin{cases}\dfrac{v^T x_j}{u^T y_j}\geqslant 1 & j=1\cdots i\cdots n\\[2mm]\mathbf{u},\ \mathbf{v}\geqslant 0\end{cases}$$

其中 $\mathbf{u}$ 为（$q\times 1$）维输出权重向量，$\mathbf{v}$ 为（$p\times 1$）维输入权重向量。（x_i，y_i）为被评价决策单元的输入输出向量，（x_j，y_j）为样本决策单元的输入输出向量。

通过 Charnes—Cooper 变换（称为 C^2—变换）将上式的分式规划问题转化为线性规划问题，令决策单元 DMU_i 的技术效率 $TE_i^{DEA} = \dfrac{1}{\phi_i^{DEA}}$，$\phi_i^{DEA}$ 的解为：

$$\max_{\phi,\lambda}\phi_i$$

$$\text{s. t.}\begin{cases}X\lambda\leqslant x_i\\ \phi_i y_i\leqslant Y\lambda\\ \lambda\geqslant 0\end{cases}$$

其中 $i=1, 2, \cdots, n$；x_i 为第 i 个决策单元（$p\times 1$）维输入向量；y_i 为第 i 个决策单元（$q\times 1$）维输出向量；X 为（$p\times n$）输入矩阵；Y 为（$q\times n$）输出矩阵；λ 为（$n\times 1$）维密度向量。

规模报酬可变的 DEA 模型在 C^2R 模型中加入了凸性约束条件 $\sum_{j=1}^{n}\lambda_j=1$。此时，规模报酬不变模型 CRS 的技术效率测量（TE_i^{CRS}）可分解为纯技术效率（TE_i^{VRS}）和规模效率（e_i^{SE}）两个部分。即有

---

① Charnes，A.，Cooper，W. W.，and Rhodes，E. (1978). Measuring the efficiency of decision-making units. European Journal of Operational Research, 2 (6)：429 - 444.

$$TE_i^{CRS} = TE_i^{VRS} \times e_i^{SE}$$

TE_i^{VRS} 为规模报酬可变模型 VRS 的技术效率测量。对于某一特定 DMU_i，如果 CRS 技术效率值与 VRS 技术效率值不同，说明该决策单元是规模无效的。

DEA 方法得到广泛应用的主要原因是不需要以参数形式规定前沿生产函数，也不用事先了解输入、输出之间的关联关系，可以度量每个决策单元的有效性，不仅给出决策单元的非有效，而且能给出使其达到有效的修正值。但 DEA 是一个定态分析法，未加入时间参数，与现实中的评估存在偏差。此外，由于未考虑到系统中随机因素的影响，当样本中存在特殊点时，DEA 方法的技术效率结果将受到很大影响。

2. 随机前沿模型——效率测度的参数方法

前沿生产函数由 Aigner 和 Chu（1968）最早提出，认为在确定的生产条件下，生产要素投入与可能的最大产出量之间的数量关系反映的就是前沿生产函数，并通过该函数确定的前沿面对生产单元的技术效率进行测算。在此基础上，艾格纳等（Aigner et al.）、缪森和凡·登·布洛克（Meeusen and van den Broeck）在 1977 年提出了随机前沿方法（Stochastic Frontier Analysis，SFA）来测算技术效率。SFA 模型的一般形式如下：

$$y_i = f(x_i, \beta) \exp(v_i) \exp(-u_i) \quad i = 1, 2 \cdots N$$

其中，y_i 表示产出，x_i 表示投入，β 为模型参数。误差项被分为两部分：一部分用于表示统计误差，又被称为随机误差项，用 v_i 来表示，表示任何可能出现的不可控因素带来的影响；另一部分用于表示技术的无效率，又被称为非负误差项，用 u_i 来表示。

相应的 SFA 技术效率定义如下：

$$TE_i^{SFA} = \frac{y_i}{[f(x_i, \beta) \exp\{v_i\}]} = \exp\{-u_i\}$$

随机前沿模型的发展主要体现在对数据估计方法的变化，早期的研究主要使用截面数据，采用修正普通最小二乘法（Corrected ordinary least squares，COLS)[1]、调整普通最小二乘法（Modified Ordinary Least Squares，MOLS)[2]、最大似然估计（Maximum Likelihood Estimator，MLE)[3] 等估计方法。而 80 年代以后引入了时间的概念，更多地利用面板数据（Panel data）进行效率评价[4]。面板数据一般形式如下：

$$y_{it} = f(x_{it}, \beta) \exp(v_{it} - u_{it}) \quad i = 1, 2 \cdots N \quad t = 1, 2 \cdots T$$

面板数据可采用固定效应模型（Fixed effect models，FE）或随机效应模型（Random effect models，RE）进行估计。固定效应模型采用虚拟变量最小二乘（Least Square Dummy Variables，LSDV)[5] 等估计方法，随机效应模型采用可行广义最小二乘（Feasible Generalised Least Squares，FGLS）和最大似然估计（Maximum Likelihood Estimator，MLE)[6] 等方法。

SFA 方法利用生产函数来构造生产前沿面，并采用技术无效率项的条件期望作为技术效率，其结果一般不会有效率值相同并且为 1 的情况。SFA 方法充分利用了每个样本的信息，计算结果稳定，受特殊点的影响较小，与 DEA 方法相比，具有可比性强、可靠性高的优点。但是 SFA 方法也有一些缺点，如处理多产出的情况时不如 DEA 方法方便，需要将多产出合并成一个综合产出；而投入指标过多时，由于指标间的相关关系，也会对结果的可靠性产生影响。

3. 效率测度方法的应用

① Gabrielsen，A. (1975). On estimating efficient production functions. Chr. Michelsen Institute，Department of Humanities and Social Science，(Working Paper No. A-35).

② Richmond，J. (1974). Estimating the efficiency of produciton. International Economic Review，13（2）：515-521.

③ Afriat，S. N. (1972). Efficiency estimation of production functions. International Economic Review，13（3）：568 - 598.

④ Battese G E，Coelli T J. Frontier Production Functions，Technical Efficiency and Panel Data：with Application to Paddy Farmers in India，Journal of Productivity Analysis，1992，3（1-2）：153-169.

⑤ Kumbhakar，S. C. and Lovell，C. K. (2000). Stochastic Frontier Analysis. Cmbridge University Press.

⑥ Pitt，M. M. and Lee，L. -F. (1981). The Measurement and Sources of Technical Inefficiency in the Indonesian Weaving Industry. Journal of Development Economics，9：43 - 64.

效率测度方法被广泛地应用各个领域，如庞瑞芝和李鹏（2011）对产业效率的度量，采用非径向、非角度 SBM 方向性距离函数法，考察中国 1998～2009 年省际规模以上工业企业的内涵型增长效率。[①] 王兵和朱宁（2011）对金融机构的效率的研究，运用共同边界 Malmquist-Luenberger 生产率指数测度了 2004—2009 年中国 27 家商业银行在不良贷款约束下的全要素生产率增长、成分及其宏观经济影响因素。[②] 岳书敬（2011）对要素配置效率的研究，在确立低碳经济发展与资本流动之间联系的基础上，探讨中国资本配置效率及其影响因素。[③]

四、民生建设效率度量方法

与经济领域关于效率的大量实证研究形成鲜明对比，对民生效率的研究相对不足，主要集中于对民生财政效率的研究。民生财政效率的研究思路基本是在给定技术条件下"投入财政资金，生产民生公共产品"的投入产出过程，效率问题被理解为既定投入下产出最大或者既定产出下成本最低。陈诗一、张军（2008）使用 DEA 非参数技术评价了 1978—2005 年地方政府财政支出在教育、卫生、基础设施方面的相对效率，比较了东部、中部、西部地区的支出效率[④]。龚锋、卢洪友（2013）基于公共品供给的萨缪尔森条件界定了地方公共服务配置效率的内涵，并实证检验多维财政分权指标对中国地方义务教育和医疗卫生服务配置效率的影响[⑤]。

总之，现有文献对民生财政效率的衡量主要采用生产函数和工程效率评价的方法，但需要注意的是由于民生的福利性、无形性等特点

---

① 庞瑞芝、李鹏. 中国工业增长模式转型绩效研究 [J]. 数量经济技术经济研究，2011，09.

② 王兵、朱宁. 不良贷款约束下的中国银行业全要素生产率增长研究 [J]. 经济研究，2011，05.

③ 岳书敬. 基于低碳经济视角的资本配置效率研究-来自中国工业的分析与检验 [J]. 数量经济技术经济研究，2011，04.

④ 陈诗一，张军. 中国地方政府财政支出效率研究：1978～2005 [J]. 中国社会科学，2008（04）：65-78.

⑤ 龚锋，卢洪友. 财政分权与地方公共服务配置效率——基于义务教育和医疗卫生服务的实证研究 [J]. 经济评论，2013（01）：42-51.

的存在，使民生效率往往不具备上述经典效率模型的诸多条件和假设。同时，相对于民生建设内容的广泛性与复杂性，现有研究多局限于教育、医疗等特定公共服务部门的效率。要充分发挥民生效率评价对民生建设的指引性作用，民生建设效率度量成为一个亟待开展的研究方向。

本章将民生建设看作民生公共产品的"投入—产出"生产过程，民生建设效率看作是民生建设"投入"和民生产品和服务"产出"的比率。因此，本章的民生建设效率国际比较主要从民生建设投入和民生建设产出两方面进行比较分析。考虑到数据搜集的现实情况，民生建设投入变量方面，选取人均 GDP、政府消费、公共保障投入、政府教育投入和政府医疗卫生服务投入五个指标；民生建设产出变量方面，选取新生入学率、就业率、预期寿命、城市人口比重、二氧化碳排放五项指标。为保证各国民生建设效率的可比性，即考虑到投入成本与产出质量在国家间的差异，主要选择相对指标进行比较分析。

人均 GDP（GDPP）是国际上最通用的反映一国经济发展水平以及以此为基础的民生成就和民生改善的总体状况的宏观统计指标之一[①]。尽管人均 GDP 不直接反映自由、闲暇、环境质量等民生内容，也无法反映快乐、幸福等民生的非物质精神因素，但 GDP 所反映的物质财富的创造是一切民生改善的基础和前提[②]。政府最终消费支出（GXPD）指政府为社会提供公共服务的支出和政府免费或以较低价格向居民提供的消费货物和服务所承担的净支出。民生消费性支出是政府最终消费支出的重要组成部分，政府最终消费支出成为民生建设的最重要公共资金来源。公共社会保障投入（GSSE）是政府维护社会稳定、促进社会公平的重要制度安排，可以减少市场经济条件下社会成员因各自能力差异所遭受的不同损害，保障社会成员的基本生活，增加社会成员抵御社会风险的能力。公共教育投入（EDUI）是衡量一国教育发展水平的重要标志，也是影响一国经济社会发展水平的重要因素。教育投资是成本巨大的长期投资，难以只依靠家庭和个

① 金碚. 论民生的经济学性质 [J]. 中国工业经济，2011，01：5-14+119.
② 金碚. 论民生的经济学性质 [J]. 中国工业经济，2011，01：5-14+119.

人承担投资成本，发达国家早有重视公共教育支出的传统，政府的公共教育经费投入至关重要。公共医疗卫生服务投入（HEAL）作为民生健康福利项目，历来是发达国家政府财政预算和支出的重点。公共卫生具有显著的公共性和很强的外部性，如果完全由市场提供，其提供量将低于产生最大社会效益要求的提供量。

从民生建设产出变量来看，基本民生需要是基本的生存权和发展权，是个人发展的公平起点，其中，重要的民生改善包含受教育权、劳动就业权、生命健康权、居住环境权等，上述权利实现的程度和实现质量状况，是公认的民生成就衡量指标。为此，我们选取高等教育入学率（ETER）反映一国教育的普及状况；就业率（EMPL）反映一国适龄人口劳动参与状况；人均预期寿命（LIFE）衡量医疗卫生水平限制下社会生活质量的高低；城市化率（URBA）推动农业人口进入城镇住房保障体系，反映居住条件改善状况；单位 GDP 碳排放（CO_2）则衡量了环境保护情况。指标具体情况见表 4 - 1。

本章所用统计数据主要来自世界银行汇编的《2015 世界发展指标》（World Development Indicators 2015），该数据集提供现有的最新最准确的全球发展数据。由于统计数据的滞后性和各国的差异性，我们主要使用 2014 年的数据，但对于数据缺失的情况，我们利用其他可获得的最新年度数据予以补充。公共社会保障数据来自国际劳工组织（International Labour Organization，ILO）的社会保障支出数据库（Social Security Expenditure Database）。国际劳工组织为了进行社会保障支出的国际比较，对社会保障制度作了进一步分类，具体如下：社会救济及相关制度、社会保险及相关制度、社会福利制度、公共卫生和医疗、公务员的特别制度、战争牺牲者给付制度。国际劳工组织以三年为一期编制社会保障支出数据。OECD 国家的教育数据来自 OECD《2014 教育概览》。

表 4-1 民生建设效率国际比较指标

	评价内容	评价指标	变量名称	指标含义
投入指标	民生基础	人均GDP	*GDPP*	人均GDP（现价美元）
	公共投入	政府消费	*GXPD*	一般政府最终消费支出（占GDP的百分比）
	社会保障	公共社会保障投入	*GSSE*	公共社会保障支出占GDP的百分比
	教育	公共教育投入	*EDUI*	教育公共开支总额，总数（占GDP的比例）
	医疗卫生	公共医疗卫生投入	*HEAL*	医疗卫生公共支出（占GDP的百分比）
产出指标	教育	高等教育入学率	*ETER*	高等教育总入学率（占总人数的百分比）
	工作	就业率	*EMPL*	15岁（含）以上就业人口占同年龄总人口的百分比（模拟劳工组织估计）
	医疗卫生	预期寿命	*LIFE*	出生时的预期寿命，总体（岁）
	居住条件	城市人口比重	*URBA*	城市人口占总人口比例
	环境	碳排放强度	CO_2	单位GDP二氧化碳排放量（千克/2011年不变价购买力平价单位GDP）

第二节　主要发达国家民生建设效率比较分析

西方社会的福利模式可以划分为三类："合作主义模式，主要在法、意、德、荷和奥等欧洲大陆国家实行，它信守传统宗教观念，维护等级差别；自由主义模式，英、美、加、澳和爱尔兰等盎格鲁—撒克逊国家奉行这个模式，它强调以市场为主体，贫富差距较大；社会民主主义模式主要在北欧国家实行，其中以瑞典最具代表性，它强调的是社会公平，通过高税收来抑制贫富差距，保护穷人和弱者。"①

面对经济增长缓慢和财政困境的现实约束，西方发达国家原本相对"成熟"的福利模式面临人口老龄化、移民、经济转型、家庭结构转型、收入不平等一系列挑战。对于福利的研究不再限于支出总量和支出类型的分析，而是进一步深入到如何提高支出使用效率的中来。如何能够确保民生效率的提高？成为近年来欧美福利制度研究中的一个热门问题。与此同时，自英国的政府改革运动之后，各国都先后展开了轰轰烈烈的福利制度改革。在沉重的财政压力下提供高品质的公共服务，效率成为各国福利制度改革的重要导向目标之一。当然，由于制度环境、价值理念、历史文化传统等方面的差异，各国在提高民生效率的改革实践上的表现也不尽相同。

一、英国：公共服务效率与社会优化之间的平衡

在新公共服务、公民社会和"第三条道路"理论的指引下，英国政府在福利制度改革中除标示"公平"原则之外，还强调"效率"，注重体现服务高效和社会优化之间的平衡。自 20 世纪 80 年代以来，英国的社会福利制度改革涉及了住房、教育、社会保障、公共医疗卫生等领域，改革取向为在公营部门运作中引入市场机制，即由福利取向型向市场取向型转变。

（一）强制性竞争招标

英国政府在购买公共服务时关注成本效率，重视社会的多方位参与，购买公共服务以"强制性竞争招标"为主要特征。政府为推进公共服务强制性竞标，制定出台了一系列购买服务的法律法规，实现了广泛意义上的监管职能②。

1980 年，英国政府制定《地方政府计划与土地法》（*Local Government Planning and Land Act*），第一次引入了"强制性竞标"（Compulsory Competitive Tendering，CCT），开始在地方政府提供的社会公共服

---

① ［丹麦］考斯塔·艾斯平·安德森. 福利资本主义的三个世界 [M]. 北京：法律出版社，2010：29-31.

② 张汝立等. 外国政府购买社会公共服务研究. 北京：社会科学文献出版社，2014.12.

务领域引入市场机制，地方政府的投标范围为新建筑及建筑更新、房屋维修及保护、道路建设及维护等。1988年《地方政府法》（*Local Government Act*）要求垃圾收集、建筑物清洁、街道清扫、学校和伙食供应、其他伙食供应、庭院维护、交通工具修理和维护、运动和娱乐设施管理等服务项目实行强制性竞标。之后1992年《地方政府法》等一系列法案将进一步将CCT的范围扩大到部分或全部以下服务领域：车队管理、安全、建筑、工程、物业管理、金融、人事、法律、计算、企业管理、住房管理、家到学校的交通、图书馆和剧院等。

英国政府将公共服务逐步转化为合同制，要求提供某一服务的政府部门与政府外的供应者按照市场规则进行竞争性投标，这种秉持"基准竞争"理念的采购方式，在一定程度上扩大了外部竞争，节约了公共资金。据估计，通过强制性竞标，政府因此平均节约了20%～30%的成本。[1][2][3] 强制性竞标虽在初期取得了明显成效，但在推行十余年以后，公共服务合同外包的竞争市场并未如预期顺利启动，因其存在价格优先服务品质缺失等弊端，英国政府福利政策出现了转型。

（二）最佳价值

20世纪九十年代，英国的公共服务逐渐朝"最佳价值"的目标迈进。"地方政府不应被迫将其服务释放出来进行竞标"，但"被要求获得最佳价值（Best values）"。1999年通过的《地方政府法》（*Local Government Act*）确定了以"最佳价值"提升地方政府服务品质与绩效的理念和原则，2000年4月1日法律正式生效。

"最佳价值"强调效率、效能与经济，试图寻求经济成本和服务质量之间的平衡，让服务能够达到预定的标准（含价格与品质标准），亦即达到最佳服务效果。"最佳价值"沿袭了CCT的竞争性，注重竞争才能更好实现"物有所值"的核心原则，同时它也是公共服务在交

---

① Audit Commission，（1987），Competitiveness and Contracting of Local Authority Services，Occasional Paper No. 3，Audit Commission.

② Hartley，K.，and Huby，M.，（1985），"Contracting Out in Health and Local Authorities：Projects，Progress and Pitfalls"，Public Money，September，pp. 23 - 26.

③ Domberger，S.，Meadowcroft，S.，& Thompson，D.，（1986），"Competitive Tendering and Efficiency，The Case of Refuse Collection"，Fiscal Studies，Vol. 7，No. 4，pp. 69 - 87.

付中实现效率与有效性的先决条件。"最佳价值"以质量而不是价格为衡量标准，CCT 中的强制元素被抹去，取而代之的是一种可选程序，平衡了价格与质量间的关系，给予了地方政府极大的灵活性。

"最佳价值"以 5C 的视角来检视公共服务（如表 4-2）。

表 4-2　最佳价值的 5C 方法

挑战 (Challenge)	挑战每个服务的目的，也要能挑战既有的服务方式，从而检查创新服务方式
比较 (Compare)	比较个别与蒂塔单位的绩效，这将有助于机构彼此之间互相学习，改善绩效
咨询 (Consult)	向社区、利害关系人征询意见，成为一种参与表现
竞争 (Compete)	在适当时提供竞争，使之成为持续获得提供改善的管理工具，让所提供的服务符合最佳价值的成本和标准要求
统合 (Concordance)	通过团队、伙伴及整合的方式提供服务，这将有助于服务绩效的提升

资料来源：英国公共服务合同外包：历史背景及政策发展，科技管理研究，2014 年 14 期。

二、美国：社会福利服务的市场化和民营化

美国崇尚市场效率和商品化的自由主义，认为福利主要来源于市场，政府仅应起到辅助的作用。只有注重市场经济的效率，才能促进经济的发展，自然会使民生水平得到改善。

（一）市场化的公共服务输出机制

美国的社会福利服务坚持以市场为导向，引进竞争和激励机制，与其他发达国家相比，美国社会保障的市场因素最多而政府作用最少。美国奉行越少的政府干预越公正的自由主义理念。公共服务强调的是个人自助，完全按照市场化的原则运行，政府主要通过税收优惠和立法保障，帮助企业和个人利用市场去获得更大的收益。因此，美国的政府是"最后出场人"，只照顾必须照顾的社会脆弱群体。

美国社会福利服务市场化的主要表现形式是购买服务，主要包括四种方式：合同外包（Public outsourcing；Contracting-out）；特许经营；用者付费；发放凭单。合同外包被广泛地用于美国政府的公共服务领域。政府将原来垄断的公共产品的生产权与提供权通过招标的方

式向私营公司、非营利机构等进行转让，用法律合同明确提供服务的质量和数量标准，监督合同的执行。在联邦政府层面，合同外包主要集中在公共工程领域和国防工程；在州和地方政府层面，合同外包范围则较广，涉及垃圾清理、污水处理、医疗服务、消防服务、监狱管理、养老服务等项目。用者付费是指政府对某种公共服务确定价格，由使用者支付费用。通过付费把价格机制引入到公共服务中来，政府不用禁止或限制某种行为，只需设立收费的水平，运用市场力量来达到调控的目的，克服免费提供公共服务导致的资源配置浪费。这些项目主要是垃圾收集、废水和污水处理、公共娱乐设施、邮政等。

（二）民营化的公共服务供给主体

自 20 世纪 80 年代以来，新公共管理运动和新公共服务运动此起彼伏，美国的社会福利制度的实践与"福利国家"民营化改革相联系，基本公共服务的供给主体正向着多元化的方向迈进，私人部门参与福利服务提供成为一种新的趋势。

特别是 90 年代克林顿上台后，为了实现精简政府机构的目的，将越来越多本应由各级政府机构负责提供的社会服务、培训或有关发展项目的决策、计划、融资等公共服务转交给非营利组织承担。非营利组织在美国社会福利服务提供中越来越成为一支重要的力量。目前，全美约有 160 万个非营利组织，6.5 万个私人基金会，超过一半的社会服务都是由非营利组织负责的。

1996 年的《个人责任与工作机会协调法》（*Personal Responsibility and Work Opportunity Reconciliation Act*），又被称为"福利改革法案"，是推动民营化趋势的重要联邦政策。该法案废除了原来对福利系统的入口和资格认定等方面功能严格禁止外包的限制，为私人部门放开了一个新的市场，大型营利性公司全面进入福利服务提供市场。在政府的鼓励下，各州普遍开始了多种形式的福利民营化尝试，如依靠营利性组织或非营利性组织，采取不同的组织制度架构形式等。

三、瑞典：新自由主义因素与社会福利供给效率

瑞典被誉为"福利国家的橱窗"，社会民主主义福利国家的典型代表，在福利资本主义世界中占据着重要而特殊的位置。瑞典模式的

核心在于国家通过对经济和社会各领域有计划的干预，来实现个人在社会中的平等和社会团结，最鲜明的特征就在于其普享性的社会福利政策，包括积极全面的就业政策、"全民保健"的医疗卫生政策、"举国体制"的教育政策、"安居乐业"的住房政策等。近年来，由于高福利导致的高税收影响了瑞典在国际市场上的竞争力，瑞典的福利制度受到了挑战。经历了20世纪90年代初期的危机和社会福利紧缩改革后，瑞典福利模式中加入了新自由主义的因素①，力求提高总体的社会福利供给效率。

（一）瑞典养老金改革中的新自由主义

1999年瑞典开始实行新养老金制度。新制度中的养老金由原制度中的确定给付变为确定缴费，并且和收入指数挂钩，多付多得，少付少得，这使养老金制度更加具有效率。同时，新制度中的养老金缴费由原制度中的由雇主负担变为由雇主和雇员共同承担，通过个人名义账户，明确个人的缴费记录，这使得新制度更加注重个人的责任，给予个人更大的工作激励。

从总体上来看，瑞典新养老金制度重新厘定了政府和个人之间的责任。在强调坚持接受社会福利帮助是人们的基本权利的同时，还强调个人对社会的义务，将福利项目由单纯享受型向基金交纳型过渡。随着政府责任的减少，个人因素的增加，新养老金制度中社会民主主义的特性在减弱，新自由主义因素却在加强。

（二）瑞典社会服务体系改革中的新自由主义

传统上瑞典实行的是政府主导型的基本公共服务模式，基本公共服务所需资金以政府财政资金为主，政府几乎垄断了对于社会福利的供给，私营因素在服务供给中的作用被极大限制。但是，纵观瑞典20世纪90年代在老年服务、儿童保育服务、医疗服务、教育等公共服务领域中进行的改革可以发现，曾经被严格限制的市场因素成了社会服务改革的重要内容之一。

瑞典公共服务体系的改革主要从"供"和"需"两方面进行。在"供"的方面主要是通过市场化改革，在医疗、教育、老年以及儿童

① 陈维佳. 瑞典福利国家改革研究［D］. 华中科技大学，2011.

等公共服务领域中引入私人企业，解除政府作为单一供给主体的垄断，通过公私部门竞争来提高公共服务供给的质量和效率。在"需"的方面是通过解除个人限制，赋予个人自主选择的权利，包括解除地域的限制，允许个人可以跨地区选择适合自己的服务；解除服务提供者选择的限制，允许个人可以在公立和私立的服务提供者之间进行选择。对个人限制的解除会在不同地区的公共服务提供者之间，公立、私立服务提供者之间形成竞争，将促使服务提供者从消费者角度出发来提高服务效率和质量①。

四、德国：经济效率优先和共同责任原则

德国的社会福利制度的建制理念主要源于弗莱堡学派的社会市场经济理论，即兼顾公平与效率，强调国家与市场的均衡原则②。一方面要求凭借自由市场经济实现经济效率，继承了市场经济中的私有制、契约自由、竞争自由等内容；另一方面要求通过国家干预增进社会公平，体现共同责任原则，强调劳资"共参制"，注意用户高税收和高福利的社会政策和社会保障来调整市场竞争对公平的扭曲。

（一）以促进经济效率为优先原则

社会市场经济创始人艾哈德（Ludwig Wihelm Erthard）曾经指出："为了全体人民的富裕，不能让富人变穷，而是让穷人变富。"这已成为德国社会的座右铭。德国认为没有经济增长只能导致全体社会成员的普遍贫困，如果社会福利支出规模超出了经济发展水平可承受的范围，提高社会福利就成了空中楼阁。为此，德国政府在制定社会福利政策措施时，特别注意对经济效率的影响。强调社会福利制度应有利于市场机制发挥作用，通过实施社会福利措施，应使市场更具活力。例如，社会保障在收入再分配领域着力于促进社会公平，但收入再分配不能使人们的进取精神减弱，也不能对效率和市场机制的功能产生消极影响。

（二）共同责任原则

德国社会福利制度的发展过程始终体现出明显的共同责任原则。

---

① 陈维佳. 瑞典福利国家改革研究［D］. 华中科技大学，2011.
② 郑岩. 社会保障与公平、效率相关性的理论分析［D］. 辽宁大学，2011.

国家、企业和个人三方共同承担责任的机制，将社会成员享受社会保障的权利与缴纳社会保险费用的义务结合在一起。这种责任机制使德国的社会保障基金具有自助化特征，除了工伤保险费由企业单方面负担外，德国养老、医疗与失业保险费用均由雇主和雇员共同负担，政府只对各种社会保险项目的亏空给予补贴并承担社会救助的资金。同时，德国社会保障实行政府与互助团体合作管理的模式，呈现出高度自治化的特征，除失业保险以外的各种社会保险均由劳资双方共同参与管理和决策，从而充分调动了社会成员的积极性，在一定程度上避免了福利国家经济效率低下的弊端。

20世纪90年代以来，为破除德国"高福利、低增长、高失业"的魔咒，德国社会福利制度改革在国家、企业和个人三方中更加强调个人责任。90年代初，科尔政府围绕社会保障的筹资体制进行改革，提高个人的缴费责任，压缩社会保障支出。90年代末，施罗德政府明确社会保障对于个人的权利与义务，指出"在德国社会，没有懒惰的权利"，旨在建立一种促使所有公民都不依赖救济而努力工作的现代社会保障体系。在继承施罗德政府的改革成果基础上，默克尔政府鼓励商业养老保险以减轻法定养老保险的压力；通过新的医疗保险改革方案鼓励各医保机构间相互竞争来提高效率；改革失业保险降低个人对社会保险的依赖性。

五、日本：面向民生大国与提高民生制度运营效率

与欧美发达国家相比，日本社会福利制度建立较晚，现有的社会保障体系是在第二次世界大战之后建成的，日本政府将1973年标志为"福祉元年"，开始提出全民福利的理念。日本全民覆盖的"国民皆保险"、"国民皆年金"等制度以及诸如护理保险等针对老龄化社会的制度设计，在发达国家中独树一帜，日本的福利体制常被看作西方福利国家的"例外"。1991年，日本出版了《日本战略宣言——面向民生大国》[①]一书，提出在和平、发展、人权、环保等领域，"日本必须发挥强大的指导能力"，"决不能把日本的经济力量变为军事力量，

① ［日］船桥洋一编著.《日本战略宣言——面向民生大国》，东京：讲谈社，1991年.

而应把它发展成为全球性民生大国"等主张，表达了一种全新的、契合 21 世纪全球化视点的世界观、发展观。

为了在财源有限的情况下实现民生大国的战略，日本近年来对社会保障支出项目进行了梳理，平衡负担受益关系，将公助重点定位于保障人们在包括育儿在内的生活方式和工作方式选择的中立性，通过雇佣保障促进人们参与社会保障制度，通过所得保障和服务保障能够让老年人在家庭有尊严地迎接生命终结。在对社会保障支出项目重点化的同时，从两个方面提高民生制度运营的效率：

（一）提高国民的参与度和自我决定权

日本是一个根据性别来划分社会责任的企业社会，个人对家庭的依赖较强，福利体制具有家庭互助型特征。但近年来，在个人—家庭—社会的三者关系中，作为中间环节的家庭在调节社会关系中的作用逐步弱化，社会福利由家庭为单位转为以个人为单位，重视个人的自我决定权，形成一种社会对个人，个人直接与社会相联系的结构关系。例如，日本政府在 1988 年颁布、2000 年 4 月起实施的《看护保险法》中，明确护理照顾老人的责任在于社会，而不在于家庭。由此，规定子女照顾病卧的父母，可以依法领取一定的报酬。

（二）强化市场经济在福利领域中的调节作用

日本吸取欧洲诸国经验教训，在福利制度中融入了西方福利国家的理念。从 90 年代初开始的 20 多年时间里，在日本社会福利体制中新自由主义迅速发展，国际上出现的公共事业市场化、商品化的新自由主义改革在日本也得到了相应发展。90 年代进行的社会保障结构改革尝试通过放松政策，强化市场竞争机制来解决因过度干预而产生的高成本结构与新产业停滞等问题，社会福利市场化成为重要的方针。2000 年《看护保险法》、2006 年《残疾人自立支援法》实行的护理保险以及志愿者活动有偿化、法人化制度中，也重点突出了市场经济的原则。

六、主要发达国家民生建设效率比较

在上述对主要发达国家提高民生建设效率的改革实践及其特点分别进行分析的基础上，下面利用表 4-1 民生建设效率国际比较指标，对主要发达国家民生建设效率具体比较，详见表 4-3。

（一）主要发达国家民生建设投入国际比较分析

从表4-3提供的具体数据总体可以看出，五个主要发达国家的人均GDP远远超过世界平均水平，日本最低为世界均值的3.38倍，瑞典最高为世界均值的5.50倍，发达国家人均GDP所反映的物质财富增长的总体状况为本国民生建设提供了雄厚的基础和前提。因此总体来看，五个发达国家的民生投入占GDP比重，无论是公共教育还是公共医疗卫生普遍较高，均在世界平均值以上；得到的产出指标，除就业率之外，更是大大超过了世界平均水平。这一方面反映了发达国家民生投入的巨大规模，也反映出发达国家民生建设的高效率。

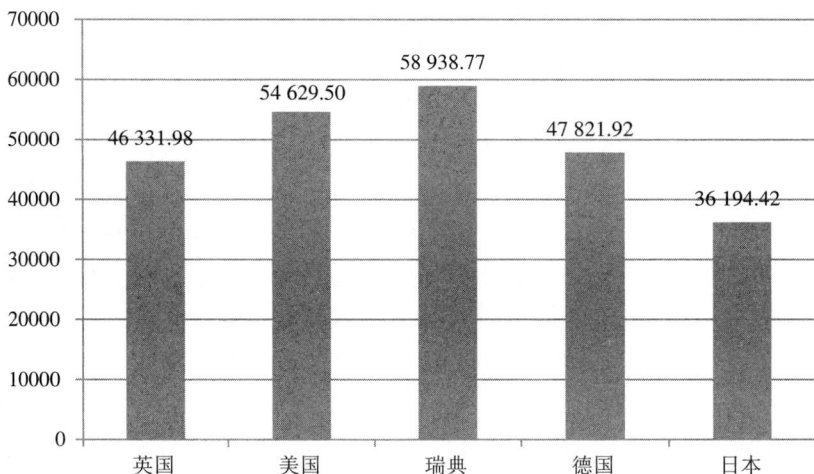

图4-4　2014年主要发达国家人均GDP（现价美元）

数据来源：World Development Indicators 2015 by World Bank Publications。

从一般政府最终消费支出占GDP的百分比（*GXPD*）来看（图4-5），瑞典和日本均超过了20%，其中瑞典最高为26.31%，日本为20.57%，这反映出瑞典和日本两国国家干预主义的价值体系。英国和德国的一般政府最终消费支出占GDP百分比居中，分别为19.67%和19.35%，但均高于17.55%的世界均值。相对而言，美国一般政府最终消费支出占GDP百分比只有15.04%，反映出美国大市场小政府的市场经济模式。

表 4 - 3 2014 年主要发达国家民生建设效率国际比较

指标 / 国家	民生建设投入指标						就业率	民生建设产出指标		
	人均 GDP	政府消费比重	公共保障投入比重	公共教育投入比重	公共医疗卫生投入比重	高等教育入学率		预期寿命	城市人口比重	碳排放强度
	GDPP	GXPD	GSSE	EDUI	HEAL	ETER	EMPL	LIFE	URBA	CO_2
	现价美元	%	%	%	%	%	%	岁	%	千克/2011年不变价购买力平价单位GDP
英国	46331.98	19.67013	23.56°	5.75164°	7.61725*	59.75674*	58.2	80.9561*	82.345	0.193651°
美国	54629.5	15.04032*	19.56°	5.22389°	8.050918*	89.08239*	58.5	78.84146*	81.447	0.341899°
瑞典	58938.77	26.3135	28.30°	6.49112°	7.911955*	64.89632*	58.9	81.70488*	85.665	0.126253°
德国	47821.92	19.34546*	25.89°	4.81496°	8.677564*	59.97615*	56.9	81.0439*	75.094	0.211611°
日本	36194.42	20.57237	23.56°	3.81849*	8.45249°	61.45932°	56.9	83.33195°	93.021	0.270774°
世界	10721.4	17.54813°	—	—	5.954674*	32.88329*	59.7	71.20961*	53.386	0.368167°

数据来源：World Development Indicators 2015 by World Bank Publications。

注：* 为 2013 年数据；a 为 2012 年数据；° 为 2011 年数据；—— 数据缺失。

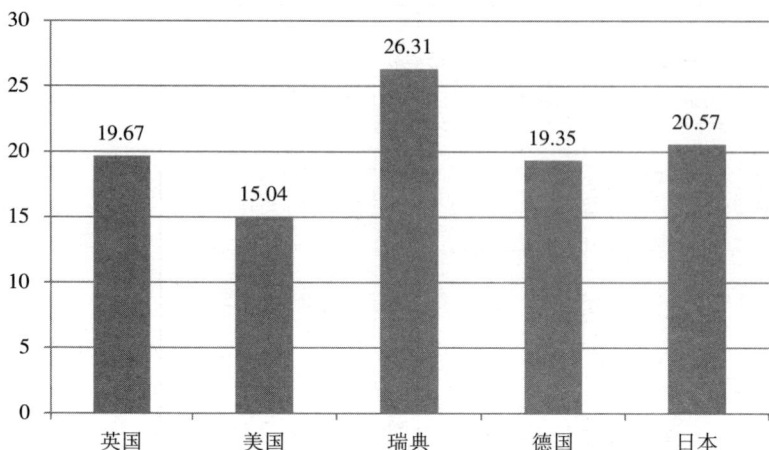

图 4 - 5　2014 年主要发达国家一般政府最终消费支出占 GDP 的百分比（％）
数据来源：World Development Indicators 2015 by World Bank Publications。
注：美国和日本为 2013 年数据。

　　从国家公共社会保障支出占 GDP 的百分比（*GSSE*）来看（图 4 - 6），欧洲国家相对较高，反映出欧洲福利社会的传统。其中，瑞典最高为 28.30％，德国为 25.89％，英国为 23.56％。日本的公共社会保障支出占 GDP 百分比与英国持平。相对而言，美国的公共社会保障支出占 GDP 百分比只有 19.56％。

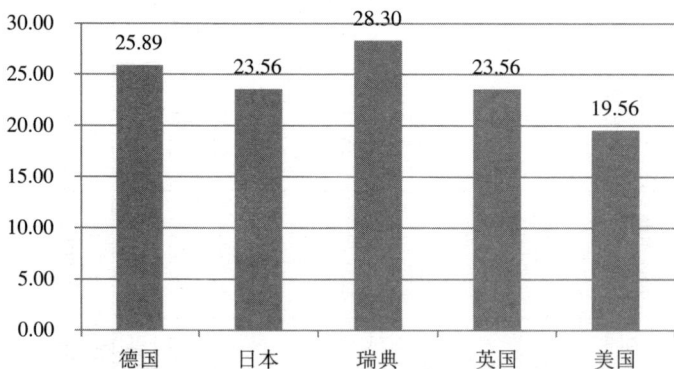

图 4 - 6　2011 年主要发达国家公共社会保障支出占 GDP 的百分比（％）
数据来源：ILO，Social Security Expenditure Database
注：瑞典为 2010 年数据。

　　从教育公共开支占 GDP 的百分比（*EDUI*）来看（图 4 - 7），作为北欧福利国家的典型代表，瑞典认为在人们整个一生中越来越有效地投资于人力资本和创造力，是在全球化世界中取得成功的重要条件，瑞典公共教育支出占 GDP 的比重在 2011 年为 6.49％，居于发达国家中的高水平。英国和美国的公共教育经费支出占 GDP 比重居中，分别为 5.75％和 5.22％。相比而言，德国和日本的公共教育经费支出占 GDP 比重在发达国家中则偏低。特别是日本政府投入的公共教育经费在主要发达国家中最低，2013 年日本中央及地方政府在教师薪金、配备设施等方面公共教育经费投入占国内生产总值 3.82％，而这一结果不及瑞典比重的 60％。这主要是因为，在日本从幼儿时期至大学时期花费的教育开支中，学费及在校用餐费、教材费等费用多由家庭负担，约占据家庭开支的近 1/3。

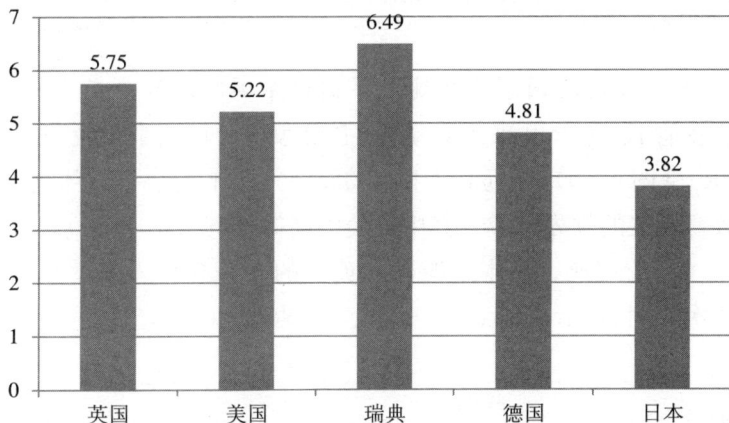

图 4－7　2011 年主要发达国家教育公共开支占 GDP 的百分比（％）
数据来源：World Development Indicators 2015 by World Bank Publications。
注：日本为 2013 年数据。

从医疗卫生公共支出占 GDP 的百分比（*HEAL*）（图 4－8）来看，因为医疗卫生公共支出是实现社会公平，保障公民健康的重要手段，发达国家的政府卫生支出占 GDP 比例一般为 7％～8％。2014年，德国、日本、美国的医疗卫生公共支出占 GDP 比例超过了 8％，德国比例最高，为 8.68％；日本次之，为 8.45％；美国为 8.05％。瑞典的医疗卫生公共支出占 GDP 比例接近 8％，2014 年为 7.91％。相对而言，英国政府卫生支出占 GDP 比例在五个发达国家中最低，为 7.62％。

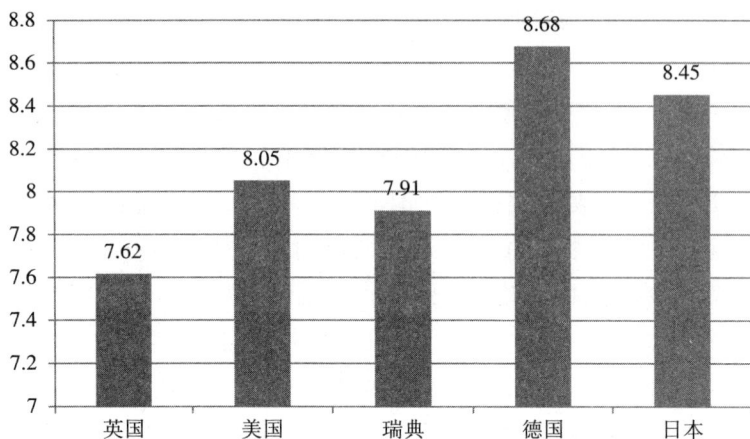

图 4‑8   2013 年主要发达国家医疗卫生公共支出占 GDP 的百分比（%）

数据来源：World Development Indicators 2015 by World Bank Publications。

（二）主要发达国家民生建设产出效率国际比较分析

从教育民生产出来看，五个主要发达国家高等教育入学率
（ETER）（图 4‑9）远远高于世界 32.88％的平均水平，体现了发达
国家教育发展的领先地位。其中，美国高等教育入学率最高，2013 年
达到89.08％。瑞典、日本、德国和英国的高等教育入学率在 60％上
下，依次分别为 64.90％、61.46％、59.98％和 59.76％。

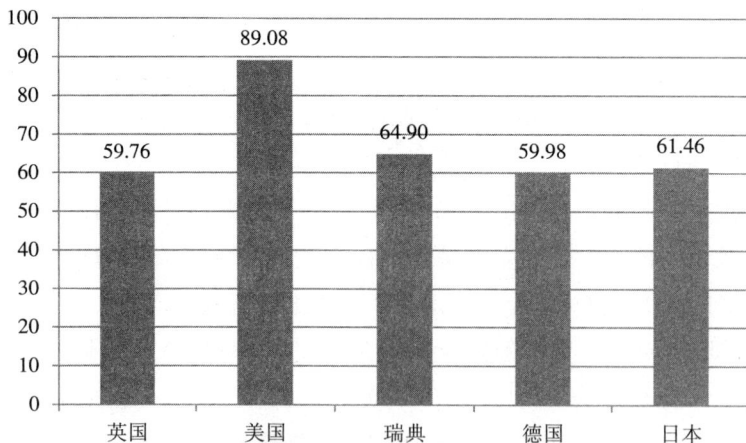

图 4‑9   2013 年主要发达国家高等教育入学率（%）

数据来源：World Development Indicators 2015 by World Bank Publications。

注：日本为 2012 年数据。

从就业民生产出来看，模拟劳工组织估计 15 岁（含）以上就业人口占同年龄总人口的百分比（*EMPL*），2014 年，五个主要发达国家的就业率均低于 59.7% 的世界平均水平（图 4 - 10）。发达国家低就业率的客观原因可能在于科技进步导致的机器排挤工人、跨国公司全球配置廉价劳动力资源、产业结构升级带来的结构性失业等原因。而在主观上，发达国家的良好的社会保障体系和相对完善的社会失业保险救济制度，也造成适龄青年就业意愿低的结果。

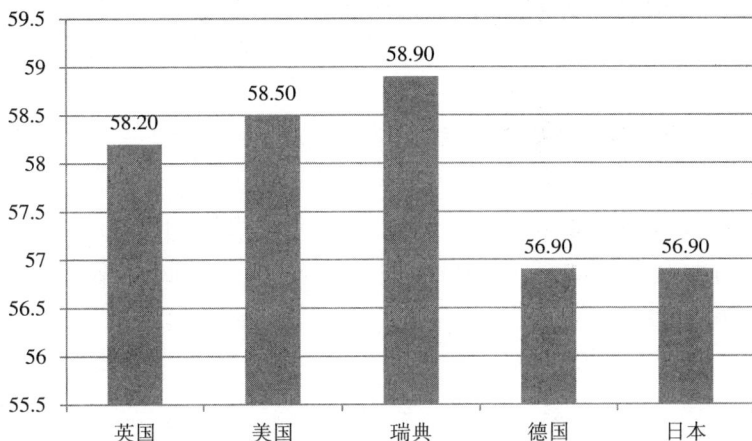

图 4 - 10　2014 年主要发达国家就业率（%）

数据来源：World Development Indicators 2015 by World Bank Publications。

从医疗卫生服务民生产出来看，出生时的预期寿命（*LIFE*）预期寿命是度量人口健康状况的最重要指标，也是衡量一个国家医疗卫生服务水平的综合指标。发达国家预期寿命高于世界平均水平约 10岁左右。其中，日本是五国中预期寿命最长的国家，为 83.33 岁，这在一定程度上和日本高水平的公共医疗卫生投入相关。其后依次为瑞典 81.70 岁、德国 81.04 岁、英国 80.96 岁、美国 78.84 岁（见图 4 - 11）。

从居民居住条件民生产出来看，城市人口占总人口比例（*URBA*）使农业人口进入城镇住房体系，享受更便利的城市基础设施，可以在一定程度反映居住条件改善状况。主要发达国家的城市化普遍都具有较高的水平，但不同国家的城市化率的绝对水平之间仍有

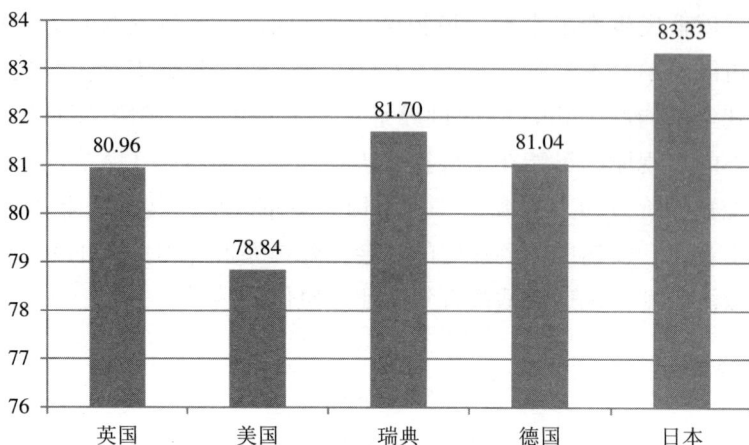

图 4 - 11　2013 年主要发达国家预期寿命（岁）

数据来源：World Development Indicators 2015 by World Bank Publications。

显著不同。其中，日本超过了 90%，2014 年达到 93.02%；瑞典、英国、美国超过了 80%；德国相对较低，2014 年城镇化率为 75.09%（见图 4 - 12）。

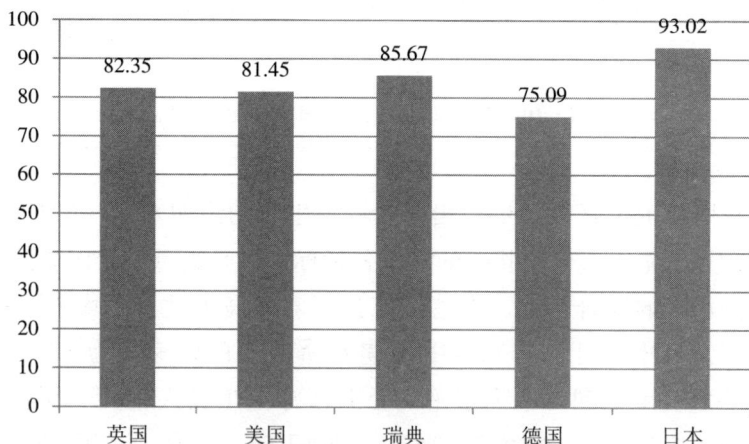

图 4 - 12　2014 年主要发达国家城市化率（%）

数据来源：World Development Indicators 2015 by World Bank Publications。

从环境民生产出来看，近年来发展低碳经济、节能减排成为各国推动环境保护的重要途径。发达国家单位 GDP 的二氧化碳排放量（CO_2）近年来一直呈现出明显的下降趋势（见图 4 - 13）。欧盟各国

民生建设国际比较研究

积极发展低碳技术以实现控制碳排放的承诺，2011 年，单位 GDP 碳排放量达到 0.2 KG 左右的世界先进水平。特别是瑞典，2011 年，单位 GDP 碳排放量仅为 0.13 KG。日本单位 GDP 二氧化碳排放量为 0.27 KG，美国碳排放强度为 0.34 KG。

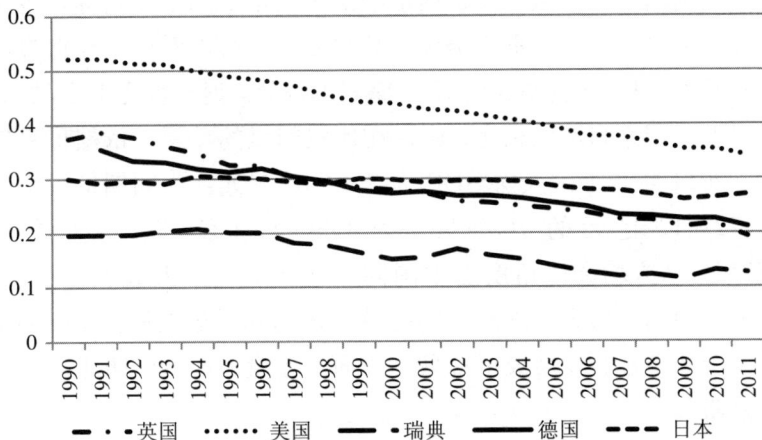

图 4-13　1990—2011 年主要发达单位 GDP 二氧化碳排放量（KG）
数据来源：World Development Indicators 2015 by World Bank Publications。

第三节　中国民生建设效率国际比较分析

让人民共享全面小康成果，让全体人民有更多获得感。十一届三中全会以来，中国经济快速发展为民生建设提供了坚实的物质保障。民生建设持续推进；民生制度日益完善；民生效率不断提升。全体人民在"学有所教、劳有所得、病有所医、老有所养、住有所居"等方面都得到了较大程度的改善，人民群众的幸福指数不断提升。中国在改善民生方面取得辉煌成就的同时，也存在着民生建设效率依然不高的问题。为明确我国提升民生效率面临的不足和差距，需要放眼世界，广泛地同世界上的发达国家进行对比。

本节以经合组织成员为参照系，利用表 4-1 建立的民生建设效率国际比较评价指标，从民生建设投入效率和产出效率两个方面分别进行横向、纵向比较分析。除特殊说明之外，本节所用统计数据来自世界银行汇编的《2015 世界发展指标》。

一、中国民生建设投入效率的国际比较

（一）经济发展水平的国际比较

人均国内生产总值不仅是衡量经济发展水平的重要指标，也是衡量居民生活水平的一个重要指标。从图 4-14 可以看出，在世界范围内，中国经济发展虽然取得了令人瞩目的成就，但与世界上平均水平，特别是发达国家和地区相比，还存在比较明显的差距。依据世界银行数据，2014 年，中国人均 GDP 为 7590.02 美元，为同期世界平均水平 10721.42 亿元的 70.79%，为 OECD 国家 38388.24 美元的 19.77%。从人均产值角度看中国同发达国家的巨大收入差距说明，一方面，中国要努力实现经济的持续、快速和平稳发展，积极创造更多的全民共享社会发展成果；另一方面又要量力而行，防止掉入"高福利陷阱"。

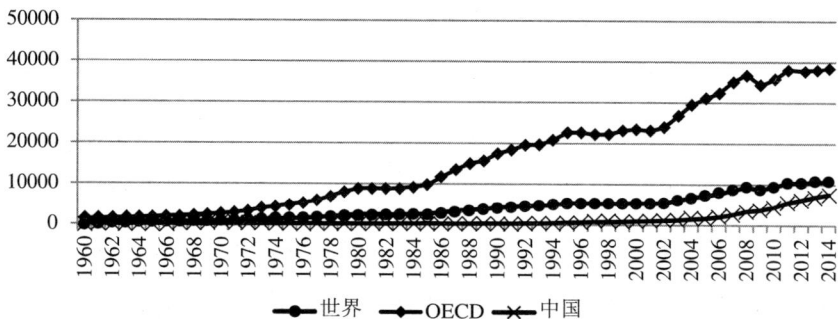

图 4-14 1960～2014 年人均 GDP 国际比较（现价美元）

数据来源：World Development Indicators 2015 by World Bank Publications。

从纵向历史数据来看，中国人均 GDP 同世界的差距正在逐渐减少。1978 年，OECD 国家和世界人均 GDP 分别为中国的 45.44 倍和 12.82 倍；2000 年，OECD 国家和世界人均 GDP 与中国的差距缩小为 24.59 倍和 5.70 倍；2014 年，OECD 国家和世界人均 GDP 与中国的差距缩小为 5.06 倍和 1.41 倍。如果按 6.5% 的经济增速，预计到 2020 年，中国人均 GDP 可以达到 1.28 万美元，接近中等收入国家的门槛。上述变化表明，中国经济的持续加速发展推动社会经济发展迈

民生建设国际比较研究

上了新台阶，这无疑为中国改善民生提供了坚实基础和根本动力。

（二）民生财政投入的国际比较

在当今国民普遍关心的重大民生问题中，"社保是民生之盾"、"教育是民生之基"、"健康是民生之需"。这些问题能否得到妥善的解决，很大程度上取决于政府财政对他们的投入和支持力度。

在公共社会保障支出方面，数据来自国际劳工组织的社会保障支出数据库。因为国际劳工组织数据编制的阶段性，故此数据为非连续数据，具体见表4-4。总体来看，中国的公共社会保障支出投入较少。在2008年，中国公共社会保障支出占GDP的比重仅为5.71%，远远落后于同期的发达国家水平。在多数发达国家中，社会保障支出GDP占比约20%。在2005年和2010年，瑞典这一比重达到了27.30%和28.30%。

表4-4　1990—2011年公共社会保障支出的国际比较（占GDP的百分比）

	1990	1995	2000	2005	2008	2010	2011
中国	5.2	3.19022	4.6998	—	5.71	—	—
德国	21.734	26.616	26.6	25.161	25.2	—	25.894
日本	11.114	14.07	16.283	18.7	19.9	—	23.561
瑞典	30.238	32.033	—	27.304	—	28.304	—
英国	16.75	19.907	18.56	20.541	—	—	23.555
美国	13.553	15.473	14.542	16.196	—	—	19.558

数据来源：ILO，Social Security Expenditure Database

教育经费是教育发展的基本保证条件之一，公共教育经费占GDP比例的大小反映了一国政府为教育发展做出的贡献。OECD国家的数据来自OECD《2014教育概览》，用国际上通行的公共教育经费占GDP的比例作为衡量政府教育的指标。中国的数据来自全国教育经费执行情况统计公告，用国家财政性教育经费支出占GDP的比例作为衡量政府教育的指标。需要说明的是，由于统计指标数据来源不同，而且国内外经济、财政和统计体系也不同，直接进行国际比较有一定程度的局限性。但两个指标仍能在一定程度上反映出国内外公共教育支出的基本情况。OECD国家认为，教育支出是一种投资，可促进经济增长，提高生产率，促进人和社会的发展，减少社会不平等。近年来，OECD 成员国公共教育支出占 GDP 的比例呈逐渐提高趋势，平均水平已由 2000 年的 4.41％提高到 2011 年的 5.75％。与发达国家相比，中国属于低教育支出比例国家（见表 4 - 5）。直到 2012 年中国国家财政性教育经费支出占 GDP 的比重才突破 4％的世界教育水平基础线，占 GDP 比例为 4.28％。但之后又出现一定波动，2013 年国家财政性教育经费占 GDP 比例降为 4.16％，2014 年比 2013 年又降低了0.01 个百分点。总体来看，自 2012 年以来，国家财政性教育经费已连续三年占 GDP 比例超过 4％。

表 4 - 5　公共教育支出的国际比较（占 GDP 的百分比％）

	2000	2005	2008	2010	2011
OECD	4.41	5.19	5.12	5.95	5.75
中国	**3.19**	**2.81**	**3.48**	**3.66**	**3.93**

数据来源：OECD, Education at a Glance 2014 OECD indicators；全国教育经费执行情况统计公告。

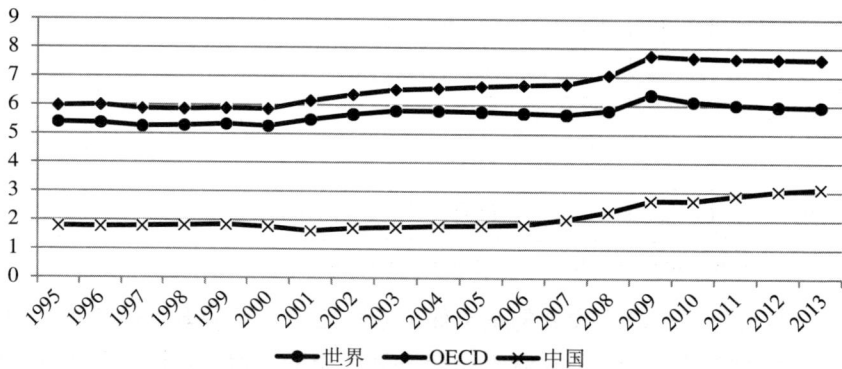

图 4 - 15　1995～2013 年公共医疗卫生支出的国际比较（占 GDP 百分比，％）
数据来源：World Development Indicators 2015 by World Bank Publications。

在医疗卫生投入方面，中国的投入力度明显落后于同期的发达国家水平，也低于世界平均水平。与其他国家相比，我国公共医疗卫生支出占 GDP 的比重在 2013 年仅为 3.11％，不仅低于 OECD 国家 7.60％的比重，而且低于 5.95％的世界平均水平（见图 4 - 15）。公共卫生支出占 GDP 的百分比远低于其他国家，导致卫生总费用中中国政府负担比例仅为 39.4%，远远低于世界 61.8% 的平均水平。纵向来看，自 1995 年以来二十年的时间里，中国政府卫生支出占 GDP 比例从 1.79% 逐步提高到 3.11%，增加了 1.32 个百分点，增幅超过同期世界平均 0.45 个百分点的水平，但低于 OECD 国家 1.63 个百分点的增幅。

二、中国民生建设产出效率的国际比较

(一) 教育

由于高等教育大众化已成为世界趋势，在进行横向国际比较时，我们采用高等教育入学率作为衡量各国教育水平的参考性指标。到 2013 年为止，我国的高等教育入学率为 29.70%，大约相当于 2010 年的世界平均水平，2013 年世界高等教育入学率已经达到为 32.88%。也就是说，我国的高等教育入学率比世界的平均水平大约晚了三年。而与 OECD 等发达国家相比，我国高等教育入学率更是低了很多。2013 年，OECD 成员国平均的高等教育入学率已经达到 70.20%。这说明，我国高等教育入学率不仅实际水平较低，而且与我国经济发展水平相对应的国际平均水平相比，也还有一定差距。

1999 年高校扩招以来，随着国家对高等教育投入的增加，我国高等教育入学率不断提高。国际上通常认为，高等教育入学率在 15% 以下时属于精英教育阶段，15%～50% 为高等教育大众化阶段，50% 以上为高等教育普及化阶段。2004 年我国高等教育入学率越过了 15%，达到 17.01%，标志着我国高等教育事业已经迈入大众化发展阶段 (见图 4 - 16)。

第四章 国际民生建设效率比较研究

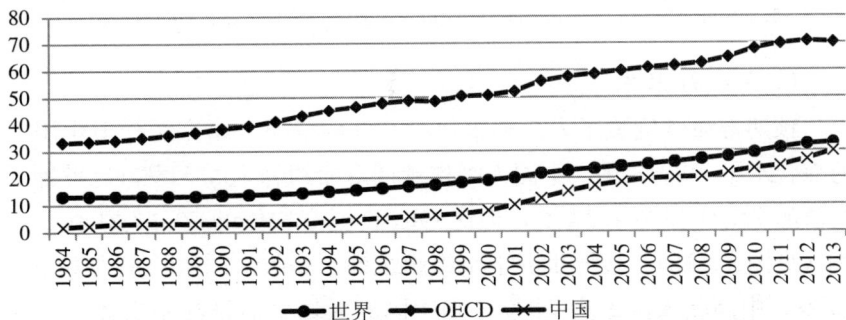

图 4 - 16 1984～2013 年高等教育入学率的国际比较 (%)

数据来源：World Development Indicators 2015 by World Bank Publications。

（二）就业

就业率指标可以判断一定时期内全社会劳动力资源的利用程度，也可以评价该地区经济发展的整体水平。模拟劳工组织估计 15 岁（含）以上就业人口占同年龄总人口的百分比可以发现，2012 年至 2014 年，我国就业率稳定在 68%；而同期世界就业率在 59%、OECD 成员国就业率在 55% 左右（见图 4－17）。与世界和发达国家相比，中国的就业率较高。虽然各国家和地区在就业率的统计范围和统计方法上存在一定的差别，但通过对比和分析，我们大体上可以判断近年来中国整体的就业状况较世界还是比较乐观的。这些数据也从侧面反映了我国在实施有利于增加就业的宏观经济政策，努力挖掘新的就业增长点，实施促进服务业发展的产业政策，完善中小微企业发展的扶持政策，积极发展战略性新兴产业和高技术产业等方面出台的政策和所做的工作是行之有效的，这些措施不仅促进了就业增长，提高了就业质量，而且有利于社会的和谐稳定和经济的平稳发展。

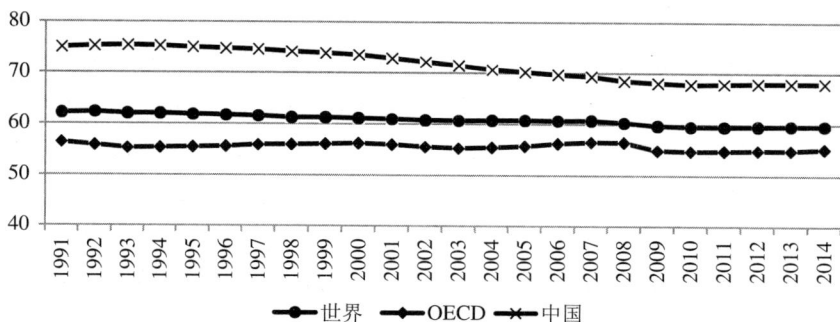

图 4－17　1991～2014 年就业率的国际比较（%）

数据来源：World Development Indicators 2015 by World Bank Publications。

（三）医疗卫生

预期寿命既度量了人口健康状况，也衡量一个国家医疗卫生服务的综合水平。2013 年，中国人平均预期寿命约为 75.35 岁，比世界平均值的 71.21 岁高 4.14 岁，但比 OECD 国家均值的 79.92 岁小 4.57 岁（见图 4－18）。按照世界卫生组织统计，高收入国家的平均寿命为 80 岁，中高收入国家为 74 岁，则中国的人均寿命排在中高收入国家之上，高于同等发展水平国家。

从中国 50 余年人口预期寿命变化来看，中国人口预期寿命从 1960 年时的 43.47 岁，提高到 1990 年的 69.47 岁，进而到 2013 年的 75.35 岁。我国人口的预期寿命有了比较大幅度的增长，这是外生损失寿命减少和内生预期寿命贡献等综合作用的结果[①]，而中国医疗卫生条件的改善起着尤为重要的作用。

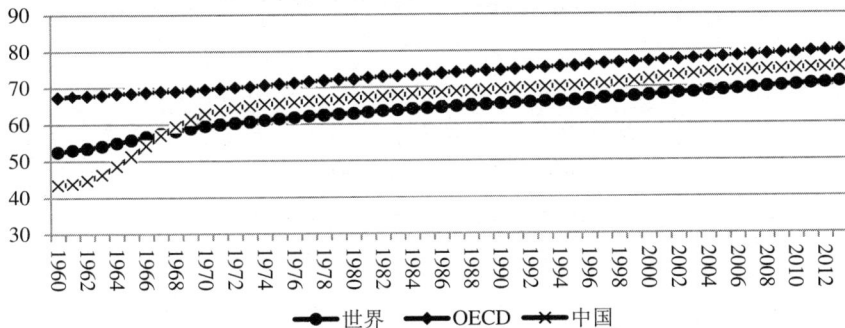

图 4-18 1960～2013 年预期寿命的国际比较（岁）
数据来源：World Development Indicators 2015 by World Bank Publications。

（四）居住条件

城市化的外在表现是城市规模的扩张，但其本质是人口的市民化，也就是人的城市化。让更多人享受城市文明，享受便利、快捷的城市生活，在一定程度上反映居住条件的改善。1978 年，中国的城镇人口比重为 17.9%，而同期世界平均比重为 38.48%，ODCE 国家为 69.96%，中国的城市化水平明显偏低。1978 年 3 月，第三次全国城市工作会议树立了中国城市化发展的里程碑。在 1992 年，中国城镇人口比重为 28.2%，而到 2001 年，中国城镇人口比重已经达到 37.09%，中国人口城市化进程得到了进一步推进和深化。2011 年，中国城镇人口占总人口比重达到 50.57%，首次超过 50%，实现历史性突破，中国开始进入到以城市型社会为主体的城市时代。2013 年，中国城市化率超过世界平均水平。50% 的拐点之后，城镇化速度开始由加速增长时期进入减速增长阶段。2014 年城镇化率为 54.41%，比

---

① 李婷. 内生与外生死亡分解下的中国成年人口的预期寿命——基于生命力模型的应用 [J]. 人口研究，2015，05：27-36.

世界平均水平高 1.02 个百分点，比 OECD 国家的平均水平低 25.63
个百分点（见图 4 - 19）。

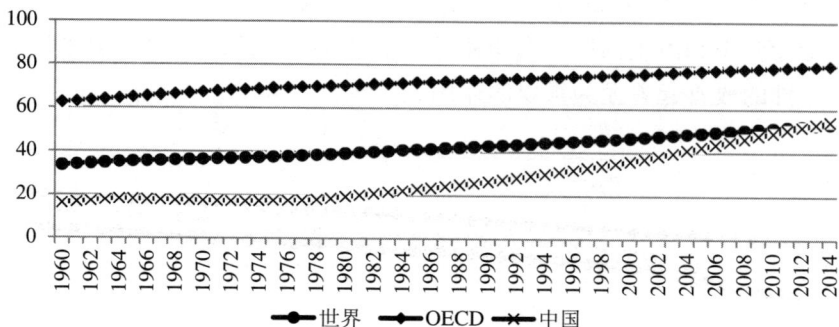

图 4 - 19　1960~2014 年城市化率的国际比较（岁）
数据来源：World Development Indicators 2015 by World Bank Publications。

（五）环境

环境污染是民生之患、民心之痛。碳排放强度即单位 GDP 的二
氧化碳排放量，是环境民生领域的最重要约束性指标之一。积极应对
气候环境变化，降低碳排放强度成为国际社会的共识。从图 4 - 20 可
见，我国单位 GDP 碳排放强度显著下降，2011 年单位 GDP 二氧化碳
排量为 0.65 KG，2005 年下降了 16.54%，表明我国为应对气候变化
采取的一系列低碳减排措施取得了显著成效。世界和发达国家碳排放
强度近年来也呈现出下降趋势。2011 年，世界平均单位 GDP 二氧化
碳排量为 0.37 KG，OECD 国家平均为 0.27 KG。中国碳排放强度高
于世界平均水平，这主要是因为中国目前仍处于工业化、城镇化和农
业现代化进程中，能源需求和碳排放还将在一段时间内继续保持合理
增长。

三、发达国家经验对提升中国民生建设效率的启示

（一）正确处理民生资源配置中效率和公平的关系

价值理念决定了一国社会福利制度的选择。过分强调个人责任、
市场作用的"效率优先"的价值理念与过分强调国家责任、政府作用
的"公平优先"的价值理念会导致社会福利模式选择的极端化。20 世
纪 90 年代以后，西方国家民生制度改革过程中逐渐形成了一种理性

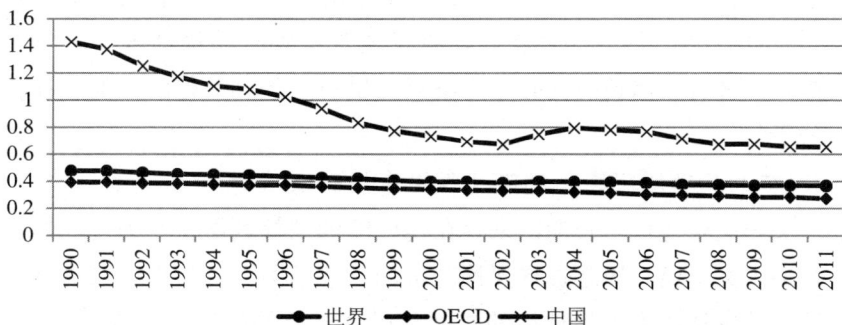

图 4 - 20　1990～2011 年碳排放强度的国际比较（KG）

数据来源：World Development Indicators 2015 by World Bank Publications。

的价值理念，即强调国家、社会和个人责任分担，注重公平与效率兼顾，把促进社会公平与经济效率作为社会发展的两大基本目标。即民生国家追求的不是在"公平优先"或"效率优先"之间进行非此即彼的选择，而是追求效率与公平之间的中间道路——"有效率的公平"。

在我国目前民生建设过程中，民生投入原本就已经严重不足，但仍有一些地方政府在民生资源的分配和安排过程中不讲效率，使低效率、低水平的民生投入带来了严重的资源浪费，民生资源被由政府主导的配置机制扭曲，导致民生效率与公平相背离的矛盾。在资源短缺的情况下，民生投入效率不高，不仅进一步加剧资源紧张，更易造成民生领域的过度分配不合理，最终使社会成员无法在公平的环境下享受平等的民生资源。如在教育领域，因为投入不讲效率、不讲资源配置的合理性，教育公平问题极为突出，在高质量教育资源向少数人倾斜和被少数人利用的同时，农村留守儿童、流动人口子女的上学难问题仍然没有完全解决。又如，为解决住房难的问题，政府建设公租房和廉租房，对社会财富进行二次分配，但因为住房在配租过程中不公开、不透明、不合理，一方面出现一部分人借公租房转租在"灰色地带"倚房食利，另一方面让一部分中低收入家庭难以实现"居者有其屋"，侵害了中低收入者的利益。

在我国民生建设过程中必须统筹把握公平与效率的价值理念，将公平作为完善民生制度的基石，将效率作为促进民生建设发展的手段，兼顾公平与效率，实现两者之间的良性循环。通过民生建设提高全社会的劳动生产率，"民生在勤，勤则不匮"（左传·宣公十二年），对"有效率的公平"的追求可以使我国避免陷入"福利国家陷阱"，在提高经济有效增长的同时，为民众提供更多的利益保障，促进社会的公平与效率。

（二）正确处理民生建设过程中市场和政府的关系

关于民生建设，长期以来存在走以欧洲"福利国家"为代表的民主社会主义道路，还是选择保持"市场竞争活力"的自由主义道路的争论。从发达国家民生理论的发展和民生改革的趋势可以看到，"第三条道路"试图超越传统的自由和保守的对立，在两个传统模式之外寻找解决现实问题的折中办法。即在不否定社会福利和社会保障制度的前提下，对原有的政策和措施进行改革，提高福利制度的效率，减轻政府负担；在强调发挥市场作用的同时，主张充分利用政府的力量推动经济的繁荣；同时，改革政府，提高政府的效能和活力[1]，使得政府和市场形成合力，政府主导和市场竞争两者相互促进，成为各国民生建设的共同选择。

面对当代世界范围内的资本逻辑的秩序，走市场经济的道路，融入世界经济发展的总格局当中，是解决当代中国一切社会问题的基本出发点，民生问题的解决自然也不例外。[2] 欧洲"福利国家"已开始更多地强调以市场为导向，引入竞争机制和激励机制的作用。从根本上说，物质财富的不断丰富是解决民生问题的前提和基础，而解放和发展生产力则需要充分发挥市场在资源配置中的决定性作用。在民生建设领域，充分认识市场在公共资源配置中的决定性作用。一方面，发挥市场竞争机制的作用，通过特许经营、委托管理、政府采购等方式来实现公共服务产品的供给，在公共服务领域引入基于市场的理念和运营方式。另一方面，发挥市场激励机制的作用，调动每个个体作为社会人的积极性和独立性，在市场经济生活中使个人在成为真正独立的社会的"主体"，实现公共服务的多元化供给，减少政府部门工作人员的权力寻租空间。在民生建设中，不能仅仅将市场这只"无形

---

① 徐大同. 现代西方政治思潮 [M]. 北京：人民出版社，2003.

② 韩喜平. 更好发挥市场与政府在解决民生问题中的作用 [J]. 新长征，2014（4）：9.

的手"当作工具,更应该将市场看作环境。从这个角度处理政府与市场在民生建设中的关系,关键是在市场环境中发挥政府的主导作用。

在市场环境中形成以政府为主导、其他非政府部门共同合作的模式,明确政府、企业、相关社会组织以及个人在民生和社会保障方面权、责、利的分配。其中,政府的主导作用主要体现在两方面,一是社会保护功能,对市场竞争弱势群体进行托底,实现基本公共服务均等化,保障基本生存需要,为民众提供完整、健全的公共基础设施建设,从法律上保障民生体系的有力实施,保证宏观经济社会的和谐稳定;二是经济效率促进功能,即通过人力资源的开发,着力提高民众的教育水平,使公民在市场中获得更多的机会,增强自我发展的意识,促进人民大众参与市场竞争的能力,减少对民生制度的依赖。另外,政府与公办企业、社会组织、私营部门以及民众之间相互合作,让市场上的这些企业和部门都能有效地发挥作用,使公民得到更好的生存和发展机会。

在市场环境中发挥政府的主导作用,是目前我国解决民生问题的立足点。例如解决住房难问题,需要政府提供保障性住房,但保障房建设应采取市场化运作,如建立投融资公司作为统筹经适房、公租房融资、建设和运营管理的平台。

第五章

民生建设的区域比较——以江苏省为例

民生需求在不同的区域、不同发展阶段表现各异，由此对民生建设提出了不同的要求。江苏是我国的经济发展领先省份，强调"为全国发展探路是中央对江苏的一贯要求"。故此，本章以江苏省为研究对象，构建民生建设效率指数，与我国北京、上海、浙江、广东、山东等发达地区民生建设进行横向比较，并在此基础上进一步对江苏省十三个地级市民生发展现状进行考察和对比分析，着力探索与理解中国民生问题区域发展的基本规律，深入研究民生区域差异的深层次理论与实践问题。

第一节　江苏民生建设迈上新台阶研究

2014 年 12 月，习近平总书记在江苏考察指导工作时发表重要讲话，对江苏民生保障提出了明确要求，在推动民生迈上新台阶方面提出了"七个更"的目标，就是要努力让人民群众有更好的教育、更稳定的工作、更满意的收入、更可靠的社会保障、更高水平的医疗卫生服务、更舒适的居住条件、更优美的环境。习总书记对江苏民生工作提出的总要求，也为江苏未来发展勾画出了"经济强、百姓富、环境美、社会文明程度高的新江苏"的美好蓝图。作为率先发展的经济大省，江苏坚持把"富民"与"强省"结合起来，推动全省民生建设迈上新台阶。

一、江苏教育发展迈上新台阶

"十二五"以来，江苏教育坚持以教育现代化为统领，以立德树人为根本，以深化改革为动力，以提高质量为核心，以促进公平为重点，认真做好改革发展稳定各项工作，教育工作有突破、有亮点，合国情、顺民意,综合改革的力度、工作推进的深度、发展成果的效度都是前所未有的,人民群众对教育的满意度进一步提升。

（一）教学综合试点改革实现新突破

近年来,江苏教育认真贯彻落实《关于深化教育领域综合改革的实施意见》,将教学综合试点改革作为教育工作的重点,取得了新的突破。截至 2014 年 6 月底,我省共有普通高校 134 所,其中本科高校 51 所,完成公办高校学费结构性调整工作。强化省属高校国有资产管理,对 12 所高校下放管理权限,扩大高校办学自主权。全省高等教育国际合作交流推进会召开,获教育部新批 20 个高校中外合作办学项目,昆山杜克大学开展首届招生,印发了《关于进一步加强对中小学生境外休学旅行活动管理的通知》,规范中小学生境外休学旅行管理。建立了教育现代化建设监测评估制度,对省、市、县三级推进教育现代化建设情况实施动态监测评估。加强对教育现代化示范区建设调研指导力度,推动苏北区域教育基本现代化创建攻坚。

（二）各级各类教育协调发展

义务教育资源均衡发展。农村义务教育学校生均公用经费基准定额提高至每生每年小学 700 元、初中 1000 元。24 个县（市、区）通过义务教育发展基本均衡国家督导认定,全省累计有 89 个县（市、区）通过国家认定,总数居全国第一。出台了《关于全面改善义务教育薄弱学校办学条件,加快实施义务教育学校现代化建设工程的意见》,继续实施小学特色文化建设工程、薄弱初中质量提升工程和特殊教育发展工程。

高中教育质量不断提升。全省高中阶段教育毛入学率逐年提高,2014 年达 99.0%,远高于全国平均水平 10 个百分点。深入推进高中课程基地建设,提升普通高中教育教学质量。完善中小学校舍安全保障长效机制,继续深入推进中小学校舍安全工程,开展停用 D 级校舍清查,全省加固改造、新建重建中小学校舍超过 200 万平方米。

职业教育发展成效显著。2014 年全省有 119 所中职校、50 所高职院校和 34 所应用型本科通过"3+4"、"3+3"等模式开展 422 个现代职教体系试点项目,计划招收学生 2.2 万人。启动中高等职业教育衔接课程体系建设,首批 43 个项目立项建设。完善普通高校对口单招考试办法，扩大招生规模，提高本科招生比例，对口单招计划安排 26800 人、其中本科计划 6000 人。参加全国职业院校技能大赛，中职组获 87 金、34 银、11 铜，获奖率达 100%，一等奖获奖率达 66%；高职组获 45 金、47 银、26 铜，继续获得双第一、实现六连冠。

高等教育改革取得新进展。高等教育毛入学率一直全国名列前茅，2014 年高等教育毛入学率 51.0%，同比增长 2.4 个百分点。全省开放大学办学系统基本形成，率先在全国开展老年本科继续教育，积极推进终身教育学分银行建设，着力构建社区教育体系。推动应用型本科院校深化改革、合理定位、转型发展。推荐 14 门课程为教育部 2014 年精品视频公开课，立项建设 280 部省重点教材。支持大学生创新创业训练计划。认真做好国家骨干高职院校建设项目和省级高职示范校验收工作，全省高校新增 118 个本科专业点。

（三）教师队伍整体素质继续提升

强化教师培养培训。继续招收男幼师生 600 人实行免费培养。下达省级培训计划 12 万人次，目前已培训 6 万多人次。选拔高校"青蓝工程"培养对象 800 人、科技创新团队 40 个，发布第五批江苏特聘教授招聘公告，继续实施江苏省高校优秀中青年教师和校长境外研修计划、江苏人民教育家培养工程。

推进高校教师评聘制度改革，完成高校教师高级职务任职资格省学科组评审工作。提升高校辅导员队伍建设水平。评出 10 名"2013 江苏高校辅导员年度人物"，1 名辅导员被评为"2013 全国高校辅导员年度人物"，组织第三届江苏高校辅导员职业技能竞赛。

江苏不断优化中小学教师资源配置，建立动态的人事管理制度，激活用人机制。推进教师队伍建设改革示范项目建设，推进中小学教师资格考试和定期注册制度改革，新认定中小学教师资格 3.8 万人。

（四）教育保障达到新水平

"十二五"以来，江苏财政倾力支持建设教育强省，财政教育经费支出一直是江苏公共财政的第一大支出，2014 年江苏财政教育经费支出 1507 亿元，增长 5%，占全省公共财政预算支出 17.8%。

认真做好毕业生就业工作。实施"西部计划"、"苏北计划"等国家和省基层就业项目；成立全省青年企业家大学生创业导师团，遴选第三批 15 个江苏省大学生创业示范基地，实施新一轮大学生创业引领计划；截至 2014 年 6 月 30 日，全省高校毕业生初次就业率达 54.5%。

平安高考扎实推进，全省共有 42.6 万名考生参加考试，考试组织工作平稳有序。深入实施素质教育。坚持德育为先，深入开展"中国梦"系列主题教育活动，启动"美德江苏校园行"，评选 10 名"2013 江苏省大学生年度人物"，表彰各级各类学校省级"三好学生"、优秀学生干部和先进班集体。

完善各级各类教育资助制度。对义务教育阶段城乡低保家庭特殊困难学生，生活费补助标准提高到小学 1500 元/年、初中 2000 元/年；从今年秋季起，对入学的残疾大学生实行免收学费政策。

（五）教育内涵发展迈上新台阶

大力推进高校协同创新。第二批立项建设 30 个"江苏高校协同创新中心"、培育建设 16 个"江苏高校协同创新中心"，首批立项建设 5 个高职院校"工程技术中心"。新建省高校重点实验室 50 个。新增 4 个全国高校学生科技创业实习基地，增量和总量均居全国第一。组织开展了高校哲学社会科学重大重点和一般项目评审及第九届高校哲学社会科学优秀成果奖评审。在国家社科基金项目评选中，全省高校共获立项 257 项（排第二）；在教育部人文社会科学研究项目评选中，全省高校共获立项一般项目 281 项（居第一）。

二、江苏就业工作迈上新台阶

"十二五"以来，江苏就业工作认真贯彻中央和省委省政府决策部署，坚持稳中求进工作总基调，围绕民生为本、人才优先工作主线，注重统筹兼顾、整体推进，不断改革创新，锐意进取，各项工作取得了新的进展。但也面临着就业总量压力较大和结构性矛盾并存，高校毕业生就业压力增大与农村劳动力转移就业难度加大并存，劳动关系运行波动加大和构建和谐劳动关系难度加大并等问题，是推动江苏就业工作迈上新台阶的一大挑战。

（一）全力促进就业创业

1. 就业工作取得积极进展

江苏坚持把稳增长、保就业作为宏观调控的重要目标，深入实施就业优先战略和更加积极的就业政策，就业工作取得积极进展，就业局势保持总体稳定。2014年城镇新增就业138.34万人，比上年增加1.43万人，连续十年超百万。城镇登记失业率控制在3.01%，同比下降0.02个百分点。新增转移农村劳动力25.72万人，累计转移1857.2万人，转移率超过70%。高校毕业生年末总体就业率达96.9%，同比提高0.2个百分点，帮扶就业困难人员就业14.07万人，城镇零就业家庭和农村零转移家庭持续保持动态为零。

2. 大力促进高校毕业生就业创业

努力做好高校毕业生就业创业工作和实施大学生创业引领计划"两个通知"，大力实施就业促进和创业引领"两大计划"，突出抓好毕业前和离校后"两个环节"，组织开展高校毕业生就业创业政策宣传月和就业促进月等系列活动，专门召开全省创业带动就业暨实施大学生创业引领计划现场推进会，组织2.43万名高校毕业生参加就业见习。扎实做好离校未就业高校毕业生实名制登记管理，教育部门移交的9.46万名离校未就业高校毕业生，实名调查登记率达100%，接受职业指导、技能培训等服务的达10.51万人次。

3. 积极提升劳动者就业创业能力

开展就业技能培训、岗位技能提升培训和创业培训，2014年共组织152.68万人参加企业职工岗位技能提升培训，69.77万人参加城乡劳动者就业技能培训，31.09万人参加创业培训，培训后10.5万人成功创业，并带动40.47万人就业；扶持农村劳动力自主创业5.26万人，安排农村劳动力职业技能鉴定获证奖补资金1.54亿元，共有14.7万农村劳动力享受获证奖补政策；培训人力资源服务业从业人员2.22万人。

4. 进一步提升公共就业服务水平

出台进一步创新机制推动创业促进就业指导意见，进一步激发了就业创业活力。深入推进省级创业型城市（县）建设，2014年末达标率近80%。创新打造创业服务综合平台，全省累计建立县级以上创业基地 2411 个，创建省级示范基地 80 个、国家级示范基地 2 个，建立大学生创业园 181 个，其中省级大学生创业示范园 26 个，进一步营造了浓厚的创业氛围。

（二）"两高"人才队伍建设扎实推进

江苏"十二五"以来始终坚持服务发展、以用为本、创新机制、高端引领、整体开发的指导方针，加快落实人才优先的战略布局，切实抓好人才引进、培养、使用各个环节，不断开发满足经济社会发展需要的各类人才。人才队伍建设力度不断加大，高层次和高技能人才队伍进一步壮大，引进国外人才和智力工作深入推进。

1. 推进实施重点人才工程

组织"江苏服务业专业人才特别贡献奖"和留学回国先进个人评选。大力度推进人力资源服务业发展，中国苏州人力资源服务产业园正式开园，新建省级产业园 3 家。

2. 加大高层次人才培养引进力度

新增专业技术人才 44.19 万人，新增留学回国人员 7690 人，新引进长期外国专家 2627 人，专业技术人员知识更新工程培训人数 146.1 万人。累计 18 人入选国家"外专千人计划"、居全国第三。新建省级留学人员创业园 3 家，新增国家级博士后流动站 35 家，新设省级博士后创新实践基地 70 个。

3. 技能人才队伍建设不断加强

提请省政府办公厅下发《关于加强技能人才队伍建设促进产业转型升级的意见》，成功举办第二届江苏技能状元大赛，同步举办高技能人才成果展，推动层层级级更加重视对技能人才培养，有 10 名高技能领军人才纳入省"双创计划"，选派 104 名优秀高技能人才到国外知名企业、知名职业培训机构培训研修，2014 年新增高技能人才数比上年增加 1 万人，在第六届全国数控技能大赛上，江苏省 8 人夺得金牌、10 人夺得银牌、4 人夺得铜牌，并获团体总分第二名。全年高技能人才 30.56 万人，同比增长 3.3%。

（三）和谐劳动关系逐步构建

江苏"十二五"以来牢固树立以人为本理念，坚持促进企业发展和维护职工权益相统一，不断加强和创新社会管理，加快健全体制机制，着力构建和谐劳动关系，切实维护社会和谐稳定。

1. 进一步规范劳务派遣管理

深入贯彻《劳务派遣暂行规定》，制定劳务派遣劳动合同（参考文本），组织开展劳务派遣单位和用工单位劳务派遣用工情况摸底调查。

2. 切实维护劳动者合法权益

2014年规模以上企业劳动合同签订率和已建工会集体合同签订率稳定在98％和94％以上，劳动人事争议仲裁结案率达97％。创新建设全省统一的劳动人事争议调解服务平台，为劳动者和用人单位实时提供咨询调解和用工指导服务。自平台运行以来，调解服务专席共接受调解申请827件，办结案件719件，其中调解成功447件，当事人对调解服务的满意率达100％。继续加大劳动监察执法力度，全年主动监察用人单位12.38万户，接受群众投诉举报3.1万件，办结劳动保障违法案件2.15万件，追发劳动者工资等待遇8.94亿元。

3. 不断加强农民工工作

贯彻落实《国务院关于做好农民工服务工作的意见》，着力推进示范农民工综合服务中心建设，所有市、县（区）和农民工相对集中的609个街道（乡镇）全部建立农民工综合服务中心。

（四）基础建设再上新台阶

在基层人社平台实现全覆盖的基础上，注重加强专兼职工作人员培训，2014年末全省394个街道、925个乡镇、4779个社区、16214个行政村建立人力资源社会保障公共服务基层平台，配备专兼职工作人员3.5万人，其中专职人员3.2万人，专职人员持证上岗率达80.6％；持续深入推进城乡居保参保农民的参保登记、个人缴费、待遇领取、权益查询"四个不出村"便民服务，新覆盖1800个建制村，基本实现全覆盖；全年新建30家服务功能齐全、社会影响良好的示范农民工综合服务中心。2014年末全省人力资源服务机构3099家，其中公共人力资源服务机构262家，社会经营性人力资源服务机构2837家，全年共为117.55万家用人单位提供各类人力资源服务。

三、江苏居民收入迈上新台阶

江苏"十二五"期间，省委、省政府全力实施"民生幸福工程"和"居民收入倍增计划"，努力实现居民收入增长和经济发展同步、劳动报酬增长和劳动生产率提高同步。但是随着经济发展的稳步推进，江苏居民收入的行业间、地区间、省份间的差距在不断扩大，为此研究如何推动居民收入协调发展，缩小各种差距就成了摆在面前的现实问题。

（一）居民人均可支配收入稳步增长

"十二五"期间，江苏居民收入呈现稳步增长态势。2014年江苏全省居民人均可支配收入27173元，比上年增长9.7%，高于GDP增速1个百分点。城镇居民人均可支配收入34346元，增长8.7%，相比2012年、2013年、居民收入增幅12%和9.6%，增速相对放缓。按城乡来看，江苏城乡居民的收入差距已年连续五年缩小，农村居民人均可支配收入14958元，比上年增长10.6%。比城镇居民人均可支配收入高1.9个百分点，城乡居民收入比从上年的2.34：1缩小为2.30：1。此外，苏中、苏南、苏北区域之间的居民收入差距也呈现缩小趋势。

（二）居民收入形成相对稳定的机制

经过多年发展，江苏居民收入已经形成相对稳定的机制：工资收入稳步增长，成为居民收入的主要来源。以2014年为例，第一收入来源——江苏居民人均工资性收入为15707元，增长9.4%，对人均总收入的贡献率达到了56%；第二收入来源——转移净收入为4745元，增长10.5%。此外，随着城乡居民房租收入的增加、理财渠道的增多，以及农村居民土地流转的经营性收益的增加，居民财产性收入成为新的增长点。2014年，江苏城乡居民人均经营净收入4421元，增长10.7%；财产净收入2300元，增长7.8%。

（三）城乡居民收入差距逐年缩小

数据显示，2014年江苏城镇居民人均可支配收入为34346元，增长8.7%，江苏农村居民人均可支配收入14958元，比上年增长10.6%。城乡收入差距比为2.30：1，比"十一五"末（2.52）缩小了 0.22（具体见表 5-1）。城镇居民人均可支配收入中位数 31348 元，比上年增长 10.1%。按城镇居民五等份收入分组，高收入组可支配收入是低收入组的 6 倍。农村居民人均可支配收入中位数 13312 元，比上年增长 11.8%。按农村居民五等份收入分组，高收入组人均可支配收入是低收入组的 6.32 倍。

表 5-1 2005～2014 年城乡收入比年份城乡收入比

2005 年	2.33	2010 年	2.52
2006 年	2.42	2011 年	2.44
2007 年	2.5	2012 年	2.43
2008 年	2.54	2013 年	2.39
2009 年	2.57	2014 年	2.30

注：城乡收入比以农民人均纯收入为 1，数据来源于相关年份江苏省统计年鉴。

（四）最低工资标准逐年提高

2014 年全省一、二、三类地区月最低工资标准分别为 1630 元、1460 元和 1270 元，比上年分别增长 10.1%、14.1% 和 15.5%；全省 10 个市发布企业工资指导线，13 个市发布人力资源市场工资指导价位，涉及工种岗位 5201 个。

四、江苏社会保障迈上新台阶

全省人力资源社会保障系统认真贯彻中央和省委省政府决策部署，全面贯彻落实党的十八大和十八届三中、四中全会精神，围绕"迈上新台阶、建设新江苏"发展定位，主动把握和积极适应经济发展新常态，不断改革创新，锐意进取，社会保障各项工作取得了新的进展。但我们也注意江苏社会保障覆盖面较窄，社保费用的征缴监管约束力不强，社会救助体系不完善、层次偏低等问题，通过分析社会保障工作所面临的新环境和新形势，解决江苏社会保障工作的新诉求。

（一）社保参保人数持续增长

2014 年企业职工养老、城镇职工医疗、失业、工伤和生育保险参保人数分别达 1968.37 万人、2361.81 万人、1442.67 万人、1540.1

万人和 1374.56 万人，同比分别增加 66.55 万人、87.08 万人、53.33 万人、52.83 万人、18.94 万人，城乡居民养老、城镇居民医保参保人数分别达 2347.88 万人和 1435.68 万人，城乡基本养老、基本医疗和失业保险覆盖率稳定在 97％左右，比上年提高 2 个百分点。

（二）社会保障制度不断完善

江苏社会保障支出逐年增长，人均社保支出不断提高。2014 年社会保险基金支出合计 2158.72 亿元，比上年增加 215.1 亿元，增长了 11.1％。社会保障支出年均增长幅度比全省 GDP 增长幅度高 2.4 个百分点，说明社会保障支出在收入分配中占据越来越重要的位置。

1. 养老保险

大力开展全民参保登记试点。研究制定贯彻国家建立统一的城乡居民基本养老保险制度的具体意见，出台推进城乡养老保险制度衔接的实施意见，2014 年末全省城乡居民基本养老保险参保人数 1359.91 万人，领取基础养老金人数 987.96 万人；全省城乡居民基本养老保险基础养老金最低标准调整为每人每月 90 元，比上年提高 10 元。

2. 医疗保险

推进城乡居民大病保险制度全覆盖，大病保险参保患者合规医疗费用报销比例平均提高 10 个百分点左右。指导鼓励各地加快推进城乡居民医保制度整合，目前，65 个城乡居民医保统筹地区已有 31 个实现整合。2014 年末全省城镇（乡）居民医疗保险参保人数 1435.68 万人，其中人社部门经办新农合 236.7 万人，城镇（乡）居民医疗保险参保人数比上年末增加 9.4 万人；全年享受待遇人数 512.88 万人；城镇居民基本医疗保险财政补助标准调整为每人每年不低于 320 元，比上年提高 40 元。

3. 失业保险

积极落实调整失业保险费率、失业保险支持企业稳定岗位等政策。2014 年末全省失业保险参保人数 1441.56 万人，比上年末增加 52.2 万人，其中，参保农民工 413.33 万人，比上年末增加 55.7 万人；年末领取失业保险金人数 32.06 万人，比上年末减少 2.2 万人。

4. 工伤保险

积极完善工伤预防、工伤康复、工伤补偿"三位一体"协调发展的制度体系。2014年末全省工伤保险参保人数1540.11万人，比上年末增加52.8万人，其中，参保农民工547万人；全年认定工伤11.15万件，比上年增加0.4万件；劳动能力鉴定7.44万件，其中达到伤残等级6.36万人，分别比上年增加0.9万件和1万人；全年享受工伤保险待遇14.3万人，比上年增加1万人。

5. 生育保险

深入贯彻《江苏省职工生育保险规定》，2014年末全省生育保险参保人数1374.56万人，其中女职工605.15万人，分别比上年末增加18.9万人和1.1万人；全年享受生育保险待遇93.56万人次。

（三）社会保障待遇水平大幅提高

改革完善企业退休人员基本养老金调整办法，继续提高城乡居民养老保险基础养老金最低标准，2014年调整后全省企业退休人员月人均养老金水平达2236元，城乡居民养老保险基础养老金最低标准为每人每月90元，全年城乡居民基本养老保险基金总收入211.16亿元，其中个人缴费54.29亿元；全年基金总支出172.39亿元。按照深化医改的要求，着力完善全民医疗保险制度，深化付费方式改革，提高最高支付限额、降低起付线，城镇职工医保和城镇居民医保政策范围内住院费用报销比例分别达84.8%和72%。2014年保障性安居工程建设有序推进，全省新开工保障性住房27.8万套，基本建成26.6万套（户），分别完成年度目标的106.7%和115.4%。

2014年各级劳动保障监察机构主动监察用人单位12.38万户，书面审查用人单位32.25万户，立案查处违法案件2.15万件；全省专职劳动保障监察员持证在岗率99%；通过劳动保障监察执法，为24.5万劳动者补签了劳动合同，为19.35万名劳动者追发工资等待遇8.94亿元，其中为12.44万名农民工追发工资5.96亿元；督促0.9万户用人单位办理社会保险登记，督促0.6万户用人单位申报缴纳社会保险费3亿元；取缔非法职业中介机构690户，责令用人单位清退各种风险抵押金167.11万元。

（四）人社基本公共服务能力不断提升

"十二五"以来，全省大力加强社会保障公共服务平台和网络建设，大力推进公共服务的标准化、规范化和信息化建设，大力提高人力资源社会保障基本公共服务水平，最大限度地满足城乡居民日益增长的公共服务需求。一是提升服务网络水平。在五级服务网络全覆盖的基础上，注重强化整体规划和资源整合，以发放统一的社会保障卡为依托，推进就业服务、社保缴费和待遇领取、异地就医费用实时结算等业务领域间的协同联动和跨地区服务，2014 年为 43.85 万名异地就医人员结算医疗费用 67.94 亿元。二是加强基层网格建设。持续深入推进城乡居保参保农民"四个不出村"便民服务，新覆盖 1800 个建制村，基本实现全覆盖。三是推进信息化服务。加快"12333"一体化建设，重点完善各专项业务之间协同联动办理机制，被人社部授予"全国 12333 一体化建设示范基地"。统一的社会保障卡持卡人数达 4289.86 万人，当年新增 1049.3 万人。2014 年全年"12333"提供综合咨询服务 1112 万人次，"12333"综合咨询服务满意度 83.2%，"江苏人力资源和社会保障网"网上公共服务提供率 74.3%，访问量 2046 万人次。

五、江苏医疗服务迈上新台阶

全面推进"健康江苏"建设，让人民群众有更高水平的医疗卫生服务是江苏民生建设的重要内容。近年来，江苏各级政府在提高全民健康水平，使人人享有基本医疗卫生服务方面做了大量工作，积极探索公立医院改革试点、基层医疗卫生机构综合改革、医疗卫生机构建设，在医疗卫生民生实事等方面取得显著成绩，多项工作走在了全国前列，全省医疗卫生服务水平有了很大提高。

但不可否认的是，江苏基本医疗卫生服务仍存在诸多问题：卫生资源总量相对不足，卫生服务的公平性和可及性较差，公共卫生、医疗服务和药物政策滞后或缺失，这使得当前江苏的基本医疗卫生服务与人民群众的需求之间仍有较大差距。民之所望，施政所向，江苏要大力推进资源优化整合，全面提升医疗卫生服务水平，坚持为人民健康服务的方向，完善国民健康政策，推动民生建设迈上新台阶。

（一）居民健康水平不断提高

江苏已初步建立覆盖城乡居民的基本医疗卫生制度框架，建成覆盖城乡的"15 分钟健康服务圈"，免费向城乡居民提供的基本公共卫生服务达 11 类 43 项，卫生应急救护体系建设进一步完善。江苏居民营养与健康状况追踪研究表明城乡居民的健康意识明显增强，居民的基本卫生保健水平得到提高。2014 年，利用健康素养评测系统对江苏全省 278.9 万人进行了测评和干预，城乡居民健康素养为 15.96%，具备健康素养人数为 1254.63 万人。截至 2014 年末，江苏人口平均预期寿命达到 76.63 岁，孕产妇死亡率为 4.65/10 万，5 岁以下儿童死亡率为 4.39‰，婴儿死亡率为 3.36‰（见表 5-2）。与上年相比，三项死亡率分别下降了 6.86%、8.89% 和 11.39%。

表 5-2　江苏省主要健康统计指标

指标名称	人口出生率‰	人口死亡率‰	人口自然增长率‰	人均期望寿命（岁）	孕产妇死亡率（/10 万）	婴儿死亡率‰	甲、乙类法定报告传染病年平均发病率（/10 万）
2014	9.45	7.02	2.43	76.63	4.65	3.36	117.29
2013	9.44	7.01	2.43		4.99	3.79	116.74
2012	9.44	6.99	2.45	76.63（男 74.60，女 78.81）	5.28	3.81	121.9
2011	9.59	6.98	2.61		6.00	4.04	131.51
2010	9.73	6.88	2.85		6.24	4.21	138.19
2009	9.55	6.99	2.56		7.02	4.43	164.7
2008	9.34	7.04	2.3	75.32（男 72.86，女 77.85）	10.76	5.30	166.02
2007	9.37	7.07	2.36		11.37	5.40	172.38
2006	9.36	7.08	2.28		11.47	5.95	180.37
2005	9.24	7.03	2.21		18.56	6.69	184.3
2004	9.45	7.2	2.25	74.13（男 71.88，女 76.47）	20.74	8.03	
2003	9.04	7.03	2.01		23.12	8.71	

数据来源：江苏省卫生厅。

（二）卫生资源总量稳步增长

截至 2014 年末，江苏全省共有各类医疗卫生机构 32000 个，比 2013 年增加 999 个。其中，医院 1520 个，卫生院、社区服务中心

1589 个，疾病预防控制中心 123 个，妇幼卫生保健机构 109 个。各类医疗机构实有床位总数为 39.23 万张，比 2013 年增加 2.4 万张，增长 6.52%。其中，医院拥有病床 30.6 万张，卫生院、社区服务中心拥有病床 7.4 万张。全省卫生人员总数 58.96 万人，比上年增加 3.84 万人。其中，执业医师、执业助理医师 17.86 万人，注册护士 18.8 万人，疾病预防控制中心卫生技术人员 6312 人，妇幼卫生保健机构卫生技术人员 7500 人。全省每千人口床位数、每千人口卫生技术人员数、每千人口执业（助理）医师数和每千人口注册护士数分别为 4.93 张、5.76 人、2.24 人和 2.37 人（见表 5-3）。

表 5-3　江苏省主要卫生统计指标

指标名称	各类卫生机构总数（个）	全省床位总数（张）	全省卫生人员总数（人）	每千人口床位数（张）	每千人口卫生技术人员数（人）	每千人口执业（助理）医师数（人）	每千人口注册护士数（人）
2014	32000	392293	589598	4.93	5.76	2.24	2.37
2013	31001	368287	551233	4.64	5.40	2.14	2.19
2012	31054	333135	520234	4.21	5.00	1.99	1.96
2011	31680	296390	481818	3.75	4.44	1.71	1.72
2010	30961	269670	459290	3.43	4.17	1.64	1.56
2009	30521	251465	436218	3.22	3.95	1.60	1.42
2008	30043	235082	416208	3.03	3.80	1.58	1.31
2007	31463	219992	398492	2.85	3.74	1.56	1.23
2006	29799	211626	372938	2.76	3.62	1.52	1.12
2005	33245	200100	371831	2.64	2.42	1.47	1.06
2004	32964	188990	367173	2.51	3.36	1.44	1.02
2003	32038	179899	361637	2.41	3.29	1.42	0.99
2002		174499	357426	2.36	3.26	1.40	0.98

数据来源：江苏省卫生厅。

（三）城乡基层卫生服务网络更加健全

江苏坚持以城乡基层为重点，健全网络化城乡基层医疗卫生服务网络，努力实现人人享有医疗卫生服务的目标，基层医疗卫生服务能力得到明显提升。在城市社区，社区卫生服务体系的框架基本形成。2014年末，全省已设立社区卫生服务中心（站）2803个，社区卫生服务中心（站）人员数43495人，分别比上年增长2.04%和5.55%。在农村地区，农村基层卫生服务网络进一步健全，2014年末，全省共设乡镇卫生院1044个，床位55551张，卫生人员72367人；全省共设15523个村卫生室，农村实现医疗点全覆盖。全省有73个统筹地区开展了新型农村合作医疗，参合率为99.96%，所有新农合统筹地区全面建立大病保险制度。

（四）综合医改试点全面启动

到2014年底，江苏全省所有县级公立医院全面实施综合改革。2015年1月，国务院决定在江苏等四省开展省级综合医改试点工作，12个省辖市被列为国家城市公立医院改革试点市，为江苏深化医改提供了重要平台和重大机遇，成为江苏民生建设上台阶的突破口。2月27日，江苏综合医改试点方案正式出炉，将在公立医院改革、推进分级诊疗制度、发展非公立医疗机构等8个方面先行先试。目前，江苏积极推进县级公立医院综合改革、大病保险制度、基层机构标准化建设、基层全科医生配备、医疗卫生信息化应用和基本公共卫生服务等6个方面的全覆盖，全省综合医改试点取得重要进展，这对于加大改革力度，积累改革经验，加快形成可复制、可推广的改革模式，促进建立具有中国特色的基本医疗卫生制度具有重要意义。

六、江苏住房发展迈上新台阶

民生问题，安居为要。江苏围绕"有更舒适的居住条件"，坚持民生导向，不断改善群众居住条件，推动公共资源公平使用，在经济发展取得巨大成就的同时，江苏人居环境也得到了不断提升，住房保障、城镇建设，以及村庄环境整治等工作成效显著，多项人居建设指标位居全国首列。市场化力量的推动在改善城乡居民住房条件的同时也伴生着房价增长过快、房地产市场扭曲等问题，而保障性住房政策在具体的实施过程中也出现了政策的先天不足或执行偏差。进一步完善住房制度和住房供应体系是江苏民生建设迈上新台阶面临的一大艰巨挑战。

江苏在缓解地区住房供需矛盾、解决中低收入者基本住房、改善城镇居民居住条件及推进城乡一体化建设等方面做了一系列积极的尝试。市场机制的引入不仅明显地改变了住房原有的福利产品的功能，而且极大地提高了不同社会阶层成员的住房水平。

（一）城乡居民居住条件显著改善

经过三十多年的市场化改革，江苏城乡居民居住条件显著改善，在扩大住房面积和提高住房质量上有了很大的进步。2014年末城镇居民人均居住房屋面积39.51平方米，25年年均增速5.5%；农村居民人均居住房屋面积54.15平方米，25年年均增速4.9%（见表5-4）。2014年，江苏省房地产开发投资8240.2亿元，增长13.8%。江苏省工程建设强制性标准《江苏省居住建筑热环境和节能设计标准》已于2015年1月1日实施，不仅能提高能源使用效率，节能减排，还能改善建筑物室内热环境，提高舒适度，提升建筑功能和品质。

表5-4 江苏省人均住房建筑面积

	居民人均住房建筑面积（平方米）						年均增速（%）		
	1978	1990	2000	2010	2013	2014	1979～2014	2001～2014	2011～2014
城镇	5.7	17.29	25.54	33.39	39.25	39.51	5.5	3.2	4.3
农村	9.7	25.20	33.70	46.33	52.40	54.15	4.9	3.4	4.0

数据来源：《江苏统计年鉴2015》。

（二）以人为本构建新型住房保障体系

江苏积极开展包括住房保障体系建设综合示范区、公共租赁住房多元化筹集方式等多项试点，推进建设住房保障体系，住房供应体系凸显惠民效应。全省城镇住房保障体系健全率达78.5%，具有江苏特色的住房保障体系初步建立。2011年以来，江苏省累计开工建设各类保障性住房126.26万套，2014年当年新开工建设保障房27.75万套，基本建成26.55万套，保障性住房覆盖率达到15.12%。其中，2011年以来累计完成棚户区危旧房改造69.3万户，200多万人居住条件得到改善；2014年当年棚户区危旧房改造安置住房新开工18.8万套，基本建成13.35万套；2015年1—8月，棚户区改造新开工20.54万套，到 2015 年底有望实现各类棚户区和危旧房片区改造全覆盖。截至 2015 年 8 月底,全省公租房新分配入住 4.72 万套(间);江苏国家开发银行向江苏各市县累计发放棚改贷款 976 亿元,其中 2015 年 1—8 月,实际发放贷款 457 亿元。此外,江苏还积极推进货币化安置,截至 2015 年 8 月底,全省各地实施货币化安置 3.07 万套(户),占当年征收补偿总户数比例的 56%。

（三）"三位一体"推进建筑产业现代化

作为住房城乡建设部确立的首批国家建筑产业现代化试点省份,江苏积极推动建筑产业在稳定增长中优化结构、创新驱动、跨界融合。2014 年 10 月,江苏省政府出台《关于加快推进建筑产业现代化促进建筑产业转型升级的意见》,系统确定了江苏建筑产业现代化发展的重点、目标、实施路径及政策保障等,首次对江苏未来 10 年的建筑产业现代化发展进行了顶层设计。江苏建筑产业现代化将以绿色建筑为发展方向、以住宅产业现代化为重点、以新型建筑工业化生产方式为手段,三位一体融合发展。2015 年是江苏推进建筑产业现代化工作的启动之年,江苏省明确 1.5 亿元财政性资金用于支持建筑产业现代化技术和产品的普及应用,共确定了建筑产业现代化示范城市 6 个、示范基地 29 个和示范项目 18 个,项目面积达 268 万平方米。

（四）城乡一体化建设美丽宜居新江苏

改革开放以来,江苏先后经历以苏南乡镇工业驱动的小城镇快速发展,以开发区建设和外向型经济驱动的大中城市加快发展,以城乡发展一体化为引领全面提升城乡建设水平的不同发展阶段,城镇化率从 13.7% 提高到 2013 年的 64.1%,累计转移农村劳动力 1800 多万人。2011 年以来,江苏省委省政府先后下发了《关于以城乡发展一体化为引领,全面提升城乡建设水平的意见》、《关于扎实推进城镇化,促进城乡发展一体化的意见》、《江苏省新型城镇化与城乡发展一体化规划(2014—2020 年)》等一系列文件,将推进城镇化、统筹城乡发展一体化作为全省经济工作的重要抓手,实施美好城乡建设行动,城乡发展加快融合,建设节约型城乡、美好宜居家园,改善人居环境、提升城乡功能品质。2014 年底,累计完成 3.7 万个城市环境综合整治项目、16.6 万个村庄环境整治项目。全省城乡统筹区域供水乡镇覆盖率达 88%，建制镇污水处理设施覆盖率达 80%，镇村生活垃圾集中收运率超过 80%。

七、江苏环境发展迈上新台阶

围绕"有更优美的环境"，打造自然环境之美、景观特色之美、文化交融之美、城乡协调之美，江苏深入实施生态文明建设工程，大力推动碧水蓝天工程，使经济发展和生态文明相辅相成、相得益彰，环境建设各项工作不断取得新成效。"环境美"日渐成为"新江苏"的重要内涵。但面对"全国最小的环境容量"这一特殊省情，江苏仍面临着改善环境质量、防范环境风险的巨大考验，生态环境质量与民众的期望要求，仍有较大差距。直面突出的环境问题是江苏民生建设迈上新台阶亟须解决的重要内容。

（一）深入实施生态文明建设工程

江苏深入实施生态文明建设工程，全力打好治污减排攻坚战，依法强化环境监管执法，不断深化环保制度改革，环境保护工作取得新进展。

江苏全力推进生态文明建设"七大行动"，完善生态文明建设工程考核办法和实施细则，苏南苏中所有市县实现生态文明建设规划全覆盖。2013 年江苏率先划定"生态红线"保护区域加强生态空间管控。2014 年进一步完善生态红线制度，省财政年初预算安排省级生态补偿转移支付资金 15 亿元，较上年增加了 5.12 亿元，生态红线在江苏经济社会发展中的战略性、基础性、约束性地位得到确立并巩固。持续深化生态创建工作，截至 2014 年底江苏累计建成国家生态市县 35 个，占全国总数的 38%，累计有 65 个地区达到国家生态市县考核标准，占全省 89 个市、县（市、涉农区）的 73%。2014 年末全省设立自然保护区 31 个，其中国家级自然保护区 3 个，面积达 56.6 万公顷。

（二）环境质量总体保持稳定

江苏以深化改革创新为动力，以改善环境质量为目标，深入推进城乡环境整治，推进生态保护与修复，加强绿色江苏建设，自然湿地保护率提高到 38.5%，林木覆盖率达到 22.2%。2014 年江苏园林绿地面积 265543 公顷；建成区绿化覆盖面积 171265 公顷，覆盖率 42.6%；公园面积 21879 公顷；人均公园绿地面积 14.40 平方米。通过大气污染防治、重点流域水污染治理、土壤污染防治等一系列有力措施，环境质量总体保持稳定。深入开展工业废气、机动车尾气、城市扬尘等各类污染物综合治理，建立大气污染防治区域联防联控机制，2014 年全年完成 3150 万千瓦发电机组脱硫脱硝改造，PM2.5 平均浓度同比下降 9.6%。深入开展重点流域治理，太湖流域水质持续改善，南水北调江苏段水质达标。

（三）节能降耗建设成效显著

2014 年，江苏全省节能环保产业增速达 18% 以上，规模和产值继续位居全国前列。全面完成化解过剩产能年度任务，提前完成国家下达的淘汰落后产能"十二五"目标。煤炭消费占比下降到 67.4%，清洁能源占比增长 1 个百分点。节能减排顺利推进。大力实施节能减排重点工程，鼓励发展循环经济，严格控制高耗能项目，加快淘汰落后产能，推动重点耗能企业能效提升。全省电力行业关停小火电机组 69.6 万千瓦。单位 GDP 能耗下降、化学需氧量、二氧化硫、氨氮、氮氧化物排放削减均完成年度目标任务。

（四）依法强化环境监管执法

江苏环境行政执法机构主要包括省、市、县三级环境保护部门及其内设机构、派出机构。2008 年，江苏开始逐步建立省直管县（市）的环境管理体制，赋予县（市）更大的环境管理权限。同时，组建省环保厅苏南、苏中、苏北三个环境保护督查中心，加强区域环境监管能力。江苏积极探索环境司法联动执法，环保部门和公检法机关建立了良好的环境执法联动机制。2014 年江苏立案查处环境违法案件 5463 起、处罚金额 2.3 亿元，同比上升 21% 和 16.5%，立案数和处罚额均占全国 1/10；会同公安部门侦办涉嫌环境犯罪的案件 139 起，抓获犯罪嫌疑人 414 人，同比上升 170% 和 71%。

第二节　江苏民生建设效率的区域比较分析

一、民生建设效率区域比较指标构建

本章对民生建设效率的度量围绕着"将福利的内容纳入到对经济增长绩效的衡量中"[①] 这一思路展开。基于 Sen 提出的"可行能力方法"的福利经济学新范式，Daly 和 Farley（1996）提出将经济增长绩效界定为人造资本存量提供的服务与牺牲的自然资本存量之比的分析框架。诸大建（2009）和高帆（2011）将其概括为如下范式：

$$EP = \frac{WB}{EF} = \frac{EG}{EF} \times \frac{WB}{EG}$$

其中，EP（Economic Performance）代表经济体的经济增长绩效，WB（Well Being）表示社会福利水平，EF（Economic Factors）表示经济增长过程中各要素投入，EG（Economic Growth）代表经济增长水平。经济增长绩效 WB/EF 最大化，即利用最少的要素投入来实现福利转化效率最大化，本质上就是本书中定义的民生建设效率的概念。经济增长绩效最优可分解为两个维度：一是 EG/EF 最大化，即各要素投入能高效地转化为经济增长；二是 WB/EG 最大化，即经济增长能高效地转化为社会福利。从本章的研究主题出发，WB/EG 的最优是本书民生建设效率研究的重点。

故此，本章根据科学性、客观性和合理性的原则，构建民生弹性系数来衡量民生建设效率。民生弹性系数公式如下：

$$e_{WB} = \frac{(WB_i - WB_{i-1}) / WB_{i-1}}{(GDP_i - GDP_{i-1}) / GDP_{i-1}}$$

e_{WB} 表示民生弹性指数，WB_i 表示 i 年社会福利水平，GDP_i 表示 i 年地区生产总值。因为民生涵盖领域的广泛性，我们进一步把民生弹性系数分解为教育弹性系数、就业弹性系数、收入弹性系数、社会保障弹性系数、卫生弹性系数、住房弹性系数、环境弹性系数七个

[①] 武剑，林金忠. 经济增长的福利转化效应：中国与世界比较［J］. 数量经济技术经济研究，2015，08：3-224.

方面。

由于效率是一个相对的概念，某个地区单一的弹性系数计算是没有意义的。本章选择与江苏经济发展水平比较接近的北京、上海、广州、浙江和山东进行六省市的区域比较研究，以准确把握江苏民生建设效率在全国发展中的定位，明确优势，找出不足，推动江苏民生建设效率的进一步提高。

二、江苏民生建设效率省际比较

（一）江苏教育效率的省际比较

为了比较江苏教育与全国其他发达省市教育发展的差异，构建教育弹性指数来衡量一个地区的教育效率水平，计算公式为：

$$e_{edu} = \frac{(EDU_i - EDU_{i-1}) / EDU_{i-1}}{(GDP_i - GDP_{i-1}) / GDP_{i-1}}$$

e_{edu} 表示教育弹性指数，EDU_i 表示 i 年财政教育经费支出，GDP_i 表示 i 年地区生产总值。该弹性系数表示地区 GDP 的增长变化对于教育保障水平的带动力，计算结果如下表所示：

表 5-5　2014 年苏、沪、粤、浙、鲁教育弹性指数

省份	江苏	上海	广州	浙江	山东
教育弹性指数	0.581768	0.259499	1.689228	1.231379	0.890184

数据来源：各省市统计年鉴。

从表 5-5 可以看出，通过 2014 年教育弹性指数的计算发现，各省市财政教育经费随经济发展表现出蓬勃发展的态势，弹性指数均为正数。经过新中国 60 多年、改革开放 30 多年的不懈努力，我国教育发生了翻天覆地的变化，取得了举世瞩目的成就，特别是教育规划纲要实施五年以来，全国教育改革发展明显加速，服务经济社会发展的能力大大增强，与国际教育先进水平的差距不断缩小，为基本实现教育现代化奠定了坚实基础。

广东和浙江的教育弹性指数都大于 1，说明这两个省份的教育投入的变化大于 GDP 的增长，说明广东和浙江对教育的投入和支持力度较大。山东和江苏、上海教育弹性指数均小于 1。江苏教育弹性系

数在五省市中居于第四位，究其原因在于江苏财政教育投入基数较大，每年要有很大的增长幅度较为困难，但也可以推论出随着江苏经济经济的发展，需要进一步加大对教育的支持和投入。我们应该清醒看到，与基本实现教育现代化要求相比，江苏教育还存在明显的短板。教育观念相对落后，内容方法比较陈旧，中小学生课业负担过重，素质教育推进困难；创新型、实用型、复合型人才紧缺，学生适应社会和创新创业能力不强；教育投入不足，教育优先发展的战略地位尚未完全落实；教育体制机制不尽完善，学校办学活力不足；教育结构布局不尽合理，城乡、区域教育发展不平衡。特别是教育管理方式还没有发生根本性的变化，管理体系和管理能力还不适应经济社会持续健康发展和人民群众接受良好教育的要求。着力解决这些重大问题，是加快推进教育现代化的当务之急。

（二）江苏就业工作效率的省际比较

为了比较江苏就业工作与全国其他发达省市的差异，分别构建失业弹性指数和就业弹性系数来衡量一个地区的就业工作效率水平，计算公式分别为：

$$e_{un} = \frac{(UN_i - UN_{i-1}) / UN_{i-1}}{(GDP_i - GDP_{i-1}) / GDP_{i-1}}$$

$$e_{em} = \frac{(EM_i - EM_{i-1}) / EM_{i-1}}{(GDP_i - GDP_{i-1}) / GDP_{i-1}}$$

e_{un} 表示失业弹性指数，e_{em} 表示就业弹性指数，UN_i 表示 i 年地区失业率，EM_i 表示 i 年地区新增就业人数（考虑数据可得性和省际的可比性），GDP_i 表示 i 年地区生产总值。该弹性系数表示地区 GDP 的增长变化对于失业和就业水平的影响和带动力，计算结果如下表所示。

表 5-6　2014 年京、苏、沪、粤、浙、鲁收入弹性指数比较

省份	江苏	北京	上海	广州	浙江	山东
失业弹性指数	−0.06589	0.88057	0	0.045452	−0.24132	0.21354
就业弹性指数	0.104266	−0.04967	−0.01653	−0.329	0.431784	−0.14224

数据来源：各省市统计年鉴。

从表 5-6 可以看出，江苏和浙江的失业弹性指数为负数，说明随着经济发展这两个省份的失业率是降低的，上海则在统计年度没有变化，北京和山东的失业率是上升的。从就业弹性指数看江苏和浙江的指数为正，说明在统计年度这两个省份的新增就业人数随着经济增长而出现不断增长的态势，而北京、上海、广州和山东的新增就业人数是随着经济发展是不断减少的。从这两个指数看，江苏都位于第二位，说明江苏经济发展对就业工作的影响力和辐射力较好，带动了就业的增加和失业的减少，相比北京、上海、广州、山东其他四个省市强。

虽然江苏经济发展有效带动了就业，但就业总量压力较大和结构性矛盾依然存在，2015 年江苏就业供求缺口大约有 80 万个，高技能人才缺口依然较大；高校毕业生就业压力增大与农村劳动力转移就业难度加大并存，现阶段农村劳动力转移比重为 70.9%，可供转移资源总量趋紧；劳动关系运行波动加大和构建和谐劳动关系难度加大并存。从劳动合同签订情况看，全省解除终止劳动合同逐年增加，如 2015 年一季度解除 93.51 万份，同比增加 15.4%；劳动合同签订人数呈持续净流出状态，劳动合同净减少数逐年增加。从劳动争议情况看，劳动争议案件总量保持高位运行，2015 年一季度，全省各级劳动人事争议仲裁机构接处劳动争议案件 26695 件，涉及人数 33222 人，分别较去年同期增长 10.08%、5%。此外，劳动者诉求趋于多元，群体性事件在部分时点、局部领域、个别地区多发高发，集体争议案件增多，构建和谐劳动关系难度加大。

（三）江苏收入效率的省际比较

为了比较江苏与全国其他发达省市收入水平的差异，构建收入弹性指数来衡量一个地区的居民收入水平，计算公式为：

$$e_i = \frac{(I_i - I_{i-1}) / I_{i-1}}{(GDP_i - GDP_{i-1}) / GDP_{i-1}}$$

e_i 表示收入弹性指数，I_i 表示 i 年居民可支配收入，考虑数据可得性和省际间的可比性，这里选用城镇居民可支配收入和农村居民可支配收入分别进行计算，GDP_i 表示 i 年地区生产总值。该弹性系数表示地区 GDP 的增长变化对于居民收入水平的影响和带动力，计算结果如下表所示。

表 5 - 7 2014 年京、苏、沪、浙、鲁收入弹性指数比较

省份	江苏	北京	上海	浙江	山东
城镇收入弹性	0.554690415	0.9484	0.970504	0.975636	0.390846
农村收入弹性	0.998405493	1.097623	1.139099	2.946802	1.370277

数据来源：各省市统计年鉴。

从表 5 - 7 的统计结果看，城镇收入和农村收入都随着 GDP 的增长而不断增加，弹性指数均为正，从城镇收入弹性看，浙江排名第一，其次为上海、北京，江苏居于第四位；从农村收入弹性看江苏处于第五位，这说明江苏在经济发展的同时，对于城镇和农村居民的带动力和影响力要弱于其他省份，居民收入虽然保持增长的态势，但是相对于经济发展的增速来看还是滞后的。

同时，与周边省市比，江苏省城乡居民收入差距明显大于上海与浙江。2014 年，江苏省城乡居民收入比为 2.30：1，高于浙江省和上海市。城乡居民间更大的差距体现在公共服务上，如果加上城市居民在基础设施、医疗卫生、住房等方面所享有的福利，城乡居民间的收入差距更大。例如，江苏省 2013 年在岗职工平均工资 57985 元，按个人 2%、单位 12% 的医疗保险筹资水平计算人均 8117 元，是新农合人均筹资水平的 20 多倍。然而，世界上多数国家城乡收入差距的比率为 1.5，超过 2 的国家极为罕见。可见江苏城乡收入差距仍然较为悬殊，这将会损害社会发展的公平原则和经济发展的效率目标。

（四）江苏社会保障效率的省际比较

为了比较江苏与全国其他发达省市社会保障水平的差异，构建社会保障弹性指数来衡量一个地区的社会保障水平，计算公式为：

$$e_{ss} = \frac{(SS_i - SS_{i-1}) / SS_{i-1}}{(GDP_i - GDP_{i-1}) / GDP_{i-1}}$$

e_{ss} 表示社会保障弹性指数，SS_i 表示 i 年地区财政社会保障和就业支出额，GDP_i 表示 i 年地区生产总值。该弹性系数表示地区 GDP 的增长变化对于社会保障水平的影响和带动力，计算结果如下表所示。

表 5-8 2014 年京、苏、沪、粤、浙、社会保障弹性指数比较

省份	江苏	北京	上海	广州	浙江
社保弹性指数	1.301327	1.915081	0.709744	1.438789	1.407889

数据来源：各省市统计年鉴。

从表 5-8 的统计结果看，进行比较的五个省市社会保障弹性指数均为正，说明随着经济发展，社会保障水平是不断提升的，但各省市之间是有差距的，北京的社会保障弹性指数最高，广州和浙江次之，江苏第四，上海第五。近年来江苏政府一直加大对社会保障的支持力度，取得了较为显著的成效，但是从经济发展带动社会保障水平提升看，与北京、广州和浙江还有一定的差距。

由于经济发展提升社会保障水平的功能与国内领先地区相比尚有差距，导致江苏社会保障覆盖面较窄，保障水平差距较大。长期以来，社会保险制度重城市、轻农村的财政政策，造成农村社会保障层次低、发展不均衡，如 2014 年江苏城镇职工养老保险基金支出额为 1406.7 亿元，是城镇（乡）养老保险支出金额的 8.16 倍。这种差异造成了城镇职工养老金人均发放已达 2000 元以上时，多数农民仍在领取不足百元的新农保。其次保障水平也存在较大差距，尤其是灵活就业者负担重，享受的社保标准低。如城镇职工养老保险，有工作单位的个人只需缴纳 8% 的养老保险金，灵活就业者却要承担 20% 的缴存率。社会救助体系不完善、层次偏低。

（五）江苏医疗卫生效率的省际比较

表 5-9 2014 年苏浙鲁粤主要卫生统计指标

指标名称	各类卫生机构总数（个）	全省床位总数（张）	全省卫生人员总数（人）	每千人口床位数（张）	每千人口卫生技术人员数（人）	每千人口执业（助理）医师数（人）	每千人口注册护士数（人）
江苏	32000	392293	589598	4.93	5.76	2.24	2.37
浙江	30360	245752	455704	5.06	7.73	3.00	2.99
广东	48087	406000	734000	3.78	5.45	2.03	2.18
山东	77066	500300	838400	5.11	6.31	2.36	2.51

从表 5-9 可见，江苏医疗卫生资源同浙江、广东、山东三个沿

海省份相比，江苏医疗资源总量超过浙江，但小于广东和山东。从人均医疗资源占有量来看，江苏优于广东，但每千人口卫生人力指标与浙江、山东等省相比，还存在一定差距。

进一步用卫生消费弹性系数考察国民经济发展与卫生发展间的协调关系，卫生消费弹性系数指卫生总费用增长率同国民生产总值增长率之间的比值，计算公式如下：

$$e_m = \frac{(M_i - M_{i-1}) / M_{i-1}}{(GDP_i - GDP_{i-1}) / GDP_{i-1}}$$

其中，e_m 表示卫生消费弹性系数，M_i 表示 i 年卫生总费用，GDP_i 表示 i 年地区生产总值。该弹性系数表示地区 GDP 的增长变化对于医疗卫生水平的影响和带动力。限于卫生总费用估算的滞后性和数据可得性，比较 2013 年江苏、北京、山东与广东的卫生消费弹性系数，计算结果如下表所示。

表 5－10　四省市卫生消费弹性系数

时间	江苏	北京	山东	广东
2013 年	1.697982	1.248086	1.760139	1.708994

注：江苏 2013 年卫生总费用为 ARIMA 预测模型值。

从表 5－10 可见，四个省市的卫生消费系数均大于 1，说明卫生发展增速均显著超过 GDP 增速。其中，2013 年，江苏卫生消费系数为 1.70，即 GDP 每增长 1％，卫生总费用增长 1.70％，已改变过去多年卫生消费系数在 1 左右徘徊，甚至跌落在 1 以下的状况。与其他省市相比，江苏卫生弹性系数和广东比较接近，高于北京，但略低于山东。总体来说，江苏省卫生筹资水平与国民经济间已初步形成相对良好的协调和互动关系。

江苏省医疗卫生服务民生建设已形成良好基础，横向比较也处于较高水平，但随着经济发展和人民收入水平的提高，人们健康管理意识逐渐增强，对医疗服务的需求日益增多，使得传统医疗服务中长期积累的"看病难、看病贵"等痛点日益凸显，医疗卫生保障薄弱环节成为突出的社会问题。许多家庭因病返贫，医患纠纷时现报端，城市医院人满为患，乡村医疗卫生机构举步维艰，同时，食品药品安全、饮水安全、职业安全和环境问题等也成为重大健康隐患，对保障国民健康带来新的压力，难以适应"健康江苏"的要求。

（六）江苏居民居住效率的省际比较

与北京、上海、浙江、山东、广东相比，江苏城乡居民现住房人均建筑面积处于领先水平，2013 年城镇人均住房建筑面积位列第一，达到 39.25 平方米，但 2014 年被浙江超过；农村人均住房建筑面积近两年一直排在浙江之后，位列第二（见表 5 - 11）。

表 5 - 11　六省市城乡居民人均住房建筑面积　　单位：平方米

		江苏	北京	上海	浙江	山东	广东
2014	城镇	39.51	31.54	35.1	40.9	37.3	31.88
	农村	54.15	52.42	—	61.5	40.2	39.32
2013	城镇	39.25	31.31	34.4	38.82	36.4	34.57
	农村	52.4	51.35	—	60.82	39.6	33

资料来源：2014 年、2013 年各省市国民经济和社会发展统计公报。

进一步用住房弹性系数考察国民经济发展与城乡居民住房条件间的协调关系，住房弹性系数指人均住房建筑面积增长率同国民生产总值增长率之间的比值，公式如下：

$$e_h = \frac{(H_i - H_{i-1}) / H_{i-1}}{(GDP_i - GDP_{i-1}) / GDP_{i-1}}$$

其中，e_h 表示住房弹性系数，H_i 表示 i 年人均住房建筑面积，这里选用城镇居民住房建筑面积和农村居民住房建筑面积分别进行计算，GDP_i 表示 i 年地区生产总值。该弹性系数表示地区 GDP 的增长变化对于居民住房水平的影响和带动力，计算结果如下表所示。

表 5 - 12　2014 年六省市城乡住房弹性系数

	江苏	北京	上海	浙江	山东	广东
城镇	0.074193	0.095068	0.254749	0.84399	0.285112	—0.85945
农村	0.361969	0.264167	—	0.174166	0.172107	1.775292

资料来源：2014 年各省市国民经济和社会发展统计公报。

从表 5 - 12 可见，除广东城镇住房弹性系数为负值外，其余省市城乡住房弹性系数均为正值，说明随着经济发展水平的提高，城乡居民住房条件均得到了一定程度的改善。但同样值得注意的是，除广东农村住房弹性系数大于 1 外，其余省市城乡住房弹性系数均小于 1，说明住房发展增速慢于 GDP 增速。

其中，江苏农村住房弹性系数仅小于广东，大于其他省市；但恰恰与此相反，城镇住房弹性系数仅大于广东，小于其他省市。这一结果表明，在 2014 年江苏农村居民住房面积受 GDP 增长的影响更为显著。

（七）江苏环境发展的省际比较

用环境弹性系数考察国民经济发展与环境发展间的协调关系，环境弹性系数指污染物排放量增长率同国民生产总值增长率之间的比值，公式如下：

$$e_p = \frac{(P_i - P_{i-1}) / P_{i-1}}{(GDP_i - GDP_{i-1}) / GDP_{i-1}}$$

其中，e_p 表示环境弹性系数，P_i 表示 i 年污染物排放总量（分别为废水排放总量、废气中二氧化硫排放总量和一般工业固体废物产生量），GDP_i 表示 i 年地区生产总值。该弹性系数表示地区 GDP 的增长变化对于环境发展水平的影响。计算结果如下表所示。

表 5 - 13　2014 年江苏与发达省市环境弹性系数比较

污染物排放总量	江苏	北京	浙江	山东	广东
废水	0.17406	−0.70327	−0.03007	−0.39409	0.55065
二氧化硫	−0.44007	−1.20492	−0.49698	−0.37193	−0.46099
工业固体废物	−0.51606	—	1.055363	—	−0461

从表 5 - 13 可见，除江苏和广东的废水弹性系数、浙江的工业固体废物弹性系数外其余省市的各项环境弹性系数均为负数，说明了各省在节能减排、保护环境上所做的积极努力，在经济发展的同时，污染物的排放有所减少。具体分析，从废水排放和经济增长的关系来看，江苏和广东弹性系数为正，说明随着经济增长废水排放量有所增加，系数小于 1，说明增速远低于经济增速，但由于两个经济大省面临着巨大的环境压力，要引起高度重视。从废气中二氧化硫排放总量

和经济增长关系看,除北京在大气污染防治上成效卓越外,江苏和其他省市系数比较接近,大气污染物排放治理均取得了一定成效。一般工业固体废物产生量和经济增长关系看,江苏、广东弹性系数为负,固体废物排放得到了有效控制。

江苏人口稠密、生态脆弱,自然资源少、环境容量小,生态环境和污染治理压力较大。资源与投资驱动型的发展道路造成资源与能源消耗数量大、密度高,对江苏生态安全造成极为不利的影响,环境形势严峻,环境问题不仅成为江苏经济发展的瓶颈,也成为民生建设不可承受之重。

江苏是我国经济发展的先导地区,高速的经济增长势必会对环境造成一定的污染和破坏,而长期以来采用粗放式的发展模式,尤其是第二产业比例偏高、重化工业偏重的产业结构加重了对环境的污染。江苏的工业废水、废气和固体废物等"三废"排放量明显高于其他行业,是造成环境污染的主要来源。以 2014 年为例,江苏废气中二氧化硫排放总量 90.47 万吨,其中,工业污染源排放占96.19%;江苏废水排放总量 60.12 亿吨,其中,工业废水排放占34.08%。经济发展与环境之间的矛盾问题越来越突出,处在"强经济"和"紧环境"的矛盾发展状态。从发展趋势看,高污染的钢铁、水泥、纺织、印染、石化等,在很长时间内依然是江苏的支柱产业,工业部门的超前发展加剧了环境污染,高污染在较低生产力水平下提前到来,将加剧未来江苏环境压力。

江苏由于长期以来追求经济发展速度,对环境的破坏程度不断累计,环境问题演变为一系列错综复杂的问题。2010 年《第一次全国污染源普查公报》表明(见表 5 - 14),与发达地区的几个省份相比,江苏各类污染源数量居全国前列。其中,江苏的工业污染源较多;农业污染源最多;生活污染源位列第三;集中式污染治理设施最多。环境问题除了常见的废气、废水和固体废物污染外,还出现了诸如灰霾天气、电子垃圾、辐射污染以及国际产业转移污染等新问题。2014 年,全省省辖城市酸雨平均发生率为 27.8%,酸雨年均 pH 值为 4.56,酸雨平均发生率上升 1.1 个百分点。地表水环境质量总体改善不大,仍以轻度污染为主,区域性水污染尚未从根本上得到解决。可以说,新旧环境问题的交织将进一步增大江苏环境污染问题治理的难度，使污染持续期延长。

表 5 - 14　江苏与发达地区污染源普查数量比较

地区	工业污染源	农业污染源	生活污染源	集中式污染治理设施	合计
江苏	185371	256900	78269	438	520978
北京	18475	14845	37386	156	70862
上海	48755	13776	37417	113	100061
浙江	313445	101759	81449	345	496998
广东	268968	189749	143056	418	602191
山东	95252	181224	78656	341	355473

资料来源：《第一次全国污染源普查公报》。

第三节　江苏民生建设市域比较分析

江苏省在社会经济发展的过程中逐步形成了苏南、苏中、苏北三大极化区域。与之相适应，苏南、苏中、苏北三大区域客观上存在着民生需求的梯度差异，江苏各地级市由此也形成了各具特色的民生建设体系。

一、苏南五市民生发展特点

（一）南京：富民强市提升市民幸福指数

南京采取"富民强市"、"全面小康"等一系列改善民生的措施，民生建设再上新水平。让老百姓过上更加宽裕的生活是富民的直接目标，不断提升城市综合竞争力是强市的发展动力。新世纪以来，南京的"富民强市"建设为率先基本实现现代化奠定了基础。居民生活质量实现了历史性跨越。1978—1991 年，南京跨越了温饱底线；1992—2004 年，南京迈进了小康的门槛；"十二五"以来，制定实施城乡居民收入"双倍增"计划。2014 年，南京实现地区生产总值 8820.75 亿元，人均地区生产总值达到 107545 元（按常住人口计算），按年平均汇率折算突破 17000 美元。全体居民人均可支配收入 37283 元，其中，城镇居民人均可支配收入 42568 元；农村居民人均可支配收入 17661 元。"十二五"城乡居民人均可支配收入年均分别增长 10.3% 和 12.4%，城乡居民收入差距逐步缩小。2014 年，全体居民人均生活消费支出 23089 元，其中，城镇居民人均生活消费支出 25855 元；农村居民人均生活消费支出 12818 元。

社会保障水平再上新台阶，实现职工养老等五险统筹、提高居民生活保障水平。南京作为国家和江苏省全民参保登记的试点城市之一，全民参保登记经验向全国推广。2015 年 1 月 1 日起，南京启动实施了城镇职工和城镇居民的大病保险制度。2015 年 5 月，南京出台城乡居民养老保险新政，对未按规定足额缴费的参保人员，增设了补缴通道。预计到 2015 年底，全市城镇职工社会保险五项险种累计参保 1435 万人次，其中基本养老、基本医疗、失业、工伤、生育保险的参保人数分别达到 298 万人、387 万人、253 万人、254 万人、243 万人。

基本公共服务均等化和均衡化布局取得明显成效。促进义务教育优质均衡发展，开展大规模教育布局调整，扩大优质教育资源覆盖率，在全国最早出台学前教育惠民举措，成为首批国家级义务教育均衡发展省辖市，每万人中大学生数、高端人才集聚程度和科教综合实力等指标位居全国前列。提升卫生服务水平，卫生服务体系健全率达到 100%，15 分钟健康服务圈基本形成。医养融合养老服务模式全国领先，已初步建立了以居家为基础、社区为依托、机构为支撑的社会养老服务体系。截至 2014 年底，全市 60 岁以上老人 125.1 万，养老机构 298 家，床位 5.3 万张（含社区日间照料中心），每千名老人拥有床位 43 张，远高于全省全国平均水平，养老机构民营率达到 79%。

（二）苏州：小康社会建设的"排头兵"

苏州是邓小平完善、丰富小康社会思想、验证小康社会目标的地方。30 多年来，苏州作为小康社会建设的"先行军"、"排头兵"，积极探索，不断提升小康社会建设水平。2005 年底，苏州率先完成江苏省省定全面建设小康社会的指标任务。按照江苏省"两个率先"总体部署，2006 年以来切实巩固小康建设成果，全面加快率先基本实现现代化进程，带领全市人民共同迈入高水平小康社会。

苏州小康社会建设坚持把富民作为第一导向，共建共享推进"百姓富"。2014年，苏州完成地区生产总值13761亿元，人均地区生产总值（按常住人口计算）13万元，按年平均汇率折算超过2万美元。城乡居民人均可支配收入39780元，其中，城镇居民人均可支配收入46677元；农村居民人均可支配收入23560元，城乡收入比1.98∶1。职工最低工资标准由每人每月1530元调整到1680元，城乡居民最低生活保障标准由每人每月630元调整到700元。

苏州从实际出发不断探索小康路径。从农转工的"苏南模式"，到内转外的"开放样板"，到量质并举的"小康典范"，再到"率先基本实现现代化"的目标，苏州努力探索创新，为全国的小康建设提供了样本。2011年10月，苏州下辖昆山市在全国县级城市中，首家发布了《率先基本实现现代化指标体系》，强调"是不是现代化，群众说了算"，指标体系中经济发展指标权重仅为25%，其余为人民生活、社会进步、民主法治、生态环境类指标，外加一个群众评判指标，充分体现了以人为本的发展理念。

苏州与时俱进丰富小康社会内涵。在推进现代化过程中，苏州注重从群众的需求和感受出发，在实践中不断根据经济社会发展的变化，与时俱进丰富小康社会、小康目标的内涵，把增进人民福祉、促进人的全面发展作为发展的出发点和落脚点。例如针对网络经济时代需求的变化，苏州充分利用互联网技术提升民生服务质量，在医疗卫生方面，智慧健康项目将疾控、妇幼、血站等业务应用深化完善和与区域公共卫生平台对接；公共教育方面，建设"未来教室"项目；文化设施方面，开展"网上借阅，社区投递"服务等。

（三）无锡：网上智慧服务惠民生

改革开放以来，无锡已在经济发展和民生建设上取得了令人瞩目的成就，日新月异的城市面貌、日渐增长的个人收入、日益便捷的交通出行、日夜无忧的治安环境等，均在全国处于领先地位。2014年无锡人均GDP达到12.64万元，按现行汇率折算达到2.07万美元。全年全体居民人均可支配收入36471元，增长8.9%；其中城镇常住居民人均可支配收入41731元，农村常住居民人均可支配收入22266元，城乡居民收入比由2013年的1.90∶1缩小为1.87∶1。

无锡民生建设呈现出覆盖人群更广、建设项目更丰富、智慧化程度更高的特点。无锡市连续四年蝉联中国智慧城市发展第一名，率先建成了全免费 WIFI 城市，率先成为省内首个全光网城市，率先在省内开通了微信城市服务入口，智慧无锡一中心四平台、市民网页、智慧无锡民生服务云平台等一批应用提升工程取得实质性进展。

无锡一中心四平台主要包括城市大数据中心和电子政务、城市管理、经济运行、民生服务四大综合信息服务平台。目前，一中心四平台已汇聚了来自于 34 家委办局的 5799 个数据项，1 亿 4 千万余条数据，实现了电子政务、城市管理、经济运行和民生服务四大领域运行情况的实时展现和数据挖掘分析。市民网页（ggfe. wuxi. gov. cn）依托城市大数据中心和民生服务综合信息服务平台，通过聚合与市民、企业密切相关的信息和服务，为每个市民量身打造了其专属的个性化门户网页，为市民提供政务信息订阅、信息和服务定制、政民互动等功能。智慧无锡民生服务云平台是集新闻资讯、社交娱乐、生活服务为一体的移动应用客户端，包含资讯、视听、互动、服务四大类逾 30 个功能模块，是无锡地区最具影响力的主流民生服务品牌。截至 2015 年底，"智慧无锡"下载用户总量已突破 250 万，活跃用户超过 100 万。

（四）常州：突出民生民本优先

常州深入实施民生幸福工程，大力促进就业创业发展，提升公共服务能力，完善社会保障制度，创新社会治理，扎实办好各项民生实事，使广大市民在共建共享发展中有更多获得感。2014 年，常州完成地区生产总值 4901.9 亿元，人均地区生产总值（按常住人口计算）104423 元，按平均汇率折算达 16999 美元。全市居民人均可支配收入 32662 元，其中城镇居民人均可支配收入 39483 元，农村居民人均可支配收入 20133 元。全市居民人均消费支出 20608 元，其中城镇居民人均消费支出 23590 元，农村居民人均消费支出 13529 元。

加强就业和社会保障，"十二五"期间常州累计新增就业 60.1 万人，援助困难群体就业 5.2 万人，城镇登记失业率控制在 4% 以内，成为全国创业先进城市。在全省率先实现中心城区中低收入住房困难家庭应保尽保，成为省住房保障体系建设示范市。2014 年末城镇居民

民生建设国际比较研究

人均住房建筑面积 43.7 平方米，农村居民人均住房面积 59.7 平方米，2016 年起全面启动政府购买棚改服务。推进教育现代化建设，实施教育资源布局调整，扩大优质教育资源辐射面，全市教育现代化建设监测得分位居全省第三位。构建现代医疗和公共卫生服务体系，实施智慧健康、智慧养老工程，建成 15 分钟社区医疗卫生服务体系和省首批公共体育服务体系示范区，社区居家养老服务中心（站）实现全覆盖。法治建设加快推进，荣获全国社会治安综合治理最高奖"长安杯"。深入推进社会治理创新，城乡社区"减负增效"走在全省前列。

（五）镇江：实施全民保障"幸福工程"

镇江坚持民生为本的工作主线，全面实施全民保障"幸福工程"，在精准对接民生需求、精细落实民生实事、精心推动民生改革上做出了积极贡献，城乡面貌焕然一新，群众获得感进一步增强，社会更加和谐。2014 年，镇江全年实现地区生产总值 3252.4 亿元，人均地区生产总值 102651 元，按年均汇率折算为 16718 美元。全体居民人均可支配收入 28850 元，人均消费支出 18178 元。分城乡看，城镇常住居民人均可支配收入为 35752 元，人均生活消费支出 21310 元；农村常住居民人均可支配收入为 17617 元，人均生活消费支出 13081 元。居民生活条件持续改善。

镇江不断完善城乡社会保障体系，民生保障工程以"保基本、兜底线"为重点，切实解除人民群众的后顾之忧，不断提高人民群众对民生改善的满意度，2016 年更进一步被定位为"民生保障强化年"。按照"全覆盖、保基本、多层次、可持续"的基本方针，着力打造全市范围内政策统一、覆盖城乡的多层次社会保障体系。统筹提高各项社会保障待遇水平，坚持在保基本的基础上，重点针对特殊群体完善政策措施。按照"管理向上集中、服务向下延伸"要求，整合社保经办服务资源，提升服务质量，努力打造群众满意的社保优质服务。镇江市社保经办服务标准化工作列为全国唯一的地级市试点示范；社保全民参保登记工作被列为全国试点城市。

作为国家医改两轮试点的标签城市，镇江为全国深化医改提供了若干样本。镇江在 1994 年率先启动了试点城镇职工医疗保险改革。

2010 年，镇江入选 16 个国家级公立医院改革试点城市，以公立医院改革为核心，优化医疗资源结构和布局，建立医疗集团，整合基层医疗机构，帮扶社区医疗机构发展，确定各级医疗机构的功能、完善不同层级医疗机构间的分工协作机制、建立科学的保障机制，同步推进卫生改革的思路和措施，被称为"镇江医改模式"。在 2015 年拉开的医改大幕中，镇江是江苏省实施医改的三市三县试点区域之一。镇江医改将彰显自己的特色，构建区域健康服务体系，让优质医疗资源和公共卫生服务沉到基层、普惠百姓。

二、苏中三市民生发展特点

（一）扬州：以最基本的民生为根基

从 2002 年起，扬州始终坚持把实现、维护和发展人民群众的利益，作为最大最重要的政治，从群众最关心、最迫切、最现实的问题入手，从关系绝大多数社会成员的基本民生需求抓起。扬州连续 14 年出台保障和改善民生的"1 号文件"，规定每年将新增财力的 70％以上用于民生建设，工程化、项目化地推进民生工作。从区域供水到菜篮子工程，一项项关系百姓幸福指数的项目、工程，推动着扬州民生工作画出了一条由"解困民生"向"普惠民生"、"幸福民生"转变的幸福曲线。

2014 年，扬州全市实现地区生产总值 3697.89 亿元，人均地区生产总值 82654 元。全体居民人均可支配收入 24157 元，其中，城镇常住居民人均可支配收入 30322 元，农村常住居民人均可支配收入 15284 元。全体居民人均生活消费支出 15485 元，其中，城镇常住居民人均生活消费支出 18417 元，农村常住居民人均生活消费支出 11266 元。

将人民生活的基本需要作为最基本的民生，让百姓喝上干净水、吃上放心菜、呼吸上新鲜空气、有稳定的就业成为扬州民生工作的四方面重要内容。

1. 让百姓喝上放心水

扬州推进水生态文明建设，实施"清水活水、不淹不涝"工程，区域供水质态不断提高。扬州先后投入 45 亿元，收购关停了 484 个小水厂，铺设供水主管道 1500 公里、支管网 1.5 万公里，在江苏省第二家实现区域供水全覆盖。2015 年，扬州开展瓜洲、廖家沟饮用水源地安全隐患集中整治；改造供水支管网 645.5 公里，完成广陵区头桥水厂扩建工程项目。供水工程让 460 万扬州人都喝上了干净的长江水、运河水，农村居民的肠胃病、传染病大幅度减少，极大地提高了城乡居民的基本生活卫生质量。

2. 让百姓吃上放心菜

扬州市委、市政府把农产品质量安全监管视为一项重要的公共服务职能，加大经费投入，逐步健全和完善农产品质量安全体系，实现农产品"地头到餐桌"的安全，让百姓吃上"放心菜"。推进"1161"菜篮子工程和"115"鲜奶工程，2014 年在吴桥镇等市区周边乡镇新建 2000 亩蔬菜生产基地，新增鲜奶 4190 吨。

3. 让百姓呼吸上新鲜空气

扬州加快国家级生态文明建设试点示范市和水生态文明建设示范市创建，力争让生态成为市民的永续福利。加大植树造林力度，每年从土地出让金中拿出 5% 用于绿化工程。2012—2014 年，扬州实施新一轮"绿杨城郭新扬州三年行动计划"，全市完成造林 20.3 万亩，市区新增绿地 400 多万平方米。

4. 让百姓有稳定的就业

扬州实施积极的就业政策，以创业创新带动就业，培育大众创业、万众创新新引擎，催生经济社会发展新动力。2014 年新增城镇就业 6.49 万人，实现城镇失业人员再就业 4.35 万人，城镇登记失业率 2.19%。

（二）泰州：实施创业带动就业战略

泰州在建设全面小康社会进程中，以民生建设为根本，把"改善民生"贯穿于小康建设的全过程，注重民生建设的稳定性、连续性、累积性，努力使经济社会发展给人民群众带来更多的实惠。

发展富民，泰州一直把"发展经济、造福百姓"作为各项工作的最中心任务。2014 年，泰州全市完成地区生产总值 3370.89 亿元，全年人均地区生产总值 72706 元，按当年汇率折算为 11836 美元。全年城镇常住居民人均可支配收入 31346 元，农村常住居民人均可支配收入 15076 元。城镇常住居民、农村常住居民人均生活消费支出分别为 19517 元和 10849 元，城乡常住居民恩格尔系数分别为 29.1%、30.5%。

社保惠民，泰州推进社会保障扩面提标，社会保险主要险种覆盖率稳定在 97% 以上，城镇居民大病医疗保险实现全覆盖，城乡居民和企业离退休人员养老金、新农合和城镇居民医保筹资、城乡低保标准进一步提高。帮困助民，2014 年，泰州新开工各类保障性住房 1.6 万套，住房公积金新增开户缴存职工 4.7 万人；新增 3.3 万农村低收入人口脱贫。和谐安民，泰州积极发展文化事业和产业，市级公共文化设施全部免费开放，靖江创成省公共文化服务体系建设示范区，全国文明城市创建取得重要进展，各市（区）全部通过国家卫生城市技术评估。

泰州完善促进就业制度，实施更加积极的就业政策，突出抓好重点群体就业工作，推动创业带动就业，提高劳动者就业技能，强化公共就业服务。2014 年，新增创业 6.8 万人，净增私营个体经济注册资本 668 亿元，新增城镇就业 10 万人，创业带动就业工作成效显著。引进海外高层次人才创业创新，仅泰州医药高新区，2014 年新落户医药类项目就达 128 个，园区引进中外医药企业 430 多家，引来 1800 多名中外高层次人才加盟。电商下乡带动网上创业，泰州团市委联合歌德公司启动的"一村一店"电商进农村活动，为泰州各地的特色农产品销售打开了新的渠道，让农村青年创业就业进入"网络快车道"。"伙伴计划"为创业青年提供支撑，泰州政府多部门联合实施的"青年创业伙伴计划"，从资金、项目、智力、组织四个方面全力支持企业发展和年轻人创新创业。

（三）南通：建设绿色生态文明

南通新型城镇化和城乡发展一体化取得积极进展，生态文明建设力度加大，民生幸福水平持续提升，社会事业全面进步。2014 年，南通全市实现生产总值 5652.7 亿元，人均 GDP 达到 77457 元。全体居民人均可支配收入 25340 元，其中，城镇居民人均可支配收入 33374 元，农村居民人均可支配收入 15821 元。全体居民人均消费支出 17007 元，其中，城镇居民人均消费支出 22035 元，农村居民人均消费支出 11051 元。

城中村、危旧房改造，安置房、经适房建设，持续改善居民住房条件；标准化菜场，农产品直营店、南通农副产品物流中心，满足市民"菜篮子"需要；新能源公交车、公共自行车，市民绿色出行更加方便；入选公立医院改革国家联系试点城市，市区分级诊疗深入推进，破除"以药补医"机制，覆盖城乡的 15 分钟卫生圈基本建成。

《江苏省绿色发展评估报告（2014）》，南通获得 80.8 分，列全省第一名；生态文明建设公众满意度调查结果公布，在总计 6 大类 18 项调查项目中，南通市获得 7 项第一。南通市实施 240 项大气污染防治重点项目，荣获"江苏省大气污染防治和优秀城市"称号，进入国家生态文明先行示范区建设行列。自 2001 年成为全国首批企业环境信用评定试点城市，到 2012 年初正式提出"南通环保信用体系建设"，经过 10 余年探索实践，南通创新环境管理手段，对企业环境行为评级和信息公开，运用行政管理措施推进社会诚信体系建设，建立环境"守信激励、失信惩戒"的机制。据统计，企业环境行为信息库已经建立，每年南通有近 2000 家排污量占全市 80％以上的企业纳入评价范围，评级结果录入市社会公共信用信息平台，在金融、工商、质监、物价等部门广泛运用。环保信用体系成为南通社会力量督促企业持续改进环境行为、自觉履行环境保护法定义务和社会责任的重要手段。在推动企业减排降污、促进企业绿色发展、改进企业环境行为等方面起到了"风向标"和"指挥棒"的作用。

三、苏北五市民生发展特点

（一）盐城：扶贫开发惠民生

盐城把增进民生幸福作为工作的出发点和落脚点，"十二五"期间，盐城民生水平显著提高，基本公共服务持续扩面，农民人均纯收入和全体居民收入增幅全省第一，全面小康综合指标和民生水平、民生发展、民生满意度等指标均列苏北第一，扶贫开发带动巨大变化的做法得到中央的肯定和鼓励。

2014 年，盐城全市实现地区生产总值 3835.6 亿元，人均地区生产总值达 53115 元，按年平均汇率折算约 8692 美元。全体居民人均可支配收入 20543 元，其中，城镇常住居民人均可支配收入 25854 元，人均消费支出 15372 元；农村常住居民人均可支配收入 14414 元，人均生活消费支出 10782 元。

盐城是苏北革命老区，全市农业比重大、贫困人口多、增收渠道窄、基层基础弱。盐城扎实推进兜底保障工作，扶贫工作历经"百村扶贫"、"八七"扶贫攻坚、"整村推进，扶贫到户"等几个重要阶段，围绕"增收、减负、化债"不断增加村级集体经济收入，通过精准扶贫、精准脱贫，确保全面建成小康社会"一个不少、一户不落"，实现了由救济式扶贫向开发式扶贫、由解决温饱向基本小康的历史性跨越，让改革发展成果更多更公平惠及全市人民。

（二）淮安：不断加强社会治理创新

淮安坚持民生优先的工作导向，"十二五"期间以兴办惠民实事为抓手，统筹推进公共服务、社会保障和安全稳定，综合实力和民生发展水平有了很大提升。整治改造老旧小区、实施道路通达工程、义务教育均衡发展、改善农村居民生活环境、文化惠民工程加快实施等，淮安兴办了一批事关群众切身利益的民生项目，解决了一批群众反映的突出问题，群众的幸福感和满意度逐步提升。

2014 年，淮安全市实现地区生产总值 2455.39 亿元，人均 GDP 50736 元，按当年平均汇率折算为 8259 美元。全体常住居民人均可支配收入 19110 元，其中，城镇居民人均可支配收入 25798 元，人均消费性支出 14703 元；农村居民人均可支配收入 12010 元，人均生活消费支出 7836 元。

淮安不断加强社会治理创新，在打造"阳光信访"、推进网格化社会管理、构建劳动人事争议调裁审一体化调处机制等方面走出了具有江苏特色的社会管理创新之路。针对以往群众信访方式单一、信息传递管道狭窄、办访过程不够透明、监督管理缺乏力度、信访群众往返奔波等长期困扰信访工作的难题，淮安市于 2007 年在全国率先开通运行了"阳光信访"综合服务管理系统，为群众提供便捷高效、公开透明和人性化的信访服务。该系统集信访投诉、查询、服务、监督、分析、管理等功能于一体，在全市 9 个县区、147 个乡镇街道和 400 多个市县两级职能部门布设终端，有效地把城市与农村、市民与农民、部门与基层融合在一起。淮安的"阳光信访"经历 7 年探索，处理信访事项和矛盾纠纷 5 万余件，群众满意率达到 95％。

（三）徐州：探索政府和社会资本合作机制

徐州突出民生为先，和谐社会建设取得新的成效，居民收入和就业稳定增长，社会保障水平持续提高，各项社会事业协调发展。2014年，徐州全市完成地区生产总值 4963.91 亿元，人均地区生产总值达到 57655 元。全市全体居民人均可支配收入 18744 元，其中，城镇居民人均可支配收入 24080 元，农村居民人均可支配收入 12811 元，城乡收入比缩小到 1.88。全体居民人均消费支出 12167 元，其中，城镇居民人均消费支出 15005 元，农村居民人均消费支出 9011 元。

徐州市率先探索政府和社会资本合作机制。2015 年 3 月印发《关于推进政府与社会资本合作（PPP）模式的实施意见（试行）》，这是全省第一个政府层面的 PPP 指导性文件。建立市级 PPP 项目库，至 2016 年初，全市入库 PPP 项目 45 个，涉及水利、交通、环境保护、污水垃圾处理、教育、医疗等 8 个领域，总投资 1420 亿元。其中 2 项工程入选财政部首批 30 个 PPP 模式示范项目，总投资占全国10.2％；13 项工程入选全省试点项目，41 项工程列入省级 PPP 项目库，数量和投资总量均居全省首位。

徐州在推进基础教育均衡发展的过程中，以市为单位在苏北率先全面通过"全国义务教育发展基本均衡县（市、区）"国家级验收；徐州市创新办学思路，实施"托管"战略。2013 年 5 月，徐州市教育局决定由名校对弱校进行"托管"，实施"名校带动、名师支撑、全局支持、加快发展、推进均衡"战略，以充分发挥优质教育资源的影响、辐射、示范和带动作用，迅速提升薄弱初中办学水平，加快市区义务教育优质化、均衡化进程。"托管"实施一年多取得了显著成绩，新"托管"学校在短期内办学条件、师资状况和招生工作等都取得了巨大突破。2014 年，借鉴"托管"工作经验，徐州市各县（市、区）在辖区内纷纷开展集团化办学改革，根据强弱结合、城乡一体、捆绑考核的原则，发挥集团联动作用，带领着集团内的学校科学推进，共谋发展。

（四）连云港：推进基层民主法治建设

"十二五"期间，连云港以增进民生福祉为出发点和落脚点，紧紧围绕人民群众高度关注的教育、医疗、就业、社保、住房、养老等切身利益问题开展民生建设，人民生活持续改善，社会保障得到加强，社会事业协调发展，社会治理扎实推进。

2014 年，连云港地区生产总值总量 1965.89 亿元，人均 GDP 44277 元。全市居民人均可支配收入 17798 元，其中，城镇居民人均可支配收入 23595 元，农村居民人均可支配收入 11698 元。城镇居民人均消费 16016 元，农村居民人均消费支出 8282 元。

健全完善就业创业政策体系，"十二五"期间新增城镇就业人员 41.3 万人，农村劳动力转移就业 20 万人，高校毕业生就业率稳定在 90% 以上，期末城镇登记失业率为 2.1%。扶贫攻坚成效明显，46.1 万农村低收入人口、254 个经济薄弱村整体实现脱贫。城镇职工"五险"参保人数较"十一五"末增长 35.9%，城镇医疗保险、新型农村合作医疗实现应保尽保，城乡低保标准分别提高 81%、130%。住房保障体系逐步完善，开工建设各类保障性住房 4.18 万套，发放廉租房补贴 8219 户，惠及 5 万多户中低收入家庭。公办示范性养老机构实现全覆盖，每千名老人拥有床位数达 32 张，赣榆农村社区集中养老模式全国推广。全部建成义务教育发展基本均衡县（区），在苏北率先基本实现教育现代化。市直三级医院实现全覆盖，社区卫生机构实现以街道为单位全覆盖。建成城市十分钟健身圈，人均拥有公共体育场地面积从 1.87 平方米增加到 2.75 平方米。率先完成省级公共文化服务标准化试点地区创建，科技馆实现县区全覆盖。

连云港加强基层民主法治建设，形成基层依法治理工作新格局，"政社互动"覆盖 75% 的乡镇。海州区"一委三会"社会治理模式在全省推广。"一委三会"是指村（社区）党组织、村（社区）议事会和村（社区）监事会，形成共商共治的监督平台，服务平台、沟通平台和发展平台。"一委三会"社区治理模式的内涵为"多元化参与、网格化管理、集约化服务、互动化共治"，主要采取村干部每日坐班办事，议事会每日例会理事，监事会每旬审账监事和每季共商决事，让群众由过去的"旁观者"变身"参与者"，由服务者变为监督者。2015年，连云港出台《关于深入推进基层"三会一堂"依法治理工作的实施意见》，在村和社区全面推行"三会一堂"民主管理新模式，即"居民议事会、民情恳谈会、工作评议会、法治大讲堂"。

（五）宿迁：谋求新常态下民生新改善

新常态下，经济增速换挡回落，民生诉求更加复杂多样。为此，宿迁始终把民生工作放在重中之重的位置，积极谋求民生新改善，让人民充分享受改革的红利。"民生工作优先谋划、民生事项优先落实、民生投入优先保障"，"三个优先"成为宿迁市委、市政府保障和改善民生工作的理念框架。

2014年，宿迁全市实现地区生产总值1930.68亿元，人均GDP 4万元，按平均汇率计算为6506美元。全体居民人均可支配收入15888元，人均消费支出10450元，恩格尔系数为36.3%。其中，城镇居民人均可支配收入20396元，人均生活消费支出13463元，恩格尔系数为36.1%。农村居民人均可支配收入11677元，人均消费支出7702元，恩格尔系数为36.6%。

谋求新常态下民生新改善，宿迁以民生幸福工程"六大体系"建设为总抓手，着力解决好群众最关心的"医教水住行"问题。加快构建现代医疗服务、公共卫生服务、医疗保障、药品供应保障、医疗卫生监管"五个体系"，不断深化医药卫生体制改革，自2012年实施基本药物制度以来，药品平均价格下降约40%，经报销后就医费用再降50%，患者每次就医费用基本维持在15元左右。切实深化教育领域改革，加快教育发展方式转变，着力建设更高水平、体系完备的各层次教育，真正实现从"学有所教"向"学有优教"的转变。加速推进城乡一体化供水、城镇污水处理设施建设等工程，水源地水质达标率稳步提升，城市集中式饮用水水源地水质达标率为100%。增强住房保障能力，切实构建多形式、多层次、保基本、可持续的住房保障体系，自2007年以来，全市建成各类保障性住房约17.7万套，至2013年底，全市城镇住房保障覆盖率达14.96%，位居全省第四、苏北第一。推动城乡公交一体化，对城乡道路进行提档升级，全市公路总里程由 1650 公里增长到 10731 公里。

四、江苏十三市民生建设区域比较分析

(一) 居民收入

江苏经济发展水平呈现出由南到北依次递减的趋势，苏南、苏中和苏北的居民收入地区差异显著。苏南的经济基础、地理条件、人才资源、技术等要素禀赋优于苏中、苏北地区，在市场机制的作用下，全省经济资源大量流向收益率较高的苏南地区，拉大了与其他两地的差距。从 2000 年至 2014 年的 15 年间，江苏三大区域间差距有逐步扩大的趋势。2000 年，苏南与苏北地区城镇居民可支配收入的绝对差距为 1795 元，相对差距为 1.27 倍。同时，城镇居民收入增加速度由南到北依次降低，分别为 10.13%、8.9%、7.39%，这使得城镇居民收入的地区差距加大，2014 年苏南与苏北间的收入差距比增至 1.76。农村居民收入同样表现为由南到北依次降低的趋势。2000 年苏南与苏北的农村居民收入差距比值为 1.5 倍。由于苏南地区农民收入的增长速度最高（8.73%），这导致地区差异进一步扩大，2014 年苏南、苏北两地农民收入差距扩大到 8284 元和 1.65 倍。

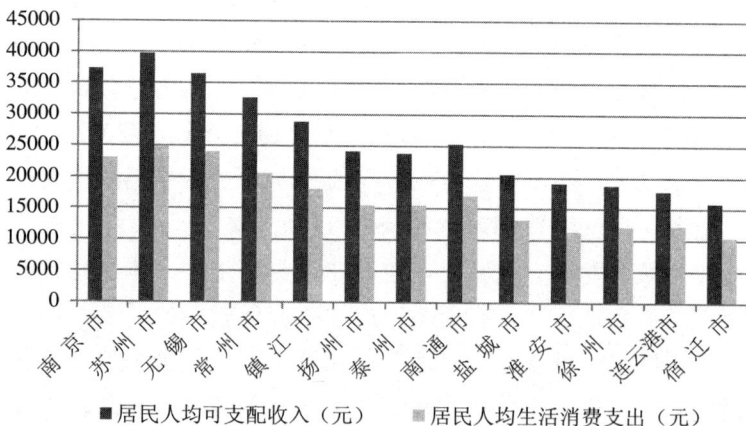

图 5-1 2014 年江苏十三市居民收入水平比较（元）
数据来源：江苏省统计年鉴 2015。

表 5‒15　2014 年江苏十三市居民收入弹性指数比较

市	南京市	苏州市	无锡市	常州市	镇江市
居民收入弹性	0.888677	1.552206	5.290682	0.744640443	0.862788651

市	扬州市	泰州市	南通市		
居民收入弹性	0.717968	0.797794	0.777771		

市	盐城市	淮安市	徐州市	连云港市	宿迁市
居民收入弹性	0.965026	0.7239	0.838872	1.041269	0.837286

数据来源：江苏省统计年鉴 2015。

对江苏十三市经济增长带动居民收入增长的情况进行比较分析，从表 5‒15 的统计结果看，弹性指数均为正，说明十三市居民收入都随着 GDP 的增长而不断增加，其中，无锡、苏州、连云港三市收入弹性大于 1，说明居民人均可支配收入跑赢 GDP，在发展中人民有更多的获得感。特别是无锡，弹性指数大于 5，在经济增速明显放缓的情况下，居民收入还保持了较快的增长。总体而言，苏中三市弹性系数均小于 0.8，说明居民收入虽然保持增长的态势，但是相对于苏南、苏北而言，经济发展对居民收入增长的带动力和影响力要弱于其他区域。

（二）教育

随着基础教育改革的深入开展，近几十年来江苏教育人力资源的配置越来越充足，师资队伍得到大幅度提升，师生比呈整体下降的趋势，近几年已经达到了一个相对比较合理的水平。2010 年 OECD 国家小学师生比平均值为 15.8。与之相比，2014 年，江苏小学师生比为 17.45，虽然稍高于 OECD 国家，但基本已经处于"同一级别"[①]。

比较江苏三个区域，总体而言，苏中中小学师生比和普通高校师生比最低，分别为 16.01、10.06 和 16.73（见表 5‒16），其次是苏南，苏北排在最后，苏中在基础教育和高等教育师资配备上优势明显。但就中等专业学校师生比来看，则苏南最低、苏北次之，最后是苏中，特别是南通的中等专业学校师生比畸高，凸显了职业技能教育存在的问题。

---

① 冯芳. 从生师比和平均班额看我国中小学教育现状——从我国与部分 OECD 国家的比较角度 [J]. 教学与管理，2014，30：35-37.

表 5-16　2014 年江苏十三市各级学校生师比情况

地区	小学	普通中学	普通中等专业学校	普通高校
苏南	17.50	10.54	12.90	17.46
南京	15.55	9.94	15.09	16.87
无锡	17.26	10.78	10.93	18.87
常州	19.40	11.61	13.58	20.65
苏州	18.95	10.61	12.72	18.51
镇江	14.87	9.67	12.15	15.82
苏中	16.01	10.06	28.48	16.73
南通	16.61	10.14	83.04	16.38
扬州	16.17	11.08	28.96	16.58
泰州	15.07	9.10	7.89	17.60
苏北	17.95	11.01	21.52	18.61
徐州	19.74	10.56	25.72	17.74
连云港	18.01	11.03	22.61	19.90
淮安	16.53	11.41	18.19	19.90
盐城	16.90	10.04	22.33	18.55
宿迁	17.31	12.85	21.48	18.76

数据来源：依据《2015 江苏统计年鉴》计算得到。

（三）医疗卫生服务配置不均衡

江苏自新医改以来始终坚持将促进基本公共卫生服务均等化作为一项重大的民生工程，提出"均等享有、预防为主"的政策内涵，为居民提供最迫切需要又能够快速见效的公共卫生服务。目前江苏医疗卫生资源呈现明显的区域差异。表 5-17 结果显示，每万人卫生机构数从苏南到苏北呈递增趋势，分别为 2.93 家、4.28 家、5.09 家，苏北拥有相对较多的人均卫生机构。但在人力资源、床位方面，苏南则优势明显，从每万人卫生技术人员数看，苏南领先苏中、苏北较多，分别高出苏中 12.33 人、苏北 11.79 人，其中苏中的泰州、苏北的宿迁和连云港处于全省最低水平，每万人卫生技术人员数均低于 50 人。万人床位资源方面，苏南依然优于苏中、苏北，差距各为 5.63 张和

3.68 张；即使在苏北内部，差异依然明显，苏北的徐州每万人卫生机构床位数高达 53.56 张，全省排在第二；而同在苏北的连云港每万人卫生机构床位数则处于全省最低水平，仅为 40.57 张。

表 5-17　2014 年江苏十三市各级学校生师比情况

指标	卫生机构数（个）	卫生机构床位数（万张）	卫生技术人员（万人）	每万人卫生机构数	每万人卫生机构床位数	每万人卫生技术人员
苏南	9720	17.20	21.44	2.93	51.83	64.59
南京	2383	4.37	6.21	2.90	53.17	75.54
无锡	2155	3.50	4.16	3.32	53.84	63.94
常州	1182	2.36	2.81	2.52	50.32	59.81
苏州	3063	5.52	6.43	2.89	52.07	60.62
镇江	937	1.45	1.84	2.95	45.69	57.93
苏中	7022	7.58	8.58	4.28	46.20	52.26
南通	3262	3.51	3.95	4.47	48.14	54.10
扬州	1782	1.98	2.33	3.98	44.14	52.12
泰州	1978	2.09	2.30	4.26	45.11	49.51
苏北	15258	14.44	15.84	5.09	48.15	52.80
徐州	4620	4.62	4.70	5.35	53.56	54.48
连云港	2702	1.81	2.19	6.07	40.57	49.19
淮安	2257	2.46	2.90	4.65	50.79	59.72
盐城	3217	3.53	3.66	4.45	48.85	50.72
宿迁	2462	2.02	2.39	5.08	41.79	49.27

数据来源：依据《2015 江苏统计年鉴》计算得到。

医疗卫生资源配置存在地区分布失衡，城乡发展失衡等一系列非均等化发展问题，会导致"看病难、看病贵"现象长期持续存在，影响了医疗卫生服务提供的公平与效率。要进一步提高现有医疗卫生资源配置的公平性：一方面，各地区应逐步建立起完备的财政保障机制和稳步增长机制，苏中和苏北地区特别要着力培养高水平的专业卫生人员队伍，设立医疗机构床位建设补助资金，加强对新增床位的补贴;另一方面,应重视医疗卫生资源配置的地区间差距,省级层面应加快推进卫生信息建设,出台相应政策法规,落实专项转移支付,逐步实现区域间卫生资源配置的均衡发展①。

---

① 黄阳涛.江苏医疗卫生资源配置的人口分布及公平性研究 [J].中国医疗保险,2013,08:27-31.

第六章

江苏民生体系建构的目标和路径

推动民生建设迈上新台阶，首先要确立更高的新目标。新时期民生工作更高的目标，来自共产党人执政为民的宗旨，来自对人民高度负责的精神。习近平总书记将人民群众的期盼，概括为有更好的教育、更稳定的工作、更满意的收入、更可靠的社会保障、更高水平的医疗卫生服务、更舒适的居住条件、更优美的环境。这七个方面，每一个都要付出很大的努力才能做好，现阶段民生发展与人民群众日益增长的需求相比，总是有一定的差距与不足。因此，要从差距出发，着力解决供给不足、配置不均、效率不高、机制不全等问题，尽快补齐短板，迎头赶上。这就是与时俱进的道理。

做好民生工作的基本思路，是守住底线、突出重点、完善制度、引导舆论。方向明确后，就要切实维护群众合法权益，更多地关心困难群体，特别是农民工、农村留守老人与妇女儿童，更大力度推进扶贫工作。加快推进基本公共服务均等化、城乡一体化、养老、住房保障、食品安全等。"六大体系"建设是江苏民生工作的亮点，各地要将探索成功的经验制度化，把民生工作奠定在更加坚实的基础上。提高收入水平与生活水平，要与经济发展相适应，指标过低就会脱离群众，指标过高就是说空话，不要搞超前许诺，应尽力而为。

第一节　江苏民生体系建构的目标和思路

以改善民生为重点的社会建设是中国共产党的性质、宗旨和奋斗目标的必然要求。党的宗旨是全心全意为人民服务，党的奋斗目标无论从革命战争时期看，还是从现在的全面建设小康社会、建设中国特色社会主义到最终实现共产主义，都决定了党的一切奋斗和工作都是为了造福人民。中国共产党九十多年的历史使党的环境、面貌、地位和任务都发生了变化但是我们党关注民生、重视民生、保障民生、改善民生；满足人民群众日益增长的物质文化需要的性质、宗旨和根本目标始终没有变，也正是因为这一点，她才赢得了人民的信任、拥护和支持，才取得了一个又一个的胜利，这一点必须牢记，因为它关乎社会主义的命运和前途，关乎中国共产党的生死存亡，关乎中国共产党执政能力的考验。

一、江苏民生体系建构的目标

（一）积极适应经济发展新常态，推动江苏发展迈上新台阶

在新常态下，推动经济发展迈上新台阶，其内涵不仅是规模和总量的扩大，更重要的是质量和水平的提升。打好这场硬仗，关键是转方式、调结构，最根本的是实现动力结构的转换。习总书记在讲话中，殷切希望江苏全面贯彻党的十八大和十八届三中、四中全会精神，坚持以邓小平理论、"三个代表"重要思想、科学发展观为指导，认真落实中央各项决策部署，积极适应经济发展新常态，紧紧围绕率先全面建成小康社会、率先基本实现现代化的光荣使命，协调推进全面建成小康社会、全面深化改革、全面推进依法治国、全面从严治党，努力建设经济强、百姓富、环境美、社会文明程度高的新江苏，并明确要求江苏在推动经济发展、现代农业建设、文化建设、民生建设、全面从严治党等五个方面迈上新台阶。

党的十八大以来，以习近平同志为总书记的新一届党中央，以领航中国的大胸怀、大气魄和大智慧，以崭新理念和不凡作为，开启了实现中华民族伟大复兴中国梦的新征程，展开了中国特色社会主义事业新布局。正是着眼于这样的时代背景和战略全局，总书记为江苏发展确立了新坐标、明确了新任务，向我们发出了"迈上新台阶、建设新江苏"的动员令。准确把握总书记对江苏的新要求新期望，深刻领会讲话蕴含的新思想新观点，以讲话精神统一思想和行动、凝聚智慧和力量。

一要牢牢把握"两个率先"的光荣使命，切实增强不辱使命的发展信心。江苏要"紧紧围绕率先全面建成小康社会、率先基本实现现代化的光荣使命"，"从目前条件看，江苏可以率先实现全面建成小康

社会目标"，"在扎实做好全面建成小康社会各项工作的基础上，积极探索开启率先基本实现现代化建设新征程这篇大文章"。2013年全国人代会期间，总书记指示江苏"按照率先全面建成小康社会、率先基本实现现代化的要求，不断开创各项工作新局面"。这次总书记把"两个率先"上升到江苏的"光荣使命"，意义极为重大、影响极为深远，既充分说明中央对江苏发展的要求十分明确、一以贯之，更是充分肯定江苏的实践成果、寄予新的更高期许。使命光荣，催人奋进。我们要切实增强不辱使命的发展信心，不断开辟"两个率先"新境界，在革故鼎新、复兴圆梦的伟大时代做出新的创业史。

二要牢牢把握"建设新江苏"的最新定位，切实增强谱写新篇的历史责任。总书记科学判断江苏所处发展阶段和历史方位，为江苏"把脉指向"、"量体裁衣"，提出了"努力建设经济强、百姓富、环境美、社会文明程度高的新江苏"的最新定位，为江苏发展勾画了美好蓝图。可以说，这是中国梦在江苏的具体体现，是江苏人民的共同向往，极大地激发了全省上下的发展热情和创造热情。"建设新江苏"，是鼓舞人心的目标，更是沉甸甸的责任，需要以新的作为、新的创造，去开创新的局面。江苏要把已经取得的成绩作为事业新的起跑线，迈步从头越，谱写新篇章，一步一个脚印把勾画的美好蓝图变为现实。

三要牢牢把握"五个迈上新台阶"的重点任务，切实增强勇攀新高的进取精神。总书记在讲话中对江苏工作做出了"五个迈上新台阶"的明确指示：从"不断开创各项工作新局面"，到实现"凤凰涅槃、腾笼换鸟"、起到"领头雁、火车头作用"，再到"五个迈上新台阶"，这些要求既一脉相承又不断深化。"五个迈上新台阶"，既是更高的期望，又是有力的鞭策。在改革发展实践中，江苏省不少工作走在了前列，但对照总书记的最新要求，对照国内外的先进水平，还有很多不足和短板，即使现在领先的也不等于将来一定领先。江苏要既用好已有的基础和条件，充分发挥和放大优势，又要坚持问题导向，着力拉长和补齐短板，更有针对性地抓重点、攻难点，努力向更高水平和层次攀登，使江苏各项工作都能够过得硬、走在前。

四要牢牢把握"四个全面"的总体框架,切实增强"协调推进"的理性自觉。总书记在讲话中提出,要"协调推进全面建成小康社会、全面深化改革、全面推进依法治国、全面从严治党"。将"四个全面"并列提出这还是第一次,表明党和国家各项工作的关键环节、重点领域、主攻方向更加清晰,内在逻辑更加严密,新一届中央领导集体治国理政的总体框架更加完整、更加系统。江苏是习总书记这个新思想的最先提出地,也要成为率先践行者。要准确把握"四个全面"的逻辑关系,扣住全面建成小康社会这个目标,坚持全面深化改革和全面推进依法治国这两个轮子一起转,强化全面从治党这个根本保证,始终沿着中国特色社会主义道路,把江苏的改革开放和现代化建设不断推向前进。

五要牢牢把握"为全国发展探路"的谆谆嘱托,切实增强先行先试的担当意识。总书记在讲话中强调,为全国发展探路是中央对江苏的一贯要求,并向我们提出了"下一步发展路子如何走"这样一个重大的时代命题,谆谆嘱托江苏先行探索,同时在许多方面也给我们提出了殷切希望。这既是对江苏的巨大信任,也是对我们的全方位考验。全省上下一定要以强烈的担当意识,肩负起总书记赋予我们的时代命题和重大使命,用创新的实践和成果,为全国发展探索路子、多作贡献。

(二)紧紧围绕"两个率先"的光荣使命,努力建设经济强、百姓富、环境美、社会文明程度高的新江苏

江苏要紧紧围绕"两个率先"的光荣使命,努力建设经济强、百姓富、环境美、社会文明程度高的新江苏。这是江苏未来发展的总命题,也是引领各项工作的总纲领。贯彻好这个总要求、总命题、总纲领,首先认识要到位,理解要深刻,把握要准确。要从江苏走过的发展历程、所处的历史方位来认识"两个率先"的光荣使命。江苏要在扎实做好全面建成小康社会各项工作的基础上,积极探索开启率先基本实现现代化建设新征程这篇大文章,同时目前主要精力还是要放在推动全面小康建设上,可在全面建成小康社会阶段做一些基本现代化建设需要做的事情,但不能匆匆忙忙往基本现代化赶,再回过头来补课。党的十八大以来,江苏对"两个率先"部署的调整也体现了这样

的要求。在贯彻中央精神及时修订两个指标体系的同时，调整了达到指标要求的时间节点，特别是针对少数地方一度存在的盲目攀比、过于乐观、急于求成的倾向，做了纠偏、纠急的工作，明确提出并反复强调：全省特别是苏北、苏中地区，主要任务是全面建成小康社会，即使是已经达到省定全面小康指标的地方，还是要在提升全面小康建设的质量和水平上下功夫，不能急于向基本现代化去赶；苏南有条件的地方开启基本实现现代化新征程，是把总书记提出的"可以去勾画的目标"变成一步一个脚印的探索。

江苏要制定科学的规划，扎扎实实提高全面建成小康社会质量和水平，积极进行基本实现现代化建设的探索，使"两个率先"实践在与时俱进中始终充满蓬勃的生机。要从面临的时代背景、群众的期盼愿望来把握建设"新江苏"的目标内涵。经济强，应该是以经济发展质量和效益得到显著提升为标志，转方式、调结构取得重大进展，先进制造业和现代服务业成为现代产业体系的主干部分，创新驱动成为经济发展的主引擎，市场主体充满旺盛活力，整个区域经济具有较强的国际竞争力和抗风险能力。百姓富，应该是人民群众更多更公平地分享改革发展成果，有更好的教育、更稳定的工作、更满意的收入、更可靠的社会保障、更高水平的医疗卫生服务、更舒适的居住条件、更优美的环境，物质生活富足、精神生活丰富。环境美，应该是有清新空气、清澈水质、清洁环境，努力实现城市融入自然，现代融入村庄，让人们望得见山、看得见水、记得住乡愁，让江苏的自然之美与人文之美、传统之美与现代之美交相辉映，让诗画美景展现在江苏大地，让江苏人民拥有美好的生活家园。

社会文明程度高，应该是社会主义核心价值观深入人心，公民素质高、社会风尚好、文化软实力强，公平正义得到保障，遵法守法成为习惯，诚信友善蔚为风气，社会大局和谐稳定。这四个方面是一个有机整体，是江苏未来发展的美好蓝图，是中国梦江苏篇章的生动描绘，使我们的奋斗目标更加形象可感、深入人心。我们在新的征程上推进"两个率先"，要把"迈上新台阶、建设新江苏"鲜明地写在江苏发展的旗帜上，使之成为全省上下的共同思想基础和自觉追求，成为江苏发展的主旋律、最强音。贯彻好这个总要求、总命题、总纲领，需要与时俱进地审视我们工作的目标取向、理念思路、部署举措，重点要在提升、深化、拓展、探索上下功夫。

（1）提升目标追求。把江苏发展放到更大的坐标系中来考量，把"两个率先"放到"两个一百年"奋斗目标和中华民族伟大复兴中国梦中来对标，对照经济强、百姓富、环境美、社会文明程度高的"新江苏"内涵要求，深化研究、查找差距、明确方向，以更高的发展目标和工作要求，引领新的实践。

（2）深化工作部署。对今后工作的谋划和部署，都要围绕总书记重要讲话精神来确定和展开、来深化和细化，特别是要按照"五个迈上新台阶"的重点任务，逐项进行分解，确定具体课题，深入调查研究，制定工作方案，拿出推进计划，一条一条抓好落实，确保每年都有新进展，不断见到新成效。

（3）拓展思路举措。要紧扣总书记提出的新要求新任务，对"八项工程"的思路举措进行梳理和深化，该完善的完善，该拓展的拓展，该创新的创新，使"八项工程"常抓常新，成为"迈上新台阶、建设新江苏"的主抓手。

（4）探索发展新路。在全面建成小康社会、全面深化改革、全面推进依法治国、全面从严治党的大背景下，要成为先行探索者，必须有更加全面的系统性思考，有更胜一筹的创造性实践。要紧紧围绕党和国家交给江苏的时代命题，着眼全局、统筹协调，改革创新再加力，率先探索不停步，敢于啃硬骨头，敢于涉险滩，把党和国家对我们的嘱托付诸实际行动，当好先行军，创造新成果。实现江苏发展的美好蓝图，需要长期努力，锲而不舍，久久为功。在这一过程中，既要始终保持昂扬向上的精神状态，又要坚持问题导向，更加清醒理性务实地抓工作干事业。要始终保持清醒头脑，增强忧患意识，敢于直面问题，善于破解难题，干在实处、务求实效，创造出经得起实践、人民、历史检验的新业绩。

（三）以钉钉子精神抓好落实，推动江苏民生体系逐步完善

紧紧围绕"七个更"的目标，推动民生建设迈上新台阶。江苏一贯高度重视改善民生工作，特别是近年来通过实施民生幸福工程，使人民群众普遍得益受惠。要在已有的工作基础上，按照守住底线、突

出重点、完善制度、引导舆论的基本思路，像抓经济建设一样抓民生保障，像落实发展指标一样落实民生任务，着力完善"六大体系"，扎实办好民生实事，努力让人民群众有更好的教育、更稳定的工作、更满意的收入、更可靠的社会保障、更高水平的医疗卫生服务、更舒适的居住条件、更优美的环境。这七个方面，每一个都是沉甸甸的，都要付出很大的努力才能做好。要围绕这"七个更"的目标，对改善民生的各项工作进行对标对号，认清所长所短，明确努力方向。从公共服务和社会事业发展的供给角度来审视，要着力扬长补短、提高水平。保障和服务水平居于前列的，要再接再厉、完善提高，并且注意破解新问题、探索新路子；相对滞后的，要找准原因、对症下药，尽快补齐短板、迎头赶上。教育是民生之基。江苏素有崇文重教的传统，教育事业发展水平总体较高，要把立德树人作为根本任务，全面实施素质教育，大力促进教育公平，办好人民满意的教育。就业是民生之本。要深入实施就业优先战略和更加积极的就业政策，持续做好重点人群就业工作，加强职业技能培训，不断提高就业质量。社会保障是民生的安全阀。要坚持全覆盖、保基本、多层次、可持续方针，以增强公平性、适应流动性、保证可持续性为重点，夯实覆盖城乡居民的社会保障体系。特别是要抓好医改试点工作，尽快拿出改革的成功实例，形成可复制可推广的改革经验。同时，对增加城乡居民收入、改善居住条件等问题，也要认真分析研究，提出针对性的措施。

从基本民生需求保障程度来审视，要着力提高改善民生的普惠性和针对性。普惠性，主要是通过体系建设和制度性安排，让人民群众普遍得益受惠。要进一步完善基本公共服务网络，扩大有效供给，提高服务能力，逐步调高保障标准，稳步推进基本公共服务均等化。针对性，重点是围绕保障困难群众的基本生活，做好扶贫济困工作。要根据我省低收入人口分布的情况，增强帮扶措施的针对性和有效性，实行"点穴式"的精准扶贫，真扶贫、扶真贫，增强其自我发展能力，保质保量完成新一轮扶贫开发任务，并积极探索减少相对贫困、促进共同富裕的有效途径。要格外关注困难群众，雪中送炭的工作要多做、做得及时，确保困有所济、难有所依、残有所帮、老有所养。

民生工作要注重稳定性、连续性、累积性，一件事情接着一件事情办，一年接着一年干，一任接着一任做。我们要深刻把握这一要求，扎扎实实、久久为功地做好民生工作。经济工作要加强预期管理，保障和改善民生同样要加强预期管理，不要开空头支票，不要搞超前许诺。行胜于言，还是要少说多做，甚至只做不说，用实际行动让群众感受到实实在在的变化，发自内心地认可我们的工作。人民群众安居乐业，离不开和谐稳定的社会环境。要深入实施社会治理创新工程，落实系统治理、依法治理、综合治理、源头治理的措施，更加注重用法治思维和法治方式解决突出问题、化解社会矛盾、维护社会稳定。要坚持横向到边、纵向到底，严格落实安全生产责任，加强安全生产监管，确保人民群众生命财产安全。

（四）用好生态环境的倒逼压力，把江苏生态文明建设向纵深推进

2013年全国人代会期间，党中央要求江苏省把生态文明建设作为"两个率先"的重要标杆，这次又要求江苏"走出一条经济发展和生态文明相辅相成、相得益彰的路子"。江苏要以更大的决心，拿出更硬的举措，把生态文明建设工程向纵深推进。2014年江苏在举办南京青奥会和国家公祭活动期间，做了很多工作来治理大气污染，空气质量有了明显改善。这两次压力测试说明，只要有关方面和全社会携手努力，生态环境是可以治理好的。要坚持一手抓保护建设，大力倡导绿色低碳生产生活方式，加强生态环境修复，维护生态平衡稳定；一手抓综合治理，严格实施大气污染防治措施，继续狠抓水污染治理，深入推进城乡环境综合整治。对污染问题，要坚持源头严防、过程严管、后果严惩，以此倒逼产业转型升级，大力推动节能减排，加快淘汰落后产能，坚决关停排放严重超标的污染企业。推进生态文明建设，既要有立竿见影的措施，更要有可持续的制度安排。要把生态文明建设纳入法制轨道，完善环境保护的地方性法规，加大环保执法力度，实行经济社会发展绿色评价体系和领导干部任期环境质量考核制度，严守生态红线和耕地保护红线，用严密的制度和严格的法治保障生态文明建设各项任务的落实。

二、江苏民生体系建构的基本思路

（一）认真学习、强化措施，确保贯彻十八大精神落到实处

民为邦本，本固邦宁。"情况是在不断地变化，要使自己的思想适应新的情况，就得学习。"学习十八大，要结合民生实际，把思想行动统一到中央决策部署上来，准确把握科学发展观战略思想的历史地位。要注重指导思想与时俱进、高举旗帜坚定不移、奋斗目标鼓舞人心、总体布局深化拓展、和平发展始终不渝。在加快转变经济发展方式上、在改善民生和创新社会管理上、在提高城市文化软实力上、在推进生态文明建设上、在推进城乡发展一体化上、在体制机制创新上、在推进民主法制建设上、在提高党的建设科学化水平上率先突破。重点要把握好速度与效益关系，注重提升增长质量、把握好内需与外需关系，立足扩大国内需求、把握好投资与消费关系，着力拓展居民消费。

一是深刻领会按小康社会要求促进经济社会发展。"民者，国之根也，诚宜重其食，爱其命。"要自觉地把推动经济社会发展作为深入贯彻落实科学发展观的第一要义，把保障和改善民生放在更加突出的位置，着力构筑保障基本民生的安全网，加快推进社会体制改革。二是深刻领会全面深化经济改革提高开放型水平。为政之道，以顺民心为本。改革是中国发展生产力的必由之路，要更大程度更广范围发挥市场配置资源的基础性作用，完善宏观调控体系，形成有利于转方式调结构的财税金融体制，构建维护社会公正的收入分配制度，建设依法行政、廉洁高效的服务型政府。三是深刻领会坚决用更大气力保障和改善民生。"为人臣者，以富乐民为功，以贫苦民为罪。"保障总关情，民生系国运。从教育、卫生、住房到就业、收入、保障，十八大报告从人民群众最关心的实际问题出发，从解决人民群众最直接、最现实的利益问题入手，这充分体现了党与人民的血肉联系。江苏既要尽最大努力做到尽力而为，又要切实量力而行。正确把握好最广大人民的根本利益、现阶段群众的共同利益和不同群体的特殊利益的关系，统筹兼顾各方面群众的关切。

（二）与时俱进，求真务实，扎实推动各项事业上档进位

1. 解放思想，科学决策，务实创新

"源静则流清，本固则丰茂；内修则外理，形端则影直。"科学发展以人为本，思想解放以实为源。江泽民指出："创新是一个民族进步的灵魂，是国家兴旺发达的不竭动力。"要理清思路，整体科学规划发展；抓好产业整顿，加快转型提质；整合发展，加快对外开放；整治环境，加快建设良好环境；整固民生，改善民生步伐；抓好整肃风气，加快党风廉政建设。提升规划的全局性质量水平，提升规划的层次；要整顿秩序，提整品牌；要整合内部资源，引发内生动力。招引社会资源，增强外部推力。利用政策资源，激发发展动力；要整建结合，营造城乡环境。多管齐下，营造良好的发展社会环境；要创新社会管理，调整民生工作理念，继续推进会战民生，加快开发扶贫力度；要狠抓廉政教育、基层党建、作风建设、人事制度改革和整治腐败。

2. 明确目标，扎实推进，务求实效

爱亲者不敢恶于人，敬亲者不敢慢于人。"目标的坚定是性格中最必要的力量源泉之一，也是成功的利器之一。"理清思路，明确目标，努力加快经济科学发展；推动产业结构调整，建设新型经济，加快转型提质；推动城乡协调发展，加快基础建设；推动改善民生，繁荣社会事业，提高人民群众的幸福指数；突出生态建设，加强环境保护，促进人与自然和谐共生、突出财源建设，强化增收节支，提高财税金融支撑能力；对于切实加强政府自身建设，着力打造学习型政、服务型政府、法治型政府、效能型政府，推进幸福民生建设，制定详尽的切实可行的目标并扎实推进、务求实效。

哲人说：伟大不只在事业上惊天动地，他时常不声不响地深思熟虑。真正的盲人，并不是双目失明的人，而是那些没有远见的人。是的，要有辨识形势的思维，创新推进的胆识，奋起直追的豪气。沟通对接，谋划发展的文章。把握形势机遇扬激情，立足岗位养大气，履行职责展作风。加快发展有新办法，团结一致出新成绩。

（三）以人为本，开拓创新，切实给力民生工程增量提质

"民心所归，大事可成；民心所离，立见灭亡。"要多谋民生之

利，多解民生之忧。提高政府保障能力，推进基本公共服务均等化，促进民生进一步改善，不断提高人民生活质量和水平。

1. 强化就业、社保，彰显安居乐业

苏轼曰："夫享天下之利者，任天下之患；居天下之乐者，同天下之忧。"劳动就业是民生之本，医疗保障是民安之策，收入分配是民心所系，病有所医是民康之举。十八大报告提出，"要解决好人民最关心最直接最现实的利益问题，在学有所教、劳有所得、病有所医、老有所养、住有所居上持续取得新进展，努力让人民过上更好生活。""推动实现更高质量的就业"。要把促进就业作为优先目标，坚持"劳动者自主择业，市场调节就业，政府促进就业"方针，大力拓展就业空间，用政策激发社会创业，引导重点人群就业，做好职业技能培训，广泛开展就业服务，深入推进就业援助，构建和谐劳动关系。同时，"羊有跪乳之恩，鸦有反哺之义。"要加强养老机构建设，深入开展社会救助，切实抓好优抚工作。

"安得广厦千万间，大庇天下寒士俱欢颜"。要以廉租房、公共租赁住房、经济适用住房、限价商品房建设和棚户区改造为重点，全面推进保障性安居工程建设，深入实施农村危房改造和茅草树皮房改造，切实解决住房困难家庭、低收入群体和农村困难群众的住房问题。增加城镇保障性住房供给，加强民生公共机构住房建设，稳妥发展房地产市场。

2. 强化教育、医保，彰显文明健康

治天下者，以人为本。兴国必先兴教，治穷必先治愚。教育是民族振兴的基石，教育公平是社会公平的重要基础。十八大将"学有所教"列为改善民生的第一目标，以办人民满意的教育为最终目标，抓好各类学校增量提质工程。多元投入保障教育，加强学前教育，提升义务教育，扩大高中教育，提高职业教育，改善学生生活，拓展教育资助，整合资源发展，建设队伍强化教育。抓住机遇，舞好龙头，抓好学校道路交通、食品等安全管理工作。

"君依于国，国依于民。"最好的满足就是给别人以满足。李嘉诚曾经深情地说："其实真正属于我个人的财富是给自己和亲人买了充足的人寿保险"。要加快基本医疗保障制度建设，切实扩大医疗保险覆盖面,增强政府医疗保障能力,发展商业健康保险,强化卫生服务保障建设,加强卫生惠民、改革和队伍建设,健全医疗卫生服务网络。努力实现"人人享有基本医疗保障"的目标。

3. 强化平安和谐,彰显幸福安康

居安思危,警钟长鸣!"享天下之利者,任天下之患;居天下之乐者,同天下之忧。"十八大指出,"社会和谐人人有责、和谐社会人人共享"。一要坚持"广覆盖、保基本、多层次、可持续"方针。加强各类社会保障体系建设,不断扩大社会保险覆盖面,提高基金统筹层次和保障水平,构建水平适度、持续稳定的社会保障体系。二要统筹城乡发展。预防和化解各类社会矛盾,抓好安全生产、食品药品安全监管等专项工作,打击各种违法犯罪活动,全力维护社会稳定。安全是幸福的花,全家浇灌美如画。将安全牢牢记在心中,平安将会伴随我们度过美好的一生。要努力提升社会公众安全感;三要加强和创新社会管理,实施征地拆迁矛盾纠纷调解机制建设、和谐长效机制建设、流动人口服务管理长效建设、农村治安防控网络建设、道路交通矛盾纠纷调解机制建设等项目。切实做好信访维稳工作,抓好安全生产工作。

4. 强化基础建设,彰显固本强基

"求木之长者,必固其根本;欲流之远者,必浚其泉源;思国之安者,必积其德义"。一个地区经济发展程度如何,主要取决于该区域的基础设施情况,包括水路电、卫生厕所办公场所设施和文化娱乐室等,要以农村公路建设为重点,以提升交通运输管理服务保障能力为着眼点,着力改善城乡交通条件,抓好农村电网改造,加强农村生态环境保护,逐步提高城乡居民生活质量;强化城乡基层组织活动场所建设,基本构建综合性、多功能的社区服务网络。

5. 强化文化、体育,彰显文化惠民

虑于民也深,则谋其始也精。十八大指出:"文化是民族的血脉,是人民的精神家园。""建设社会主义文化强国,关键是增强全民族文化创造活力。"要加强基层文化阵地建设,构建惠及全民的城乡公共文化服务网络,弘扬民族文化,促进文化繁荣,为广大城乡人民群众提供便捷、就近、高效的文化服务,逐步满足其日益增长的精神文化

民生建设国际比较研究

生活需求。要加强城乡文化设施建设，抓好文化活动设施建设，增强公共文化服务，挖掘和发扬民生特色文化，扩展对外文化交流，营造健康文化氛围。

"发展体育运动，增强人民体质"。要逐步完善城乡体育基础设施，深入开展全民健身活动，发展民族体育事业，丰富人民群众体育文化生活，努力提升体育整体实力，不断增强人民群众体质。要组织区域性体育竞赛，培育和发展体育产业，促进群众性体育活动开展。

6. 强化生态文明，彰显美丽民生

"人法地，地法天，天法道，道法自然"。天下顺治在民富，天下和静在民乐，天下兴行在民趋于正。要把生态文明建设列入建设总体布局。转型提质，把生态文明建设放在突出位置，融入经济、政治、文化、社会建设各方面和全过程，着力推进绿色发展、循环发展、低碳发展，形成有利于节约环保的空间格局、产业结构、生产方式、生活方式，使经济发展更多依靠节约环保带动，使资源节约型、环境友好型社会建设取得重大进展。

第二节　江苏民生建设体系建构的路径

一、江苏民生体系建构的总路径

（一）坚持把惠民生作为稳增长促改革调结构的聚焦点

经济发展进入新常态，速度、方式、结构、动力都呈现出新的变化趋势，要拓宽思路、扩展视野，把民生工作放到经济社会发展大局中谋划，把改善人民生活作为正确处理改革发展稳定关系的结合点，真正使改善民生成为经济发展的根本目的、推动发展的持久动力。一方面，越是面对经济下行压力，越要把保障和改善民生放在重要位置，更加注重提高城乡居民收入，更加注重保障基本民生，更加关注低收入群众生活，更加重视社会大局稳定，织牢织密民生保障网，持续增进民生福祉。另一方面，保障改善民生与经济发展动力紧密相连，城乡居民日益增长的需求给经济增长、结构优化带来很大空间。加大保障改善民生的力度，有利于提高居民即期消费能力、增强居民消费预期、扩大居民消费需求，进而刺激生产、促进经济稳定增长。江苏要通过持续不断改善民生，释放消费潜力，扩大有效投资，催生新产业新业态新模式，培育新的经济增长点，推动结构调整优化和转型升级，促进经济持续健康发展，从而更好地支撑和保障民生建设，实现经济发展与民生改善的良性循环。

按照人人参与、人人尽力、人人享有的要求，围绕"七个更"的目标，深入实施民生幸福工程，扎实办好各项民生实事，推动民生建设迈上新台阶。坚持居民收入增长和经济增长同步、劳动报酬提高和劳动生产率提高同步，深入实施居民收入倍增计划，明显增加低收入劳动者收入，扩大中等收入者比重。实施就业优先战略和更加积极的就业政策，实施全民创业工程，加强对灵活就业、新就业形态的支持，推行终身职业技能培训制度，维护劳动者平等就业权利。推进新一轮脱贫帮扶工作，实施低收入农户和经济薄弱村脱贫致富奔小康工程，强化精准扶贫、精准脱贫措施，完善脱贫工作责任制，确保全省人民共同迈入全面小康社会。坚持教育优先发展，提高教育质量，促进教育公平，率先从建档立卡的家庭经济困难学生实施普通高中免除学杂费。积极推进深化医药卫生体制改革省级试点，全面实施一对夫妇可生育两个孩子政策，开展应对人口老龄化行动。建立更加公平更可持续的社会保障制度，实施全民参保计划，建立城乡统一的居民基本医疗保险制度。全面实施职业年金制度。加快推进住房保障和供应体系建设，实现城镇常住人口住房保障应保尽保。

（二）坚持把推进基本公共服务均等化作为主攻方向

继续完善医疗、教育、住房、社会保障等公共服务。要以人人享有基本社会公共服务为方向，更加注重对社会弱势群体的有效帮扶。体系建设对于保障改善民生具有长远和根本性的作用。今后一段时期，体系的建设重点是加快实现从打好基础向提升质量转变，从形成框架向制度建设转变，从试点示范向全面推进转变，确保人民群众持久稳定地得益受惠。在推进"六大体系"建设过程中，要按照城乡统筹、区域协调的要求，着力解决重点问题，着力保障重点群体，着力抓好重点地区，促进基本公共服务资源在城乡之间均衡配置、基本公共服务制度在区域之间有机衔接，进一步解决好供给不足服务不均、效率不高、机制不活等问题。统筹制定城乡基本公共服务规划、标准和政策措施，优先推进教育、就业、医疗卫生、社会保障、公共交通、环境保护等基本公共服务一体化。加大公共资源向农村和经济欠发达地区的支持力度，鼓励引导城市优质公共服务资源向农村延伸。坚持守住底线、周急不继富，把关注的目光更多地投向平均线以下的困难群体，深入实施新一轮扶贫开发，织牢贫困人口基本生活安全网，确保全省411万低收入人口全部实现脱贫。今后社会保障事业的重点：一是进一步扩大医疗、养老保险的城乡覆盖面，使更多的家庭具有规避生活风险的能力；二是进一步提高社会保险的统筹层面，制定全省统一的社会保险关系转续办法；三是完善住房保障体系，为中低收入者提供廉租房和经济适用房。

（三）坚持把全面深化改革作为保障改善民生的重要动力和有效手段

推动民生建设迈上新台阶，改革是根本动力。解决民生工作中的难题，还是要用好改革这个"关键一招"。要坚持改革与发展同部署同推进，进一步强化改革的责任意识、问题意识、攻坚意识，推动一系列具有标志性、关键性、引领性的社会领域改革措施落地生根，切实通过改革破解难题、完善体系、健全机制。要把群众最关心、最急迫的改革问题摆上优先位置，在收入分配制度改革、教育领域综合改革、医药卫生体制改革、就业创业体制改革、社会保障制度改革、住房保障制度改革、养老服务体制改革等方面，进一步明确目标任务和关键举措，集中力量予以突破，让人民群众在民生改革中直接得益受惠，对改革有更多的获得感。医改是关系人民健康的重大民生问题，是全面深化改革的重要内容。要牢牢把握机遇，按照"保基本、强基层、建机制"的原则，坚持完善制度体系与解决当前突出问题有机结合，强化公益公平，创新体制机制，推动医改取得突破。要尊重基层首创，鼓励各地利用现有改革试点平台先行先试，探索有效的民生和社会领域改革路径，努力形成更多可复制、可推广的经验。

加强社会风险的监控与监管。频发的食品安全事故暴露出政府长期以来对产品安全监管的不足。对此，在操作层面上，不仅要为企业创造良好的投资经营环境，更应该强化对产业的监管职能；在制度层面上，应该尽早建立企业和公民的社会诚信体制；在战略层面上，应该着重思考在经济全球化、市场一体化、产业链条化、媒介大众化的背景下，如何应对各类社会风险的问题。

建立权力制衡机制。一些社会不公现象，已为公众长期诟病。究其根源，主要在于权力缺乏制衡而导致的权钱交易。因此应该加快防治腐败的制度建设，积极探索建立个人收入和财产登记与申报制度，建立公务人员的就职、离职和换岗的财产审查制度；要建立公平合理的社会分配机制，逐步破除城乡二元结构，逐步扭转收入差距的扩大趋势，消除不合理、不合法因素对收入分配的影响；加强廉政、勤政建设，密切干群关系，以高效、亲民、廉政、公开的政府形象促进社会公正。

（四）坚持把民生投入作为公共财政支出的重点

保障改善民生是我们一切工作的出发点和落脚点。近年来，江苏持续加大民生投入力度，目前全省公共财政支出75%以上用于民生建设，其中省级财政达80%左右。虽然经济发展进入新常态，增速换挡到中高速，改革进入攻坚期，财政增收难度越来越大，但民生投入必须切实保障好，确保稳定增长。从根本上看，要在新常态下推动经济提质增效升级，努力增加财政收入。同时，要完善公共财政体制，优化支出结构，突出精准高效，把有限的财政资金用在刀刃上；注重节约支出，继续压缩财政一般性开支，下决心盘活存量；完善财政性资金绩效评价制度，发挥财政资金的整体效益，确保将实事办好、好事办实。同时，要把使市场在资源配置中起决定性作用和更好发挥政府作用有机结合起来，紧紧围绕提高效率、增加供给，充分发挥市场和社会组织作用，拓宽民生建设资金来源，加快非基本公共服务向民营开放步伐，对基本公共服务也要尽量采取政府购买的方式，鼓励和引导各类资本向民生领域集聚，努力形成政府主导的多元投入机制。

在新的起点上推动民生建设迈上新台阶，是习近平总书记对江苏工作的殷切期望。我们要充分发挥好各方面的积极性、主动性和创造性，凝聚起做好民生工作的强大合力。各地各部门要积极顺应人民群众过上更加美好生活的新期待，加强组织统筹，科学谋划推进，从制度上稳定民生预期，从体系上保障民生需求，从根本上解决民生问题。深入推进依法行政，加快建设法治政府，更加注重运用法治思维和法治方式，创造和维护权利公平、机会公平、规则公平的社会环境，依法、依规、有序推进民生建设。进一步强化群众观念，树立正确的政绩观，把群众赞成不赞成、愿意不愿意、支持不支持作为制定政策和评价工作的根本依据，把广大群众的智慧和力量凝聚到民生建设上来，使民生建设迈上新台阶既是党委政府努力的方向，又切实成为广大群众合力奋斗的目标，真正形成人人参与、人人共享的良好局面，共同创造更加幸福美好的生活。

二、江苏民生体系建构的具体路径

（一）江苏教育再上新台阶的路径

1. 进一步推动教育综合改革，确保改革任务要求落实到位

建立完备、规范、有效的教育制度体系。全面贯彻十八届三中全会的精神，把推进教育治理体系和治理能力现代化作为深化教育领域综合改革的总要求，以构建政府、学校、社会新型关系为核心，以推进管办评分离为基本要求，以转变政府职能为突破口，建立系统完备、科学规范、运行有效的制度体系；推动省级政府和高等学校深化教育综合改革。全面贯彻落实"一市两校"综合改革的具体要求，各市制订综合改革方案，上报省教育体制改革领导小组办公室。要按照"一授权两报备"的改革机制，对需要申请授权的重要改革举措，按程序向有关部门申请授权，事前报备具体实施办法和标准，事后报备实施进展情况。

2. 以标准化、均等化为抓手，努力缩小城乡差距、区域差距

继续以标准化、均等化为重要抓手，提升农村公共教育服务水平，全面改善农村义务教育薄弱学校基本办学条件，提高农村学校教学质量；加快缩小校际差距。充分发挥优质教育资源的辐射带动作用，推广中小学集团化办学、对口帮扶、学校联盟、学区化管理等形式。继续推进优质普通高中招生名额合理分配到区域内初中的办法。加快建立和不断完善义务教育校长教师交流轮岗制度，重点引导优秀校长和骨干教师向薄弱学校流动；提高困难群体教育保障水平。积极推动进城务工人员子女平等接受教育，改善农村留守儿童接受义务教育状况，健全农村留守儿童关爱服务体系。充分利用教育信息化扩大

优质教育资源覆盖面，使得更多的学生接受优质教育，逐步缩小区域、城乡、校际差距。

3. 调结构，提质量，为经济转型升级提供人才和智力支撑

调整教育内部结构，加快发展现代职业教育，要抓紧研究制定校企合作办学促进办法，推进现代学徒制试点、集团化办学、校企一体化办学、"双师型"教师队伍建设等重点工作。推动地方本科高校转型发展，明确办学定位、凝练办学特色、转变办学方式，加快建立高校分类设置、分类拨款和分类评估制度。加快发展继续教育，理顺管理体制，加大投入力度；着力提高各类教育质量，以质量立教，建立质量保障制度，完善教学评估工作，并使之逐步走上制度化、规范化、科学化轨道。认真制定中小学各学科学业质量标准，开展教育质量监测。创新高校人才培养机制，进一步调整学科专业结构、人才培养类型层次结构和区域布局结构。加快现代职业教育体系建设，改革创新高等职业教育，深化产教融合与校企合作。

4. 深化国际交流与合作，服务国家对外开放战略大局

提高中外合作办学质量，认真贯彻党和国家关于留学人员的方针政策，更大规模、更有成效地培养我国改革开放和社会主义现代化建设急需的各级各类人才。从教育大局出发，坚持对外开放战略，加大力度引进国际优质教育资源。充分发挥自身优势，加强内引外联、牵线搭桥，当好促进中外友好交流的民间大使。同时健全工作机制，为留学人员回国工作、为国服务、促进中外文化交流创造良好环境；服务国家开放战略，支持省内高水平教育机构走出去办学，优化中外合作办学类别、学科结构和地区布局。充分发挥孔子学院综合文化交流平台作用、提高办学质量和水平。主动服务企业走出去，培养培训既懂外语又懂专业，既熟悉国际规又掌握交流技能的各类人才。要加快推进国别与区域研究工作，以"一带一路"沿线国家为优先方向，以培育基地建设为重要抓手，抓紧布局，开展研究。

（二）江苏就业工作迈上新台阶的路径

1. 加强就业形势分析研判，全力促进就业政策完善落实

密切关注经济变化对就业的影响，完善就业失业监测制度。加强对服务业特别是新兴业态等新的就业增长点的跟踪监测，加强对省淘

汰落后产能和化解过剩产能项目的企业用工变化情况的监测。加强全省就业信息化建设，增强就业信息监测的准确性和时效性。确保符合实施兼并重组、化解产能过剩和淘汰落后产能条件的企业及时享受政策，切实减轻企业负担，努力保持就业形势稳定。完善运用失业保险基金促进就业、援企稳岗措施，统筹抓好农村转移劳动力、城镇困难人员、退役军人就业。

2. 探索实行职业培训补助政策，提升公共服务水平

加大对创业载体和创业项目扶持力度，切实加大职业培训力度。制定构建劳动者终身职业培训体系指导意见，组织实施企业职工技能提升计划、农民工职业技能提升计划和高校毕业生技能就业专项行动，全面落实农村劳动力职业技能培训鉴定获证奖补政策。广泛采集岗位信息，搭建供需平台，联动开展专项公共就业服务活动，促进岗位对接。推进技能培训与就业岗位有效对接，不断提高职业培训针对性和有效性。

3. 切实抓好"两高"人才队伍建设，提升人才质量

加大人才引进和建设力度。强化创新人才培养引进与经济社会发展需求对接，引进培养一批既懂技术，又懂市场和管理的复合型人才；深入实施专业技术人才知识更新工程，逐步构建专业技术人才继续教育培训体系；着力培养高素质技能人才，加大高技能人才引进计划和海外培训计划实施力度，大力培养造就适应产业发展需求的新型技能劳动大军；加大人才政策创新力度，加快完善苏南自主创新示范区涉及人才政策措施。不断优化人才公共服务，改革完善博士后制度，加强引智基地、省级专家服务基地建设，建立以居住证制度为基础的海外高层次人才服务平台。

4. 促进大众创新创业，打造就业新引擎

积极贯彻落实关于发展众创空间推进大众创新创业的实施方案，加快健全创业培训、创业政策、创业载体、创业服务和创业氛围"五位一体"新机制；借鉴国际成熟做法，知识产权归属和利益分享机制，明确发明人的收益权，进一步完善股权激励政策；确立企业、高校、科研机构在技术市场中的主体作用，形成产权归属。优化技术类无形资产交易流程，建立科技成果转换、技术产权交易、知识产权保

护协同的支柱体系；注重对创新活动的事中事后监管，进一步释放改革红利，探索建立基于企业应用信息的监管模式，形成负面清单的产业政策导向，完善创业政策体系；加大创业资金支持，推动更多的市、县达到省级以上创业型城市标准，以全民创业推动实现更高质量就业。

5. 加强劳动关系调处力度

创新劳动关系协调机制，深入实施集体协商和集体合同制度攻坚计划，进一步提高小微企业、农民工和劳务派遣工的劳动合同签订率和履行质量；严格劳务派遣行政许可和后续管理，加强对企业劳务派遣用工比例、岗位限制、同工同酬等规定的监督管理；提升争议调解仲裁水平。大力推进仲裁机构规范化建设，加快基层巡回仲裁庭和调解中心的建设步伐，实现全省仲裁机构建设提档升级；提升劳动保障监察执法效能，强化主动监察和日常巡查，重点加强对建筑施工、加工制造等重点行业的监察执法，发挥"两网化"管理和信用分类监管机制的作用；做好农民工工作，深入开展示范农民工综合服务中心建设活动，着力提升家庭服务业规范化职业化水平，促进农民工平等享受公共服务和在城镇落户。

（三）推动江苏居民收入迈上台阶的路径

1. 从根本上打破城乡分割的二元体制

充分发挥劳动力市场对个人收入的调节作用，打破城乡壁垒，建立统一的劳动力市场，实现人力资源的自由流动。加大公共财政投入，为进城务工人员提供免费的技能培训，提高其劳动技能，增强其在劳动力市场上的就业竞争力。同时，大力推进户籍制度、土地制度、社会保障、财税金融等方面的改革，打破城乡在教育、医疗、就业等领域的二元结构，建立城乡统一的社会保障制度，将农民统筹纳入社会养老保险、医疗保险和社会救济的保障范畴内，逐渐实现城乡居民公共服务的均等化。逐渐消除城市落户门槛，促进有意愿、有条件的农民工向市民的彻底转化。

2. 深化收入分配制度改革

加强再分配的调节作用。强化分配政策向农村和城市弱势群体倾斜，加大农村公共物品的供给和养老、医疗、教育、社会保障制度的建设，促进城乡公共服务均等化，为低收入者提供更好的生活保障。提高对低收入群体的转移支付，重点加大对欠发达地区农村居民以及城市中低技能劳动者、失业人员、无养老金和养老金偏低人员的支持，确保城乡居民实际转移性收入的稳定增长。重点推进个人所得税制度改革，加强对高收入阶层的税收调节和征管。建立和完善遗产赠予税、特别消费税、个人大额财产税等调节收入分配的收入机制，充分校正初次分配不公的状况。实施职工工资倍增计划，实施企业职工最低工资标准倍增计划。根据经济发展水平，逐年提高江苏全省企业职工最低工资标准，确保年均增长高于居民可支配收入增幅，遏制收入差距扩大态势。完善并强化企业工资指导线制度。强化有关部门职责，加大对企业工资增长的指导和监督力度，完善劳动力市场工资指导价位发布和企业人工成本信息预测预警制度。建立企业工资支付保障应急周转金、农民工工资一卡通、工资预留等制度，完善企业欠薪报告制度，加强预警发布和跟踪、服务、督察。

3. 全面推进农村土地制度改革

要在坚持农村土地集体所有制的前提下，明晰农民集体土地的成员所有权；在坚持和完善最严格的耕地保护制度前提下，赋予农民对承包地占有、使用、收益、流转及承包经营权抵押、担保权能，出台土地承包权的抵押、担保办法。允许农民以土地承包经营权入股发展农业产业化经营。改革完善农村宅基地制度。在保障农户宅基地用益物权前提下，坚持循序渐进、因地制宜的原则，慎重稳妥推进农民住房财产权抵押、担保、转让。建立农村闲置房屋和宅基地的有偿退出制度。在尊重农民意愿和维护农民合法权益的基础上，鼓励引导有条件地方的农户将土地承包经营权、宅基地及住房置换成股份合作社股权、社会保障和城镇住房。同时，建立健全土地承包经营权流转市场，完善土地征用补偿制度，改进征地补偿费的分配方法，增加农村居民财产性收入。加大财政支农力度。按照"总量持续增加、比例稳步提高"的要求，持续增加"三农"投入，促进公共财政资金向现代农业建设配置。调整财政支农资金的使用方向，确定财政支农投入的重点领域和支持方式，对主要农产品生产和质量安全、农业基础设施、农业信息化、农村生态环境保护、农村社会保障和灾害救助等事务，财政给予重点支持，提高支农资金的使用效率。

4. 打破垄断、缩小行业间收入差距

通过打破垄断、控制工资水平和发挥个人所得税调节作用等措施，解决高收入行业收入水平过高、增长过快等不合理现象，同时通过政策扶持、加大收入分配中的倾斜力度等措施提高低收入行业工资水平，通过规范收入分配秩序，以实现行业间收入差距的逐步缩小。实施职工再教育，不仅要为失业者提供各类培训，也要为低收入就业者提供接受再教育的机会。在普及基础教育平台上发展各种形式的再教育模式，让不同群体尤其是低收入群体拥有更多、更公平的受教育机会。

5. 深化市场体制改革

确保劳动、土地、资本、技术等要素公平参与分配，提高资源配置效率，减少因价格扭曲对不同要素持有者间的收入差距的影响。借鉴美国、日本等发达国家的经验，彻底打破行政垄断，解除金融、保险、石油石化、电力等行业以及教育、医疗、卫生、市政基础设施等部分城市公共事业进入的行政性壁垒，对民营资本开放机会，完善市场竞争机制，从根本上消除因行政垄断造成的收入差距。提高国有企业税后利润上缴比例，解决垄断行业内部收入分配的不合理问题。

（四）江苏社会保障工作迈上新台阶的路径

1. 提升社会保障体系建设水平

江苏应坚持广覆盖、保基本、多层次、可持续的方针，加快覆盖城乡居民的社会保障体系建设，努力解决城乡、区域之间制度政策的贯通衔接问题，着力解决业务快速增长与服务能力不足的矛盾，努力化解待遇增长给基金支付带来的压力，不断增强社会保障的公平性、流动性和可持续性。重点落实好社会保障领域改革任务，按照国家的统一部署，制定出台江苏省机关事业单位养老保险制度改革实施方案及相关配套文件，积极稳妥地做好新旧制度的过渡衔接工作，落实好相关配套改革措施，确保改革平稳顺利。

2. 不断完善各项社保制度

积极推进城乡居民基本医疗保险制度整合，推动建立覆盖城乡、统一管理的基本医疗保险制度。切实做好涉及医改相关工作，推进总

额控制下的复合式医保支付方式改革，逐步实施职工医保门诊统筹。健全大病保险制度，切实减轻重特大疾病患者医疗费用负担。完善生育保险费率动态调整机制，探索生育保险基金风险调剂制度，推行居民生育医疗费用按单元、病种结算。积极开展扩大企业年金制度覆盖面试点，推动多层次养老保障体系建设。持续扩大参保覆盖面。深入推进实施全民参保登记计划，重点推进农民工、非公有制经济组织从业人员、灵活就业人员参加社会保险。推动进城落户的农民纳入城镇社会保险体系，制定待遇水平与缴费情况相挂钩的激励政策，引导和鼓励各类人员及早参保、长期参保和连续参保。加大帮扶救助和"爱心助保"力度，积极推进城乡残疾人和各类困难群体参加社会保险。统一全省企业职工基本养老保险政策、经办规程和企业缴费比例，全面实施企业职工基本养老保险省级统筹。全面实现基本医疗、失业、工伤、生育保险市级统筹，逐步建立省级基金调剂制度，积极推进省级统筹。

3. 加强法制建设，确立城乡社会保障一体化的法律基础

社会保障制度既是一项社会经济制度，也是一项法律制度。社会保障内容庞杂，涉及社会救济、社会保险、社会福利、社会优抚等多个方面。要使江苏城乡社会保障工作有序开展和可持续发展，就要加强法制建设，制定配套的法律法规，对城乡社会保障事业引导和促进。社会保障的立法建设一直是一个薄弱环节，在农村社会保障的立法建设上尤为突出。对农村社会保障进行立法，就是通过制定相应的法律规范调整因农村社会保障引起的社会关系。

首先，积极推动立法机关尽快制定《农村社会保障法》。立法机关应该尽快对农村社会保障发展应遵循的原则、主要内容及形式、管理体制、监督机制、基本目标、资金来源与发放、保障项目的标准、法律责任以及农村社会保障与城市社会保障的关系等方面做出原则性的规定。其次，尽快制定其他专门性农村社会保障法律。根据《农村社会保障法》的要求，尽快制定其他专门性农村社会保障法律，如《农村养老保险条例》、《农村合作医疗条例》、《农村社会救济工作条例》、《失地农民社会保险条例》等，并且制定的这些农村社会保障法规应尽量具体化、系统化，以增加其可操作性。最后，各地方政府需

要制定相应的社会保障方面的地方法规或规章。根据江苏农村地域广阔、地区之间经济发展和社会结构不均衡特点，各地方政府可根据当地农村实际情况，制定相应的地方性法规或规章，尤其是农村社会保险方面的法规或规章，以便于当地农村社会保障工作更好地开展，进而通过立法手段将各类成员纳入基本社会保障中。加强从法律上确认江苏农村社会保障在农村经济与社会发展中的地位和作用，明确农村社会保障的性质、对象和内容标准，规范农村社会保障执行者的职责和参保者的权利和义务，并且对利益主体中逃避责任和不履行义务的"搭便车"行为进行惩罚，力求将其数量限制在最低。

4. 稳步提高社会保险待遇水平和服务水平

继续提高企业退休人员基本养老金水平，完善企业退休人员基本养老金正常调整机制。在全面建立城镇居民社会养老保险制度的基础上，稳步提高城乡居民社会养老保险基础养老金待遇水平。逐步提高各级政府对居民医保的补助水平和总体筹资水平，合理提高医保报销比例以及最高支付限额。全面建立居民医保门诊医疗费用统筹，逐步将门诊常见病、多发病、慢性病医疗费用和符合规定的产前检查费用纳入保障范围。建立和规范基本医疗保险二次补偿机制，减轻重病大病困难参保人员的医疗费用负担。扩大失业保险基金支付范围。完善工伤保险待遇调整机制，不断提高工伤保险待遇水平。规范生育保险保障项目和待遇标准，逐步实现在政策规定范围内足额支付生育医疗费用。着力提高社会保险管理服务水平。加强社会保险管理服务的规范化、信息化、专业化建设，健全管理机制和服务体系，完善技术标准，规范服务规程，提高管理服务效能。全面建立公民社会保险登记制度。加强社会保障业务档案、数据、信息网络管理，保证资料和信息完整、准确和安全。建立统一的社会化服务体系，积极探索网上申报、缴费、结算。完善新型农村社会养老保险金融服务体系，规范服务方式。加强企业退休人员社区管理服务设施建设，拓展服务内容，扩大服务范围，提高服务水平。

5. 打破二元结构，消除城乡社会保障一体化制度性障碍

城乡二元社会结构是造成城乡社会保障差距较大的根本原因。城乡二元社会结构使得城乡严重分离，使得城镇社会保障与农村社会保

障相分离，造成了城乡失衡。打破二元社会结构，建立城乡一体的户籍制度已成为社会进步的重要标志，其本质就是要消除农业户口和非农业户口的身份区别，还农民以平等的"国民待遇"。其最终目的就是要实现公民迁移自由，最大限度发挥人的知识、能力，使人才这种最重要的资源得到合理配置，从而实现城乡一体协调发展，促进经济持续稳定健康发展和社会全面进步。要实现江苏城乡社会保障一体化，就必须从深化二元户籍制度的改革入手，形成城乡一体的户籍制度，从而使户籍制度从原来的区分和指定人的社会身份和地位的怪圈中走出来，变为单纯的确认、记载公民的居住地点、现行职业以及各种自然情况的户籍登记，使户籍制度只承担对人口和家庭的社会管理职能，而不再与划分享受社会待遇与福利相关联。城乡居民都应该获得同等的就业、教育、住房等各种社会利益，从而保证城乡居民在同一起跑线上公平竞争，进而实现城乡一体化发展。江苏户籍制度改革涉及城乡经济、社会多方面的政策调整和管理体制的创新。城乡统一户籍管理制度的建立健全，必须完善政府有关部门相应的配套改革措施，继续弱化直至最后消解城市户口的附加利益。要使劳动就业、子女入学、保险政策、社会福利等与户口完全脱钩，逐步使户籍管理恢复到其本来只承担民事登记的社会管理功能。通过二元户籍制度的改革，不断缩小江苏城乡差距，促进城市化进程，逐步形成良好的城乡一体化发展态势。

（五）江苏医疗卫生服务再上新台阶的路径

1. 推行多元化办医思路增加医疗服务供给

要解决医疗服务供需不平衡问题，一是政府直接投入，从江苏医疗服务业的结构来看，公立医院占绝对主体地位，根据经济社会发展和居民收入水平，研究建立稳定可持续、动态调整的筹资机制，继续把现有的公立医院做大做强。二是引入民间资本，在民营医院上做"加法"，要提高民营医院产业化程度，在自主定价、投融资、人力资源方面为民营医院发展提供一个公平发展的环境，满足人们多层次的健康服务需求。三是开放符合要求的外资进入公共健康服务市场。

2. 实现公共卫生服务均等

卫生均等化要素分布的不平衡以及区域间卫生要素的负外部性是

阻碍民众健康水平提升的重要方面。实现公共卫生服务均等化，注重区域卫生人才的均衡培养。完善公共卫生服务体系，按照保基本、强基层、建机制的要求，实现人人享有基本医疗卫生服务的目标。加强公立医院与地方基层医疗卫生机构、专业公共卫生机构之间的业务联系机制，实现功能互补、防治结合，推进社区医疗发展，实现大病进医院，小病靠社区，提高卫生服务产出效率。

3. 健全全民医疗保障体系

健全有竞争的多元保险体制，巩固基本医保参保率，通过制度整合缩小人群待遇差异，引入风险调整机制，提高风险分担能力，提高大病保障能力。在健全基本医疗保险制度同时，根据个人需求和自愿原则，应同步发展补充医疗保险。补充医疗保险可包括商业健康保险、企业补充医疗保险、社会互助和社区医疗保险等多种形式。

4. 统筹推进医疗卫生体制综合改革

统筹推进医疗保障、医疗服务、公共卫生、药品供应、监管体制综合改革，综合施力，多方保障，形成医改工作合力。加快推进公立医院综合改革，建立公立医院运行新机制，优化卫生资源布局。破除以药养医机制，理顺医疗服务价格。巩固完善基本药物制度，建立短缺药品供应保障机制，深化药品流通领域改革，规范药品流通秩序，提升药品流通服务水平和效率。建立分级诊疗制度，形成"基层首诊、分级诊疗、双向转诊"的就医秩序，推动各级医疗机构落实功能定位，为人民群众提供更多人性化的医疗卫生服务。

（六）江苏住房建设再上新台阶的路径

1. 完善政府合理规制下的房地产市场竞争秩序

为了稳定房地产市场，在住房产品稀缺而购买力又严重不足的前提条件下，政府的干预是房产市场稳健发展的必要条件。在国民收入二次分配的节点，适当的将政府的财力向中低等收入的居民倾斜，控制房地产市场的投机性需求，依法严格监管房地产市场建设，充分体现了房产商品的市场性与福利性的统一。与此同时，完善房地产市场竞争秩序，形成健康发展的房地产业，而只有长期稳定的供应增长，有效竞争的市场秩序，低成本的交易过程和理性的需求决策，才会最终表现为合理的价格走势。

2. 完善住宅基础设施配套，推动健康住宅标准建设

完善住房供应体系，健全住宅基础设施配套，普及健康住宅理念，推动健康住宅标准建设，促进住宅科技成果转化。第一，改进住宅的规划设计，考虑生产、生活、游憩、交通等特点，倡导新型生活方式，为居民提供高品质生活空间。第二，改进住房的建设方式，改变以人工劳动为主的建造方式，采用模块建筑体系等方式提高住宅建设的工业化标准、精度、效率和质量。第三，改进住房建设中应用的材料，逐步淘汰能耗高、有污染的建筑材料，提高绿色建筑材料使用比例。

3. 完善住房保障体系，抓好保障性安居工程建设

加强中低收入家庭基本住房保障，降低公共租赁住房准入门槛，推行多元化保障方式，力争做到"应保尽保"。2015年7月1日起，南京开始实施《保障性住房共有产权管理办法（试行）》。根据新政，保障对象既可承租公租房，又可申购共有产权保障房，还可在自行租房时领取租赁补贴。房屋拆迁被征收人既可选择货币补偿，又可选择房屋产权调换，符合规定条件的还可选择共有产权保障房、公共租赁住房等安置方式。

4. 扩大住房公积金覆盖面，降低住房公积金贷款和支取门槛

极力扩大住房公积金的缴存范围，强制个体工商户、私营企业和"三资"企业为职工缴纳住房公积金，对以各种理由拒不缴存公积金的单位予以相应处罚。将公积金改革纳入收入分配改革的整体中一并考虑，严格落实缴存上限政策，加大监督检查力度，发现问题严肃处理，保证制度实施的公平公正。降低住房公积金贷款和支取门槛，放宽允许使用的条件和范围，缩短贷款审批时间，住房公积金应可以用于支付租金、装修、物业费、取暖费等与住房有关的支出。

（七）江苏环境建设迈上新台阶的路径

1. 寻求平衡点，突破EKC拐点

环境库兹涅茨曲线（EKC）揭示在工业化进程中，环境污染会先随国内生产总值同步高速增长，在到达转折点后就会随着GDP的增长而向下，直至污染水平重新回到环境容量之下。江苏的污染排放仍然处于环境库兹涅茨曲线的左侧，污染排放具有显著的波动性和反复

性，环境质量还没有进入改善的阶段。但绝不能把 EKC 当作是"先污染，后治理"的借口，坐等 EKC 拐点的到来。作为经济发达的江苏来说，可以通过转变经济增长方式，调整优化产业结构，大力发展循环经济，关、停、转高污染、高能耗企业，平衡与协调工业化和城市化，对外开放及能源、资源消费等之间的关系，破解制约发展的环境"瓶颈"，走上以技术进步、自主创新为核心的集约增长方式的道路。

2. 创新环境管理模式

改革现有的环境管理模式，由政府直控型转变为公众参与下的社会管理型环境管理模式，环境管理不能仅仅依靠政府，公众应当享有更多的环境决策、监督、知情和索赔权益。建立公众参与环保的监督机制。充分发挥非政府组织、新闻媒体、普通大众的监督作用，对企业的环境违法行为和政府行政执法行为进行监督。明确公民与非官方组织的法律地位，明确其在环境争议中的权力。加强环境信息披露，使公众了解国家环保政策、环境状况和企业的环境信息。通过网站、热线电话、公众信箱、开展社会调查或环境信访等途径，拓宽公众参与渠道。

3. 多举措治理灰霾

研究出台新的空气质量报告制度，在空气检测中，增加与霾相关指标的检测报告，及时在天气预报中预报灰霾天气的情况，使市民能够预知灰霾天气，提早采取防范措施，减少对身体的伤害。采取综合措施治理灰霾天气，下大力气实施燃煤、工业、机动车、扬尘等污染协同治理，加强秸秆禁烧和综合利用，实施油烟污染专项整治，强化区域联防联，综合利用多种措施，集中治理城市空气污染，改善市民的生存环境。抓紧制定大气污染防治法，从根本上治理灰霾会涉及生产方式、生活方式、思维方式和价值观念的革命性变革。

4. 建立环境倒逼机制

改革环境行政管理体制，区别统管部门与分管部门在环境监督管理上的不同特性，明确划分其职责权限，破除地方保护主义。改革现行政府及领导干部考核体系，转变"唯 GDP 论英雄"的单一考核方式，建立健全科学发展评价制度，从经济与社会、人口与自然等综合、协调、系统发展的角度全方位考核领导干部，推行"绿色GDP"核算制度，把污染物减排等约束性指标作为对地方党政领导政绩考核的主要指标。建立影响生态环境的限制性和禁止性的约束机制，完善有关环保法规，加强环境标准与环境法律制定程序的对接，提高环境违法成本，建立环境倒逼机制。

第三节　江苏民生建设体系建构的制度保障

以改善民生为重点的社会建设体现了构建社会主义和谐社会的要求。社会主义和谐社会就是一个经济持续稳定增长、经济社会协调发展、社会结构合理、社会各个阶层的利益关系不断得到协调，并且阶层之间相互开放、公平公正、社会保障体系完善、各阶层人民有共同理想、讲诚信守法度、稳定有序的社会。构建社会主义和谐社会就是要以解决人民最关心、最直接、最现实的利益问题为重点，着力发展社会事业，促进社会公平正义；就是要扩大公共服务，逐步实现基本公共服务均等化；就是要理顺分配关系，增加城乡居民收入，处理好公平和效率的关系；就是要完善社会管理，增强社会创造活力，维护社会安定团结，这样才能形成全体人民各尽所能、各得其所，而又和谐相处的局面。

一、改革政治体制，加强制度创新

1. 完善国家政治体制

只有通过完善国家政治体制改革，加强政府职能转变，通过有效的措施，提供最优质的社会公共服务，加大对市场的监管，维护社会公平竞争的秩序，才能避免腐败和各种权力寻租行为对收入分配制度的冲击。也就是说，政府要发挥市场在资源配骆中起决定性的作用，要从直接配置资源的角色中退出来，依靠市场机制，实现资源和效益的最优化和最大化，这样才能根除由于权力而导致收入不平等的现象。在政府大力推行政治体制改革的过程中，为了破除既得利益者的阻力，一方面要具有坚定目标，将改革进行到底的恒心，还要有彻底清除旧思想束缚的毅力，继续简政放权，把各种不必要的行政审批权从政府事务中剥离出来，加强宏观调控和市场监管，努力朝着服务型政府的方向转变。这样就能有效防止"权钱交易"现象的发生，为经济发展、社会分配秩序和各类市场主体的公平竞争，营造良好的社会环境。

2. 用政策和制度的公平来提高和促进效率

十八届三中全会的《决定》中指出：只有"促进社会公平正义深化社会体制改革，改革收入分配制度"，才能"确保社会既充满活力又和谐有序"。为了使整个社会能在既公平又高效的轨道上有序地运行，就必须要建立科学、公正、合理的制度和政策，人与人之间才有了能够恰当地调整和处理相互间关系的行为准则，人与社会才能相互协调地发展。此外，制度的根本作用就在于能够维护正义与公平，合理而科学的政策与制度可以最大程度上的保障社会形成正义和公平的竞争环境，从而促使整个社会效率的提升。而不合理、不公平的社会政策制度则会导致社会出现"权力泛化"的现象，不但阻碍社会公平正义的形成，催生腐败现象的发生，还会极大地影响社会效率。建立健全民生领域的民主决策机制，提高民生政府建设的针对性、科学性和实效性。民生政府建设旨在让人民群众得实惠，但是，由于民生事业涉及的内容和主体十分广泛，各方面的需求和意见往往存在很大差异，这就需要建立民主决策机制作为程序保障。离开了民主决策机制，离开了公众参与，民生政府建设就变成了无的之矢，就会出现许多拍脑袋、想当然、浪费钱的劳民工程。在实际工作中，确实不少决策者忽视人民群众的需求和呼声，只关注民生项目建设，而较少关心这些项目是不是人民群众真正需要的，结果经常是"好心花钱办坏事"，反而引起人民群众的不满。实际上，在民生领域该建什么制度、该上什么项目，人民群众最有发言权。需求者最懂得自己的需求，相关民生制度建设应突出强调需求导向。同时，由于普通群众在民生各方主体中处于相对弱势的地位，如果没有合适的渠道和机制，他们的诉求往往很难有效表达并准确地传递给决策层。因此，需要建立畅通的民意表达渠道，建立公众参与民生决策的机制，充分听取各方面群众的意见，使民生决策能够契合绝大多数群众的需要。

3. 改革税制，加大税收调节的力度

十八届三中全会的《决定》中提出，"完善以税收、社会保障、转移支付为主要手段的再分配调节机制，加大税收调节力度"。意味着财税改革将成为今后一段时期完善收入分配格局的一项重要内容。通常在市场经济中，税收政策是调节收入分配最有效的手段。据有关部门的统计，在我国缴纳个人所得税最高的人群是工薪阶层，而收入最高的人群缴纳的个人所得税几乎是全世界最低的。目前，我国实行的是比较明显的间接税制度，我国间接税的比重超过60%，而间接税比较容易转嫁到普通老百姓的身上，因此，工薪阶层的税负较重。今后税制改革的方向，应充分发挥税收调节分配的作用，逐步提高直接税的比重，建立综合与分类相结合的个人所得税制，把高档消费品纳入消费税征收范围，并通过个税、遗产税等税收制度来调节过高收入人群税负，坚决取缔和打击非法收入等措施，从制度层面优化税种结构，深化税制改革，才能使低收入人群的总体税负水平下降，实现税负公平。

4. 加快推进财政体制改革进程

公共财政投入是民生改善的主要财力基础。由于现行财政体制和财政支出结构还存在着许多不适应民生持续改善需要的地方，因此，改革财政体制构成了我国民生政府的首要配套条件。在这方面，值得考虑的改革取向包括：一是建立保障民生投入持续稳步增长的长效机制。建设民生政府是一个长期的过程，需要建立持续稳定的财政投入机制，用制度保证财政民生投入。在加大政府民生投入的同时，要千方百计争取吸引和利用更多的社会资源来保障和改善民生，实现基本民生。二是按照事权与财权相适应的原则，明确划分各级政府之间在各民生领域内的事权，再对财权进行相应的调整，建立和完善相应的财政转移支付制度。三是调整和优化财政支出结构，实现财政政策从经济建设型向民生建设型转变。具体而言，应当根据经济社会发展的总体需要，对整个财政支出结构进行合理调整。削减不必要的开支，压缩行政公务支出在财政支出中的比重，逐渐降低财政支出中直接用于经济建设的份额，不断扩大民生建设领域的投入，千方百计增强财政支出的公共性。这就要求不仅要在增量上下功夫，还应当对现有财

政分配格局进行调整。这是因为仅靠增量来调整支出结构不仅步伐缓慢、力度小，而且财政资金使用过程中部分领域低效、浪费严重与民生事业投入不足并存的现象将依旧存在。

5. 加快构建中国特色的社会法法律体系

当前，我国在民生领域的相关立法相比经济领域立法落后得多，与民生相关的社会法法律体系建设相对滞后。应加快基本民生领域的社会立法步伐，并完善相应的实施细则，切实增强可操作性，最终的目标是要实现将所有民生事务全部纳入法律规范的轨道。任何新民生项目的设立以及对原有制度的修订，均必须由立法机关通过立法与修法的方式来确立。只有这样，民生建设才是真正成熟的法制化事业。中国特色民生领域法律体系的构建，既要加快新法立法步伐，又要修正、完善现有法律。在民生法制建设中，还应当将消除城乡间、地区间以及群体间的待遇差异和制度分割现象作为重点，促进民生领域的社会公平；切实加强民生领域的执法工作，使得包括政府在内的各方主体都能够在法律和制度的框架范围内行事，并加大对民生领域腐败及违法犯罪的惩治力度。

二、科学解决城乡、区域、贫富收入差距过大的问题

1. 积极创造就业机会，保证更多的人参与初次收入分配

收入分配包括初次分配与再分配两个部分，其中初次分配是对生产要素的分配，即主要由占 80% 以上的劳动者报酬等收入项目构成。据统计，目前我国居民收入在国民收入分配中的比重偏低，并且居民初次收入增长缓慢，而影响居民初次收入增长较慢的主要原因就是：伴随着经济的高增长而出现的低就业状况。就业是参与初次收入分配的根本保证，没有就业就无法分享经济发展的成果。因此，为了提高低收入者的收入水平，就必须扭转初次分配不合理的格局，打破垄断，整顿分配秩序，创造公平的就业机会，适当提高劳动报酬水平。在消除一切影响就业制度的障碍和就业歧视的情况下，还要建立提高劳动者职业素质和技能的培训体系，增强其就业能力，把就业放在经济社会发展的突出位置。

2. 提高劳动者在初次分配中的比重，建立有利于劳动者收入增长

的市场环境与机制

目前，我国收入分配的格局有"三高"与"三低"的特点：一是资本报酬高，劳动报酬低；二是国民收入高，居民收入低；三是垄断行业收入高，一般行业收入低。初次收入分配格局不合理，劳动报酬增长缓慢是目前我国贫富差距加大的主因。首先，从长期来看，要有效提高劳动报酬在初次收入分配中的比重，就必须形成合理有序的收入分配格局，健全工资决定和正常合理的增长机制。为了朝着这个方向努力，党的十八大报告提出：到 2020 年国内生产总值和城乡居民收入两个倍增计划，即城乡居民收入水平要和经济增长同步；劳动者报酬要和生产率提高同步。其次，要加强对劳动保护的重视程度，建立健全劳动保护制度和劳动合同制度，促进劳动法的完善，并且严格执行劳动合同法，从根本上解决劳动者的权益问题。加强劳动监督力度，最大程度上维护劳动者的合法权益，从而为劳动者提供更好的保障。再次，要营造和培育有利于劳动者的公平市场环境，也就是要规范收入分配秩序、保护合法的收入、取缔和清理非法与隐性的收入，重在提高低收入者的收入水平，扩大中等收入者的比重，调节过高收入，逐步改变目前金字塔型的收入分配格局，形成橄榄型的收入分配格局，促进整个社会的和谐发展。

3. 加快转移农村劳动力，努力增加农民收入

只有稳步、持续提高农民的收入水平，才能有利于提高整个产业工人的总体收入水平，因为产业工人的总体工资水平在很大程度上依赖于农业就业人员的收入水平。增加农民收入的有效途径就是加快劳动力的转移，拓宽农民增收的渠道。因此，我们首先要落实党中央的各项惠民政策，加快构建新型农业经营体系，推进家庭经营、集体经营、合作经营等共同发展的农业经营方式创新，赋予农民更多财产权利，保障农户宅基地用益物权，改革完善农村宅基地制度，完善城镇化健康发展体制机制。具体来说，可以通过加大招商引资力度，创造农村劳动力就业岗位；发展特色种植，加快农业产业化经营；大力发展畜牧业；依托旅游开发，鼓励更多的农民参与第三产业的经营；通过加强培训，提高农村劳动力转移人员的综合素质，建立健全外出务工农民就业服务体系；加速农村城镇化进程，实现农村劳动力在城镇

地区的稳定就业等措施。

三、完善社会保障制度，让人民群众分享社会经济发展的成果

让人人都享有基本的社会保障，是公平和正义的重要体现，是让所有人都能分享经济增长成果的重要手段，也是社会和谐的基础。近些年来，我国社会保障制度建设取得了长足的进步，基本医疗保险从城镇覆盖到了农村。十八届三中全会的《决定》中明确提出：社会保障体系建设的内在要求就是"要建立更加公平可持续的社会保障制度"，使我们正在逐步走向人人依法公平享有社会保障的新时代。完善的社会保障体系是市场经济体制的重要标准，它与人民的幸福生活息息相关，是社会的"稳定器"，是经济运行的"减震器"，也是社会公平的"调节器"，它保障了人民群众老有所养、病有所医、失有所补、弱有所助，体现了公平与效率的相结合，并且有利于增强我们党的凝聚力，不断促进社会的和谐发展。另外，通过税收、社会保障、转移支付为主要手段，以社会救助、慈善捐助、减免税制度为辅的再分配调节机制，对初次分配结果进行调节的再分配、三次分配，多层次社会保障制度也是保证公平、缩小收入分配差距的重要方式之一。

四、推进民主化政治建设，构建弱势群体公共利益表达的机制

在今天，利益的主体趋向多元化，不同的利益主体为自己争取利益的能力存在着差异，特别是强势群体与弱势群体之间的差异尤为突出。强势群体一方（如民营企业家、经理、工程承包人）不但积聚着相当大的社会能量，而且利益表达渠道通畅，并对整个社会产生重要的影响。相比之下，弱势群体在表达和诉求自身的利益上，则处于有心而无力的状态。具体表现在：弱势群体（比如农民、农民工、下岗职工）在我们的政治构架中利益代表相对比较少，在政治代表构成比例和数量上严重不足，这与弱势人群占总人口数的比例极不协调；另外还表现在：弱势群体缺少表达自己利益的制度化方式。在明知利益遭受侵犯，却没有能力，也没有渠道去表达的情况下，弱势群体也就越来越多的通过过激的行为来对社会表达他们的不满，而由此影响了社会的安定和谐。建立起相应的利益表达机制，是构建和谐社会的重

要环节。我们党在三中会的《决定》中提出："要坚持人民主体地位，推进人民代表大会制度理论和实践创新""加强人大常委会同人大代表的联系"，提高弱势群体利益代表在人大代表中的人数比例，"充分发挥代表作用，通过建立健全代表联络机构、网络平台等形式密切代表同人民群众联系"，推进协商民主广泛多层制度化发展。在党的领导下，发展基层民主，畅通民主渠道，为弱势群体建立起有效的利益表达机制与渠道。

同时要加快构建科学、高效的管理服务体系，提高民生服务的可及性、可得性。在教育、就业、收入分配、社会保障、医疗卫生等主要民生领域中，很多民生供给都是以非货币形式提供的，除收入分配之外，其他几个领域都可以归入公共服务的范畴。在民生政府建设过程中，科学、高效的管理服务体系是将民生制度之利高效地递送给人民群众的组织保障和技术支撑，对于提高民生服务的可及性、可得性至关重要。对此，我们应当着重从理顺管理经办体制、完善多元服务体系、改进信息技术手段等诸方面入手。具体而言，在管理经办体制方面，应当着眼于理顺管理体制、提升经办效率，适当减少管理经办层级、适量扩充管理经办队伍、适时推进垂直管理方式、适度集中管理经办事项；在多元服务体系方面，应当充分利用政府购买服务、专业服务外包等形式借助社会组织、市场主体乃至公民个人的力量做好民生领域的服务提供；在信息技术手段方面，应配合国家推进信息化总体战略，并结合自身实际在各民生领域推进信息化工程建设，实现网络化、智能化，以达到增能增效的目的。

总之，建设社会主义和谐社会，是对中国共产党提出的一项新要求。中国共产党作为社会主义国家的执政党，只有在保证社会公平的制度下，抓住保障和改善民生这个社会建设的重点，推进改善民生的制度性安排，努力满足人民群众在教育、就业、社会保障、医疗等方面的基本需求，也就抓住了解决当前社会问题的关键。各方面的社会关系才能和谐相处，人们生活和工作的主动性、积极性，甚至创造性才能充分发挥出来，整个社会才能够实现长久的和谐稳定。

参考文献

［1］保罗·A·萨缪尔森，威谦·D·诺德豪森. 经济学（第 12 版）［M］. 杜月升等译，北京：中国发展出版社，1992.

［2］车圣保. 效率理论述评［J］. 商业研究，2011，05：31-35.

［3］陈诗一，张军. 中国地方政府财政支出效率研究：1978～2005［J］. 中国社会科学，2008（04）：65-78.

［4］陈维佳. 瑞典福利国家改革研究［D］. 华中科技大学，2011.

［5］船桥洋一编著. 日本战略宣言——面向民生大国，东京：讲谈社，1991 年.

［6］大卫·李嘉图. 政治经济学及赋税原理［M］. 周洁译，北京：华夏出版社，2005.

［7］杜黎明. 效率与公平协调视域下的民生供给研究［J］. 中州学刊，2014，05：42-46.

［8］高涓. 地方民生财政支出效率评价的实证研究［D］. 苏州大学，2015.

［9］龚锋，卢洪友. 财政分权与地方公共服务配置效率——基于义务教育和医疗卫生服务的实证研究［J］. 经济评论，2013（01）：42-51.

［10］韩喜平. 更好发挥市场与政府在解决民生问题中的作用［J］. 新长征，2014（4）：9.

［11］金碚. 论民生的经济学性质［J］. 中国工业经济，2011，01：5-14+119.

［12］考斯塔·艾斯平·安德森. 福利资本主义的三个世界［M］. 北京：法律出版社，2010：29-31.

［13］李婷. 内生与外生死亡分解下的中国成年人口的预期寿命——基于生命力模型的应用［J］. 人口研究，2015，05：27-36.

[14] 李晓梅. 中国高技术产业经济效率分析：基于技术体制视角 [M]. 沈阳：东北大学出版社，2012，12.

[15] 李银秀. 我国民生类政府财政支出的国际比较 [J]. 湖北经济学院学报，2013，06：76-81.

[16] 庞瑞芝，李鹏. 中国工业增长模式转型绩效研究 [J]. 数量经济技术经济研究，2011，09.

[17] 芮晓霞，周小亮. 效率与民生相统一的产业布局分析 [J]. 经济与管理研究，2015，09：90-95.

[18] 沙占华. 民生效率问题研究 [D]. 首都师范大学，2011.

[19] 陶春海. 中国医疗服务生产效率评价研究：基于 DEA 和 SFA 方法的组合研究 [D]. 江西财经大学，2010.

[20] 王兵，朱宁. 不良贷款约束下的中国银行业全要素生产率增长研究 [J]. 经济研究，2011，05.

[21] 王稳. 经济效率因素分析 [M]. 北京：经济科学出版社，2002.

[22] 王晓军，赵明. 寿命延长与延迟退休：国际比较与我国实证 [J]. 数量经济技术经济研究，2015，03：111-128.

[23] 王治，毛志忠，柳青青. 中国民生支出的规模与结构及其国际比较 [J]. 铜陵学院学报，2015，05：9-14.

[24] 徐大同. 现代西方政治思潮 [M]. 北京：人民出版社，2003.

[25] 徐琼. 技术效率与前沿面理论评述 [J]. 财经论丛（浙江财经学院学报），2005，02：29-34.

[26] 亚当·斯密. 国民财富的性质和原因的研究 [M]. 郭大力，王亚南译. 北京：商务印书馆，1983.

[27] 袁国敏，许可，张晓琳. 中国民生支出规模适度性评析及需求预测——基于国际比较的视角 [J]. 西部学刊，2014，09：53-56.

[28] 约瑟夫·斯蒂格利茨，卡尔·E·沃尔什. 经济学 [M]. 黄险峰，张帆译. 北京：中国人民大学出版社，2005.

[29] 岳书敬. 基于低碳经济视角的资本配置效率研究——来自中国工业的分析与检验 [J]. 数量经济技术经济研究，2011，04.

［30］张汝立，等著. 外国政府购买社会公共服务研究. 北京：社会科学文献出版社，2014. 12.

［31］张晓琳，袁国敏. 我国民生保障支出效率的国际比较研究［J］. 渤海大学学报（哲学社会科学版），2014，01：65－71.

［32］张怡恬，著，社会养老保险制度效率论［M］. 北京：北京大学出版社，2012.

［33］郑岩. 社会保障与公平、效率相关性的理论分析［D］. 辽宁大学，2011.

［34］［丹］戈斯塔·埃斯平-安德森. 转型中的福利国家——全球经济中的国家调整［M］. 杨刚译. 北京：商务印书馆，2010.

［35］［英］安东尼·吉登斯. 第三条道路：社会民主主义的复兴［M］. 郑戈译. 北京：北京大学出版社，2000.

［36］曹文宏. 民生政治：民生问题的政治学诠释［J］. 天府新论，2008，01.

［37］邓念国. 西方国家社会保障的民营化：新制度主义的视角［D］. 上海交通大学，2008.

［38］韩震. 社会主义核心价值观关键词·和谐［M］. 北京：中国人民大学出版社，2015.

［39］金碚. 论民生的经济学性质［J］. 中国工业经济，2011，01：5－14＋119.

［40］李江凌. 马克思主义的民生思想与实践［M］. 北京：中央编译出版社，2015.

［41］李银秀. 我国民生类政府财政支出的国际比较［J］. 湖北经济学院学报，2013，06：76－81.

［42］梁誉，王磊. 现代西方社会福利思潮的思辨与最新进展［J］. 理论月刊，2015，01：139－142.

［43］林祖华. 论民生的内涵和特点［J］. 理论与改革，2012，03：14－16.

［44］唐眉江. 民生的时代内涵及其实现途径［J］. 山西师大学报（社会科学版），2009，05：38－40.

［45］王涛. 中国特色社会主义民生建设研究［D］. 山东师范大

学，2010.

[46] 王晓军，赵明. 寿命延长与延迟退休：国际比较与我国实证 [J]. 数量经济技术经济研究，2015，03：111-128.

[47] 王治，毛志忠，柳青青. 中国民生支出的规模与结构及其国际比较 [J]. 铜陵学院学报，2015，05：9-14.

[48] 习近平. 在十八届中共中央政治局常委同中外记者见面时的讲话. 人民日报，2012年11月16日。

[49] 谢尼亚·舍尔-阿德龙. 建立社会保障：私有化的挑战. 北京：中国劳动社会保障出版社，2004年.

[50] 徐勇，项继权. 民生问题的实质是政治问题 [J]. 华中师范大学学报（人文社会科学版），2008，03.

[51] 袁国敏，许可，张晓琳. 中国民生支出规模适度性评析及需求预测——基于国际比较的视角 [J]. 西部学刊，2014，09：53-56.

[52] 赵春雨. 我国发达地区民生问题现状的国际比较分析——以北京市为例的考察 [J]. 石家庄经济学院学报，2010，05：42-46.

[53] 周弘，彭姝祎. 国际金融危机后世界社会保障发展趋势. 2015-10-29，中华人民共和国改革和发展委员会就业和收入分配司子站.

[54] 冯芳. 从生师比和平均班额看我国中小学教育现状——从我国与部分OECD国家的比较角度 [J]. 教学与管理，2014，30：35-37.

[55] 黄阳涛. 江苏医疗卫生资源配置的人口分布及公平性研究 [J]. 中国医疗保险，2013，08：27-31.

[56] 武剑，林金忠. 经济增长的福利转化效应：中国与世界比较 [J]. 数量经济技术经济研究，2015，08：3-24.

[57] Afriat，S. N. (1972)，Efficiency Estimation of Production Functions. *International Economic Review*，13 (3)：568-598.

[58] Audit Commission (1987)，Competitiveness and Contracting of Local Authorities' Services，Occasional Paper No. 3，Audit Commission.

[59] Battese, G. E., Coelli, T. J. (1992), Frontier Production Functions, Technical Efficiency and Panel Data: with Application to Paddy Farmers in India, *Journal of Productivity Analysis*, 3 (1 - 2): 153 - 169.

[60] Charnes, A., Cooper, W. W. and Rhodes, E. (1978). Measuring the Efficiency of Decision-making Units. *European Journal of Operational Research*, 2 (6): 429 - 444.

[61] Debreu G. (1951), The Coefficient of Resource Utilization, *Econometric*, 19 (3): 273 - 292.

[62] Domberger, S., Meadowcroft, S. & Thompson, D. (1986), Competitive Tendering and Efficiency, The Case of Refuse Collection, *Fiscal Studies*, Vol. 7, No. 4, pp. 69 - 87.

[63] Farrell, M. J. (1957), The Measurement of Productive Efficiency, *Journal of the royal statical society*, A, 120 (3): 253 - 290.

[64] Gabrielsen, A. (1975). On Estimating Efficient Production Functions. *Chr. Michelsen Institute*, *Department of Humanities and Social Science*, (Working Paper) No. A - 35.

[65] Hartley, K. and Huby, M. (1985), Contracting Out in Health and Local Authorities: Projects, Progress and Pitfalls, *Public Money*, September, pp. 23 - 26.

[66] Koopmans, T. C. (1951), An Analysis of Production as An Efficient Combination of Activities. In Koopmans, T. C., editor, Activity Analysis of Production and Allocation. John Wiley and Sons, Inc. pp. 125 - 146.

[67] Kumbhakar, S. C. and Lovell, C. K. (2000). *Stochastic Frontier Analysis*. Cambridge University Press, pp. 259 - 261.

[68] Pitt, M. M. and Lee, L. F. (1981). The Measurement and Sources of Technical Inefficiency in the Indonesian Weaving Industry. *Journal of Development Economics*, 9: 43 - 64.

[69] Richmond, J. (1974), Estimating the Efficiency of Production. *International Economic Review*, 13 (2): 515 - 521.

[70] Chambers, R. and Conway, G. R. (1992), Sustainable Rural Livelihoods: Practical Concepts for the 21st Century. Institute of Development Studies, London, U. K. pp. 652 –663.

[71] Swaminathan, M. S. (1991), From Stockhlm to Rio de Janeiro: The Road to Sustainable Agriculture. Monograph No. 4. Madras, India: M. S. Swaminathan Research Foundation. pp. 25 – 69.

参
考
文
献

后　记

　　民生建设关乎人民最根本、最长远、最切身的利益。开展民生建设国际比较研究对当前大力加强民生建设具有重要的实践意义，也是我近年来研究工作的重要内容。2015 年，我组织课题组成员对相关问题做了大量的调研和资料收集工作，通过理论和实证研究得出了一些有创新意义和实践性特征的结论，提出了一些有启发性的政策建议，并于 2016 年初完成了现在的书稿。

　　本书是课题组成员集体研究的结果，由我负责全书的整体框架设计和统筹，具体分工如下：第一章：李逢春；第二章：张为付；第三章：李逢春、王欢；第四章：胡雅蓓、戴晓芳；第五章：胡雅蓓、张为付；第六章：李逢春、胡雅蓓。

　　本书的出版，得到了南京大学出版社的大力支持，同时得到了江苏高校优势学科建设工程资助项目、江苏现代服务业研究院资助项目、江苏省现代服务业协同创新中心的资助，在此一并表示衷心感谢！

　　在本课题的研究中，汲取了国内外专家学者的研究成果，在资料收集和调研活动中，得到了相关机构的支持和帮助，本书在有关章节中尽可能作了说明和注释，在此一并致谢！

李逢春

2016 年 3 月于南京财经大学

民生建设国际比较研究